몸의 정령 헨리

GOOD
MORNING
HENRY

인류의 영적 진화와 건강에 관한 모든 이야기

몸의 정령 헨리

타니스 헬리웰 지음 | 정ㅇ혜 옮김

정신세계사

일러두기

• 국내에 출간된 외국 단행본은 영어 제목을 병기하지 않고 국내 번역본 제목을 표기했습니다.
• 단행본은 겹묶음표 《》, 고전과 시, 기도문, 콘텐츠 제목 등은 묶음표〈〉로 표기했습니다.

몸의 정령 헨리
ⓒ 타니스 헬리웰, 2022

타니스 헬리웰 짓고, 정승혜 옮긴 것을 정신세계사 김우종이 2023년 3월 31일 처음 펴내다.
이현율과 배민경이 다듬고, 변영옥이 꾸미고, 한서지업사에서 종이를, 영신사에서 인쇄와 제본을,
하지혜가 책의 관리를 맡다. 정신세계사의 등록일자는 1978년 4월 25일(제2021-000333호),
주소는 03965 서울시 마포구 성산로4길 6 2층, 전화는 02-733-3134, 팩스는 02-733-3144이다.

2023년 4월 24일 펴낸 책(초판 제2쇄)

ISBN   978-89-357-0461-3 03180

• **홈페이지** mindbook.co.kr • **인터넷 카페** cafe.naver.com/mindbooky
• **유튜브** youtube.com/innerworld • **인스타그램** instagram.com/inner_world_publisher

《몸의 정령 헨리》에 대한 찬사

"《몸의 정령 헨리》는 혁명이다! 작가는 이 책을 통해 어디에서나 볼 수 있지만 단숨에 이해하거나 받아들이기에는 결코 쉽지 않은 가르침을 실용적이고 유머러스하게 설명하며 한데 엮어놓았다. 지인들에게 얼른 이 책을 소개하고 싶어 몸이 근질근질할 정도다. 전 세계는《몸의 정령 헨리》를 맞이할 준비가 되어 있다."

— 크리스티안 노스럽Christiane Northrup,

뉴욕 타임스 베스트셀러《여성의 몸 여성의 지혜》의 저자이자 의학 박사

"《몸의 정령 헨리》는 숨겨진 것을 드러내주는 귀한 보석과 같다. 이 책은 보편의식에 대한 직접적인 통찰을 제공하면서 나 자신, 지구 그리고 이 땅에 살아 숨 쉬는 모든 존재와의 가장 내밀한 유대를 되찾아준다. 이 책은 치유의 힘을 가진 내면의 지혜에 마음을 열도록 우리를 강력하게 초대하고 있으며, 우리가 책을 몇 번이고 완독하게 만든다."

— 프라즈나파라미타Prajnaparamita,

《자유의 날개》(Wings of Freedom)의 저자이자 사샤의 장미 정원(La Roseraie de Sacha) 설립자

"정신의학자, 심리치료사, 심신의학 의사이자 신경학, 신경과학자로서 영혼의 어두운 밤을 지나는 사람들을 도와주고 치료하는 것이 나의 직업이다. 타니스 헬리웰의 신작은 개인이 더 깊은 차원에서 질병을 치유하고 변화시킬 수 있는 지혜를 안겨주고, 그런 경험을 통해 건강해질 수 있도록 이 어두운 밤과 여정에서 길을 비춰주는 등대와 같다. 《몸의 정령 헨리》와 같은 소중한 책은 새로운 의술, 인간의 몸과 치유의 힘에 대한 이해를 중요하게 생각하는 사람들에게 큰 도움이 될 것이다. 《몸의 정령 헨리》는 그 여정의 가이드다."

— 크리스티안 쇼퍼Christian Schopper,

취리히 인지학 지향 의사 협회(VAOAS)의 의사이자 취리히 대학교 강사

"훌륭하다! 《몸의 정령 헨리》는 여러 층으로 이루어진 인간 삶에 대한 독특한 개념을 계속해서 당신에게 보여준다. 타니스 헬리웰이 특유의 역동적이며 매혹적이고 명쾌하면서도 재기 넘치는 말투로 헨리와 대화하는 것을 읽다 보면 독자 여러분 또한 스스로 삶을 돌아보고 고찰하게 될 것이다."

— 마리엘 크로프트Marielle Croft,

점성술사 겸 강사

"타니스의 문제는 참 독특하다. 아무리 평범하고 대중적인 요소들을 작품에 섞는다고 하더라도, 그녀의 지성이 반짝이는 질문들은 그 무엇도 빠져나가거나 숨을 수 없을 정도로 빈틈이 없다는 것을 보여준다. 작가의 재치와 높은 지성이 왜 굳이 이 사람이 이 책을 써야 했는지를 보여준다."

— 스티븐 로버츠Stephen Roberts,

작가 겸 연설가

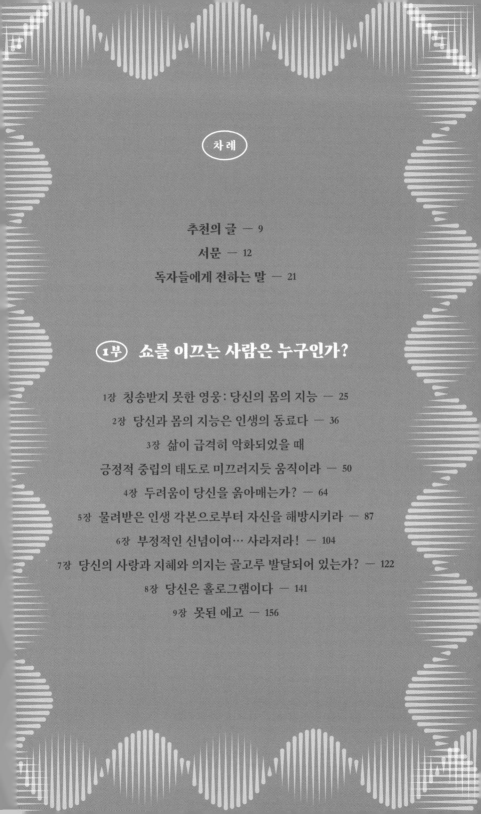

차 례

2부 마음에서 몸으로의 치유

추천의 글

타니스 헬리웰을 처음 만난 것은 5년 전 그녀가 영국 데본Devon 에 있는 나의 집을 찾아왔을 때였다. 나는 그녀를 보자마자 신비로 운 힘을 느낄 수 있었고, 그녀가 여러 차원의 일들을 이해하는 특 별한 지각력과 위대한 자연의 지혜를 담고 있는 사람이라는 사실 을 단번에 알 수 있었다. 나는 마술적 사고(magical thinking)[*]가 그려 내는 예술의 열렬한 팬인데, 타니스는 그런 면에서 엄청난 재능을 가지고 있다. 마술적 사고는 삶의 비밀을 푸는 과정에서 창의적인 상상력과 함께 직감을 적극적으로 사용할 수 있는 능력이다. 내 지 인 중에는 마술적 사고를 할 줄 아는 사람이 많다. 하지만 그들이 모두 다 현명하다고 말할 수 있을까? 글쎄. 영원한 지혜를 찾는 여 정에 오른 사람은 많지만, 실제로 환상의 영역을 넘어서는 사람은 별로 없다. 평범한 뉴에이지 서점의 책장을 그득하게 채우고 있는 것도 바로 이런 여정에 대한 책들이다.

하지만 《몸의 정령 헨리》는 다르다. 이 책은 마법적 사고에 대한

---

[*] 자신의 생각이나 욕망이 외부 세계에 영향을 미칠 수 있다는 믿음. 이하 모든 각주는 역주.

이야기가 많이 나오는 책이기도 하지만, 진정한 고통을 경험해본 사람, 현실의 수많은 단계와 층^層을 초월한 사람에 의해 쓰인 책이기도 하다. 《몸의 정령 헨리》는 영적 정보를 직접적으로 내려받는 느낌을 준다. 하지만 동시에, 이 책은 현실에 기반하여 쓰인 책이기도 하므로 독자 여러분은 책장을 넘기는 동안 자신이 지혜의 가랑비에 젖고 있다는 사실을 눈치조차 챌 수 없을 것이다.

지혜가 인간의 영혼 안에서 성숙되고 열매를 맺기까지는 시간이 필요하다. 이 책은 구하고, 묻고, 이해가 될 때까지 인내심 있게 기다린 수년의 세월 동안 간직해온 통찰들로 가득 채워져 있다. 또한 이 책은 방대한 영역을 아우르고 있는 책이기도 하다.

이 책은 범인凡人이 쓸 수 있는 책이 아니다. 고대의 시간 여행자 — 현실의 프랙털*성을 이해하고, 불변의 진리가 펼쳐내는 미로가 제집인 듯 편안한 — 의 작품인 것이다.

물론 이 책의 문장들을 읽어 내려가다 보면 사랑스러운 레프리콘식 유머도 느껴볼 수 있다. 그 덕분에 독자 여러분은 책을 읽으며 긴장을 풀고 타니스가 이끄는 유쾌한 여정을 즐길 수 있을 것이다. 《몸의 정령 헨리》는 깜짝 놀랄 만한 개념들로 가득 차 있을 뿐 아니라 그러한 개념들이 과학적 통찰, 실용적 진실과 조화를 이룸을 보여준다. 이 책은 단순히 영감을 주는 것을 넘어서 몸과 지구, 일상을 기반으로 하는 아주 유용한 책이기도 하다.

당신이 지금 영혼의 여정 중 어떤 단계에 있든, 《몸의 정령 헨

---

* 동일한 모양이 계속 반복되면서 전체의 모양을 닮는 성질을 말한다.

리》는 당신을 다음 단계로 데려다줄 것이다. 그러니 심호흡을 하고 머릿속을 비우라. 마음을 열고, 글자의 강을 따라 당신을 이끌어줄 마법에 몸을 맡기라.

— **리처드 러드**Richard Rudd, **《유전자 키》** 저자

서문

엄청난 변화가 일어나고 있다. 물론 세계가 금방 다시 안전해지고 이전의 '정상적인' 상태로 돌아올 것이라고 생각하고 싶겠지만, 그럴 가능성은 적어 보인다. 아마 내가 비관론자나 종말론자처럼 보일지도 모르겠다. 하지만 나는 오히려 낙관론자이며 우리가 새 여명의 시대로 진입하고 있다는 희망을 가지고 있다. 인간이 자신의 진정한 운명을 발견해가면서 자연의 섭리, 보편적 법칙과 다시 연결되는 그런 시대 말이다.

현대인들이 단체로 겪고 있는 이 위대한 변화를 일컫는 용어가 있다. 바로 '영혼의 어두운 밤'이다. 영혼의 어두운 밤은 우리가 안전하다고 믿어왔던 환경, 경제, 사회, 보건 구조가 붕괴되어 전 세계가 불안정해지며 나타났다. 이제 이 어두운 밤은 중년뿐 아니라 10대와 20대를 지나는 그들의 자녀들에게도 나타나기 시작했다. 전 세계적인 위기가 드리우는 먹구름 때문에 이 청년들은 아무런 희망도 보지 못하고 있다.

얼핏 재앙처럼 보이는 이 영혼의 어두운 밤을 지나는 동안 인생의 닻은 뜯겨 나가고, 정신을 차려보니 우리는 아무 의미를 느낄 수 없는 위험한 망망대해의 세계를 표류하고 있다. 생존을 위해서는 우리의 생명을 유지할 수 있으면서도 모든 존재에 대한 사랑과 그들의 건강을 지킬 수 있는 새로운 가치관을 세워야 한다. 지금까지 우리 세계를 지배해왔던, 에고 중심의 이기적인 상태를 초월하는 가치들을 말이다. 보편의식은 우리가 삶의 시련 속에서 실패가 아닌 성공을 하게끔 도와준다. 물론 그렇다고 해서 그 시련이 극복하기 쉬울 것이라는 뜻은 아니다. 하지만 우리가 영혼의 어두운 밤을 통해 겪는 모든 현상들을 선물로 받아들인다면, 개인의 운명은 물론 집단의 운명도 더 빠르고 쉽게 이룰 수 있다.

이를 더 깊은 차원에서 보면 연금술은 우리의 가장 밑바닥에 있는 본성을 '자기완성(self-realization)'이라는 황금으로 변화시키는 형이상학적 절차인데, 지금 우리에게 요구되는 것 또한 바로 이 연금술사가 되는 것이다. 이런 변화는 우리가 끊임없는 고난에 지쳐버려 내면의 핵(core)을 찾아 여행을 떠날 준비를 할 때, 자신을 내면에서부터 변화시킬 마음을 다잡았을 때 일어난다. 황금은 영혼의 어두운 밤 속에 놓인 채, 발견되는 즉시 자유와 빛을 향해 자신을 쏘아 올려줄 순간을 기다리고 있다.

그렇다면 이 여정을 시작할 적기는 언제인가? 대답은 '언제나'이다. 하지만 지구가 우리에게 슬쩍 눈치를 줄 때도 있다. 그때가 바로 지금이다. 세계는 지금 위대한 일시정지 상태에 있다. 이제 전 세계적으로 인류는 그동안 가장 중요하고 가치 있게 여겼던 것들을 되돌아보고, 내면 깊은 곳을 향해 몸을 던져 처음부터 다시 삶의 의미를 찾을 수 있도록 강한 자극을 받고 있다. 그리고 우리는 이런 과정을 통해 아름다운 삶뿐 아니라 육체적, 감정적, 영적 건강의 조화를 이루는 삶을 살 수 있게 된다.

이건 겁쟁이들을 위한 과정이 아니다! 처음에는 의기양양하게 길에 나섰거나, 우연한 계기로 이 여정을 시작할 수는 있다. 당신이 어떤 모습으로 여행길에 올랐든, 이 길에서 당신은 자신의 그림자와 어두운 본성을 마주하게 될 것이며 그동안 무시하고 외면해 왔던, 당신조차 몰랐던 자신의 본모습을 보게 될 것이다. 하지만 당신의 진정한 힘이 깃든 황금은 이 어둠 속에 숨겨져 있다. 그리고 확실하게 말해두고 싶은 것은, 이 여정이 기쁨을 가져다주기도 할 것이라는 사실이다. 이 여정을 걷다 보면 짜릿한 앎이라는 돌파구가 보이는 순간이 올 것이며, 평생을 맞춰오던 퍼즐 조각들이 딱 맞아떨어지면서 '아하' 하는 순간들이 있을 것이다. 또, 자기 자신과 타인에 대한 더 깊은 차원의 진실과 연민, 수용이 저절로 자연스럽게 생겨날 것이다. 이 여정에서 당신은 자신에게 더 부드러워지는 법을 배우게 된다. 그리하여 당신은 당신의 통제를 벗어난, 인간의 상식 범위 바깥에 있는 자애로운 힘에게 도움을 받고 있음을 알아차리게 될 것이며 앞으로 나아가는 길은 더 순탄해질 것이다.

우리 모두는 황금을 찾는 데 필요한 최적의 선물을 가지고 있다. 바로 '자유의지'다. 당신은 자유의지를 사용하고 그것이 보편적 원리와 조화를 이루게 만듦으로써 운명을 통제하고 현실을 창조할 수 있다. 확실하게 말해두자면, 우리 각자는 사용할 수 있는 육체적, 감정적, 정신적, 영적 청사진을 조상에게서 물려받는다. 하지만 동시에 우리는 삶의 목적을 달성하고, 에고의 계획이 아닌 혼의 계획을 실현할 수 있는, 전적으로 완벽한 존재이기도 하다. 일상의 결정이 미치는 영향력은 이번 생을 초월해 다른 생에도 영향을 미칠 수 있다. 그러니 꾸물거리면서 해야 할 일을 내일로 미루는 것은 그다지 좋은 선택지가 아니다. 더 많이 지연될수록 고통만 길어질 뿐이니 말이다.

마지막 말은 너무 잔인하게 들릴지도 모르겠다. 또한 받아들이기도 힘들 것이다. 당신이 내딛는 매 걸음마다 도움을 받고 있다는 사실을 깨닫기 전까지는 말이다. 당신은 혼자 그 길을 걷고 있지 않다. 보편의식과 조화를 이룬 당신의 상위 자아(higher self), 즉 혼은 최고선에서 비교적 멀리 떨어져 있는 문은 닫아버리고, 당신이 바른길에서 이탈했을 때 올바른 방향을 찾게끔 확실한 사인을 보내주고 있다. 그 사인은 건강, 대인관계, 재정 상황, 직장, 환경에서의 위기 등과 같은 모습으로 찾아온다. 바로 이런 모습으로 당신에게 "잠깐!" 하면서 사인을 보내오는 것이다. 그리고 닫힌 문 대신 더 나은 기회와 발견을 향한 문이 똑같은 분야에서 열리며, "이쪽으로 들어가!" 하고 세상이 당신을 이끌어주는 일도 일어나곤 한다.

그러면 이런 일생일대의 변화를 당신의 혼과 보편의식은 어떻게 만들어낼까? 이 질문에 대답하기 위해 귀중한 조력자 하나를 소개하고자 한다. 바로, 당신의 내면에 있는 '의식'이다. 에크하르트 톨레[Eckhart Tolle]*는 이 의식을 '몸 안의 몸'(inner body), 루돌프 슈타이너

---

* 독일 출신의 작가로, 21세기를 대표하는 영적 교사 중 하나로 손꼽히는 인물.

Rudolf Steiner[*]는 '몸의 엘리멘탈'(body elemental)이라고 불렀다. 그러나 나는 이것을 몸의 영 또는 에테르체(etheric body)라고 받아들이곤 한다. 당신의 육체, 감정체(emotional body)와 정신체(meantal body)를 만드는 계획을 지시하는 것은 다름 아닌 에테르 또는 공간 속에 존재하는 보편지능이기 때문이다. 당신은 그것을 의식 또는 작디작은 내면의 목소리라고 받아들일 것이다.

당신이 그것을 뭐라고 부르든 간에, 중요한 것은 당신이 몸의 지능과 소통하는 방법을 배우는 것이다. 당신의 황금을 캐내기 위한 최적의 장소를 알아내고 그것을 캐내는 전문가는 그 무엇도 아닌 바로 몸의 지능이니 말이다. 내 채굴 전문가의 이름은 '헨리^{Henry}'이며, 그는 나를 도와서 황금처럼 빛나는 마음을 간절하게 찾아 헤매는 광부들에게 길잡이가 되어줄 이 책을 완성할 수 있게 해줬다.

《몸의 정령 헨리》는 몸의 지능과 조화로운 관계를 만드는 것이 얼마나 중요한지, 또 그것을 어떻게 할 수 있는지에 대해 자세히 살펴보는 책이다. 이 책에서 알려주는 바와 같이 당신이 몸의 의식과 연결되면 이윽고 영의 법칙과도 같은 자연의 법칙과 다시 하나가 될 수 있다. 이는 내가 아는 방법 중 가장 빠르고 직접적으로 에고 중심적 존재에서 의식 중심적 존재로 변화할 수 있는 방법이며, 우리가 나아가야 할 진화의 방향도 이와 같다. 에크하르트 톨레의 말을 인용하자면, "몸을 부정하거나 몸에 저항하면서 깨달음을 얻은 사람은 아무도 없다. … 결국에는 가장 필수적인 변화가 일어나

---

* 독일의 사상가. 예술, 교육, 의학에 이르는 광범위한 문화운동을 지도하였으며 인지학의 창시자로도 알려져 있다.

는 몸으로 돌아가게 되기 마련이다. 변화는 몸 밖에서 일어나는 일이 아닌, 몸을 통해 일어나는 일이다."**

나는 생명을 선사하는 몸속 의식의 중요성을 조금씩, 조금씩 더 깊이 파고들게 되면서 몸속 의식이 얼마나 중요한 것인지를 점진적인 과정을 통해 배우게 되었다. 또, 이 과정에서 우리가 왜 심신의 질병이나 질환을 얻는지, 몸을 치유하기 위해 몸의 지능과 어떻게 일할 수 있는지를 알 수 있었다. 이 의식은 당신과 함께하기를, 그리하여 당신에게 활기 넘치는 건강을 선사할 수 있기를 원하고 있다.

금을 캐는 전문가인 몸의 지능은 당신을 무의식적 생각이 축적되어 있는 어두운 구덩이로 안내하여 그 생각들을 의식으로 끌어올리도록 도와준다. 이곳이 바로 의식이 무의식적 생각들을 치유할 수 있는 지점이기 때문이다. 그리고 이렇게 함으로써 당신은 자신을 방해하는 부정적인 생각과 인생 각본(life script)***이 무엇인지 찾아낼 수 있으며, 당신을 제한하는 두려움을 밝혀내고 그것이 존재하게 된 원인을 알아낼 수도 있다. 또, 당신의 운명을 실현하지 못하게끔 만드는 가정환경과 문화적 배경에 대해 알아낼 수도 있다. 그러면 당신은 의식적으로 몸의 지능과 일하며, 과거와 현재를 오가면서 생물학적 유전자 속에 남아 있는 조상의 상처와 트라우마를 변화시켜 그 속에 숨겨져 있던 황금을 발견할 수 있다.

** 에크하르트 톨레, 《지금 이 순간을 살아라》.

*** 심리학자 에릭 번Eric Berne이 주장한 이론. 행복 각본을 가진 사람의 생활은 행복하고, 불행 각본을 가진 사람은 불행하다고 한다. 인생 각본은 고정된 것이 아니며, 바꿀 수 있다.

이쯤에서 의문이 들 것이다. '이 연금술적 변화는 어떻게 일어나는 것인가?' 당신의 기저에 깔려 있던 환상을 없애고 나면 사랑, 지혜, 의지를 계발할 수 있다. 또, 당신의 주파수를 높여주고 의식과 변화의 에너지 모두를 손에 넣게 해줄 여러 긍정적인 자질들도 계발할 수 있다. 당신이 영혼의 어두운 밤을 통해 찾은, 황금과도 같은 재능을 받아들이고, 몸의 의식과 함께 이 여정을 헤쳐 나가는 과정에서 몸의 의식이 당신의 어두운 면에 빛을 비춰준다면 이런 자질들은 자연스레 발달하게 된다. 이런 연금술의 과정을 통해 당신의 두뇌와 심장은 하나가 되고, 당신은 세포 수준에서부터 변화하여 몸을 치유하게 된다.

게다가, 개인적인 치유와 변화를 통해 당신 한 사람의 패턴이 달라지면 인류의 집단 무의식에 존재하는, 당신의 그것과 똑같은 패턴도 영향을 받아 변화하게 된다. 치유는 단순히 '하면 좋은 것'이 아니라 당신의 인간적 운명을 깨우는 데 반드시 필요한 일이다. 이 현명한 안내자와 대화를 나눠봐도 좋다. ― 나 또한 부디 당신이 그렇게 하기를 바란다. 그리고 그 안내자가 얼마나 당신을 돕고 싶어하는지 직접 확인해보라. 이 강력한 과정은 당신이 원하는 모든 방면에서 더 강해질 수 있도록 당신을 도와줄 것이다.

무리한 요구처럼 들리겠지만, 사실은 그렇지 않다. 이것은 사랑과 기쁨과 힘이 살아 숨 쉬고 있는 당신 내면의 중심으로 떠나는 여정 중 가장 단순한 부분에 불과하니 말이다.

신비가들이 늘 하는 말이 있다. "답은 항상 당신 안에 있다." 나의 바람은 이 책이 그러한 지혜의 성서 역할을 함과 동시에, 몸의 지능과 대화하게끔 당신을 격려해주는 역할을 하는 것이다. 신비가들의 말이 진정 무슨 뜻인지 깨달을 수 있도록 말이다. 그런 의미에서 《몸의 정령 헨리》는 자기 변화를 위한 가이드가 될 수 있을 것이다.

《몸의 정령 헨리》는 내가 몸의 의식과 나눈 대화 내용을 친근하고 독특하게 풀어낸 책이다. 헨리는 지혜로운 멘토이며, 나는 제법 영리할 때도 있지만 때로는 정말 부족하기도 한 학생이다. 만일 헨리가 내게만 적용되는 얘기만을 했다면 이 책은 세상에 나오지 못했을 것이다. 대신 그는 대부분의 사람들이 영적 구도의 길에서 마주치게 될, 충분히 예측 가능한 장애물에 대해 이야기하곤 한다. 당신 또한 당신의 내면에 있는 지혜로운 안내자와 대화를 나누는데 있어 나와 헨리의 이야기를 예시로 삼으면 좋을 것 같다.

내가 이 안내자와 처음 만난 것은 영적 리트릿^{retreat}*을 떠났던 1985년이었다. 당시 나는 명상을 하던 도중 내 몸 안에 다른 의식이 머물고 있다는 사실을 깨닫고 놀라지 않을 수 없었다. 그는 자신을 '내 몸의 엘리멘탈'이라고 소개했으며, 나의 삶 속에서 그가 가진 목적에 대해 말하기 시작했다. 그에 따르면, 대부분의 사람들은 무지하게도 몸의 엘리멘탈의 존재에 대해 조금도 모르고 있으며, 내가 그들에게 몸의 엘리멘탈의 중요성에 대해 가르쳐주기를 바라고 있었다. 그래서 나는 충실하게 두 권에 걸쳐 몸의 엘리멘탈에 대해 설명했고, 드디어 나의 임무가 끝났다고 생각했다. 하지만

---

* 일상에서 잠시 물러나, 얼마간 몸과 마음을 고요한 공간에 두고 휴식을 하며 재충전을 하는 일.

다른 사람들로 인해 나는 계속해서 이 주제로 돌아왔다. 심리학자와 의사들, 그 밖의 수많은 사람들이 '영과 몸을 위한 심리치료' 또는 '몸의 엘리멘탈과 함께 자신의 몸 치유하기'라는 주제로 워크숍을 열어달라고 요청해왔다.

워크숍 참가자들이 육체적, 심리적, 영적으로 치유됨에 따라 나는 자신감을 얻었고, 그들이 가진 트라우마와 고통이 한 겹씩 벗겨지는 모습을 보며 워크숍에서 가르친 기법들에 대한 책을 쓰기 시작했다. 하지만 그 책들은 뭔가가 부족했다. 결국 나는 책 작업을 미뤄두고 새로운 영감이 떠오를 때까지 기약 없이 기다리기로 마음먹었다.

6년이 지난 후, 컴퓨터를 하던 나는 갑자기 뭔가에 홀린 듯 '굿모닝, 헨리'라고 타자를 쳤다. 그와 동시에 내면의 목소리가 들려왔는데, 그 목소리는 내가 기억하는 몸의 지능의 목소리였다. 그 목소리는 크고 선명하게 이렇게 말했다. "내일부터 시작해요."

독자들에게 전하는 말

황금을 캐는 연금술의 예술에 동참하게 된 것을 환영한다. 그리고 함께해줘서 감사하다. 당신이 《몸의 정령 헨리》를 읽겠다고 결정해준 사실이 고맙고, 천천히 정독하든 빠르게 훑어 내려가든 이 책을 읽는 당신만의 방식을 존중한다. 그래도 당신의 여정이 더 즐겁고 유익해질 수 있도록 몇 가지 팁을 소개하고자 한다.

1. 만일 당신이 정신적이고 지적인 성향이 강하며 객관적인 자료를 좋아하는 타입이라면 기뻐하라. 당신이 바라던 그런 자료들을 한가득 찾을 수 있을 테니 말이다. 하지만 얼른 다음 것을 읽고 싶다는 마음에 쫓기듯 이 책을 읽지는 않기를 바란다. 금을 캔다는 것은 최고의 금맥을 찾기 위해, 다시 말해 최선의 길을 찾기 위해 잠시 멈추는 것을 뜻하기 때문이다. 그러니 새로운 정보가 당신의 감정과 육체의 세포 하나하나에 스며들도록 잠시 시간을 가지라. 변화는 이런 식으로 일어나니 말이다.
2. 당신이 감정적인 성향이 강한 사람이며 자기계발서를 정독하는 것을 좋아하고, 자신의 기분에 대해 이야기하기를 즐기는

타입이라면, 금광 깊은 곳으로 들어간 다음 더 많은 황금을 찾겠다며 거기에 쭉 머무르려는 경향이 있을 수 있다. 제발 그러지 말라. 황금을 찾았다면 그것을 밖으로 가지고 나와 현실에서 그것을 써먹으라.

3. 당신이 "어디 한번 증명해보시지", "내 눈으로 봐야 믿을 수 있겠어"라고 말하는 쪽이라면 이 책은 당신에게 다른 의미에서의 크나큰 도전이 될 수도 있다. 왜인지 아는가? 시공을 초월하는 영원하고 무한한 영은 굳어 있는 인간의 마음 앞에 증명해보일 수 있는 것이 아니기 때문이다. 하지만 당신은 《몸의 정령 헨리》에 나온, 내가 활용했던 방법들을 자신에게 적용하여 실질적인 해결책을 찾을 수 있을 것이며 이는 당신의 삶에 도움이 될 것이다.

"타니스는 몸의 의식과 다시 연결되어 협력하기 위한 실질적인 방법들을 알려줌으로써 우리가 에고 중심적 존재에서 영혼 중심적 존재가 될 수 있게 해준다. 각각의 장에 담긴 지식과 지혜는 매우 방대하기 때문에 다음 장으로 넘어가기에 앞서 읽은 내용을 곱씹고, 숙고하고, 흡수할 시간을 가져보기를 바란다. 나 또한 책을 다시 읽을 때마다 이전에 단순히 '이해'하기만 했던 내용들을 더 깊은 차원에서 받아들일 수 있었다."

— 멀 덜마지Merle Dulmadge,
ETRA 치유 승마 학교(ETRA Therapeutic Riding Association) 대표

쇼를 이끄는 사람은
누구인가?

영에 대해 추측하지 말라.

그대가 선호하는 것들은 아무 의미 없으니.

영이 원하는 것은 그대의 평안이 아닌 혼란이요,

그 혼란으로 껍데기가 갈라지며

그대는 사랑으로서 다시 태어날 것이다.

— 타니스 헬리웰 《사랑의 품에서》(Embraced by Love)

1장

칭송받지 못한 영웅: 당신의 몸의 지능

"외면을 보는 자 꿈을 꾸고, 내면을 보는 자 깨어난다."

—《칼 융의 편지》(C.G. Jung Letters) 1권 중에서

어느 날 아침, 세상에 나올 기회를 노리며 반쯤 완성된 채 처박혀 있는 책 세 권에 대해 고민하고 있을 때였다. 나는 몸의 지능이 우리 삶에서 어떤 기능을 하는지 써야 한다는 압박을 느끼고 있었는데, 정작 이 책들에는 몸의 지능에 대한 내용이 없었다. 그날 아침의 흐리멍텅한 기분은 수년 전, 중요한 책을 쓰겠노라 마음먹었던 나의 시도가 이렇다 할 결과물을 내놓지 못한 탓에 생긴 것이었다. 나는 마지못해 자리에서 일어나 컴퓨터로 다가가 전원 버튼을 눌렀다.

어쩔 수 없다고 생각하고 있을 무렵, 어떤 목소리가 들려왔다. "예전의 당신은 내가 하려는 말을 들을 준비가 되지 않았었는데,

이제는 준비가 된 것 같군요." 마치 몸 안의 의식이 내 생각을 읽고 반응하는 것 같았다. 의식과 나는 별개가 아닌 하나였고, 그가 전하고자 하는 말을 나는 이미 직감적으로 알고 있었다. 나는 어렸을 때부터 물리계, 감정계, 정신계와 영계를 유연하게 오갈 수 있었다. 또, 예전에도 그런 적이 있긴 했지만 나는 그가 나에게 말해준 것과 내가 들은 내용을 대화로 풀어낼 수 있었는데, 이 대화는 나를 비롯한 모든 사람들에게 도움이 될 만한 내용이었다.

"물론 당신의 생각을 읽고 있죠. 그것도 당신이 생각하는 것보다 훨씬 더 잘 읽고 있어요. 하지만 너무 놀라진 마세요. 우리가 서로 대화를 나눠온 지는 이미 오래됐잖아요?"

"당신이 내게 알려준 내용은 이미 책으로 두 권이나 썼는걸요. 제가 더 써야 할 내용이 있는지 잘 모르겠어요." 내가 대답했다.

"틀렸어요! 예전에는 나에 대해 '간단히' 소개만 했을 뿐이잖아요."

"그게 왜 하필 지금에서야 중요한 문제가 된 거죠?" 나는 새 책을 쓰는 게 시간 낭비는 아닐지 여전히 걱정되었다.

"때가 왔으니까요. 모든 인간은 살면서 무의식이 의식으로 변하는 시기를 한 번씩 겪는다고요. 이번 생이든 다음 생이든 말이에요. 사실, 이런 일을 겪지 않으면 인간은 더 이상 진화할 수 없어요. 대부분의 사람들처럼 당신에게도 그런 변화가 평생에 걸쳐 조금씩 일어나고 있어요. 10년 주기 정도로는 그 일이 크게 닥쳐오고요. 이게 영적 구도자와 심리학 연구자들이 자신의 무의식을 발견하게 되는 가장 흔한 계기이기도 해요. 하지만 아주 중요한 사실이 하나 있어요. 그것은 바로, 어떤 시기가 되면 반드시 융합(merging)

이 일어나야 한다는 사실이에요. 지금 내가 하는 말은 영혼의 어두운 밤을 지나는 사람과 이 지식이 필요한 수많은 사람에게 도움이 될 거예요."

"내 개인사가 어떻게 다른 사람에게 도움을 줄 수 있다는 건지 모르겠는데요." 나는 여전히 몸의 지능과 나누는 대화를 사생활로 남겨두고 싶어 그에게 따졌다.

"잘 들어봐요." 몸의 지능은 나를 달래려고 애쓰며 대답했다. "지금 세계는 모든 사람들의 사고방식을 뒤엎을 대전환의 시기를 겪고 있어요. 에고의 시대가 막을 내리고 의식을 가진 인간의 시대가 시작되려는 거예요. 사람들이 두 시대 사이의 과도기를 잘 견뎌내려면 도움이 필요해요. 현실이 깨지기 시작하면서 에고가 기존의 자기 모습과 세계관을 놓아주지 않으려 하기 때문에 어려운 시기가 될 거예요. 대다수는 아닐지라도, 많은 사람들이 어두운 내적시기를 지나야 하겠죠. 보건, 정부, 금융 체계와 인간관계, 사람들이 줄곧 가지고 있었던 믿음이 산산조각 나면서 삶의 의미가 많이 흔들리게 될 거예요. 사람들은 우울해하고, 화내고, 분노하고, 절망하겠지요. 그러면서 '알지 못함'의 상태를 겪게 될 거고, 자신의 삶을 통제할 수 없다는 사실에 공허함을 느낄 거예요. 사실은 삶뿐만 아니라 그 무엇도 통제할 수 없지만요."

"그 주제가 중요한 건 알겠지만," 내가 대답했다. "내가 왜 그 주제로 책을 써야 하는지 모르겠어요. 솔직히 말해서, 그렇게 재미있는 주제도 아닌 것 같은데요. 이렇게 심각한 이야기를 계속하기보다는 그냥 쉬는 게 더 좋을 것 같아요."

"그건 혼이 아니라 당신 에고의 생각이에요. 그 생각도 이제 곧 바뀔걸요." 몸의 의식이 재빠르게 반박했다. "당신은 자신이 꽤 특별하다고 생각하겠지만, 사실 모든 인간의 에고는 기본적으로 전부 다 똑같고, 똑같은 방식으로 인간을 통제해요. 이 책에서 나는 ― 아니, 우리라고 말해야 더 정확하겠네요 ― 에고가 가진 수많은 회피 기술들과 그 기술들을 무력화할 수 있는 방법에 대해 설명해줄 거예요. 바로 이것이 자유를 향한 길이자, 진화의 과정에서 당신이 거쳐야 하는 다음 단계니까요. 이 책의 주제들은 당신을 비롯한 많은 사람들이 에고 중심적 상태에서 자기완성의 상태로 건너가기 위해 필요한 다리를 만들어줄 거예요. 이 여정은 짧을 수도 길 수도 있고, 고될 수도 비교적 순탄할 수도 있어요. 이 여정은 궁극적으로 자유, 삶을 향한 내맡김, 더 충만한 사랑이라는 종착지로 당신을 데려다줄 거예요."

나는 마음이 흔들렸다. 나 자신조차 실천하지 않을 수도 있는 정보를 다른 사람들에게 전해줘도 될까 하는 책임감 때문이었다. "나는 모든 사람이 자기 스스로 영혼의 어두운 밤을 지나야 한다고 늘 생각하고 있었어요." 나는 여전히 순응할 준비가 되지 않은 채로 대답했다.

"불안해할 것 없어요." 나의 몸의 지능이 말했다. "물론 에고 중심적 존재에서 혼 중심적 존재로의 변화 단계를 거치는 일은 개인이 혼자 해결해야 하는 문제가 맞아요. 하지만 그런 과정을 거쳐온 사람의 책이나, 그런 사람과 나누는 대화가 좋은 팁이 되는 것도 사실이죠.

예를 들어볼게요. 지금까지 인간은 자신의 주변에 있는 것들을 먹어 치우며 성장하는 애벌레처럼 살아왔어요. 그게 문제가 된다는 것은 아니에요. 애벌레로서의 시기 — 에고 중심적인 상태 — 도 의식이 성장하는 과정의 일부니까요. 하지만 이제 이 단계에 마침표를 찍을 순간이 왔다고 보편지능은 분명히 말하고 있어요. 이제는 번데기 단계에 들어서야 한다고 말이죠. 이 번데기 단계는 잠시 멈추고, 삶에 대해 성찰하고, 당신과 당신의 세계에 더 이상 도움이 되지 않는 것들을 놓아줄 때예요. 이렇게 해야만 당신의 진정한 운명을 찾을 수 있어요.

이 과정을 겉으로만 보면 마치 죽어가는 것처럼, 모든 게 끝나가는 것처럼 보일 거예요. 하지만 이건 당신과 인류가 보편지능과 함께 온전한 창조자로 진화하는 새로운 시대로 이제 막 나아가는 것에 불과해요. 번데기 속에 있는 애벌레는 한 마리의 나비가 되기 위해 뼈와 살을 깎는 고통을 감내해야 해요. 많은 문화권에서 나비는 혼을 상징하기도 하고, 보편의식과 연결된 인간을 상징하기도 하죠. 번데기는 이도 저도 아닌 중간 단계이기 때문에 개인에게 고된 시기일 수밖에 없어요. 그들의 몸의 엘리멘탈(당신이 원한다면 몸의 지능이라고 불러도 좋아요)은 사람들이 이 과정을 통과하게끔 도와주려고 해요. 그리고 당신과 나는 어떻게 그 과정을 순탄하게 지나갈 수 있는지 사람들에게 알려줄 수 있어요. 이건 죽음처럼 모든 인간이 거쳐야 하는 자연스러운 과정이에요."

"저를 안심시키려고 하는 말인가요?" 나는 걱정스러운 마음에 쏘아붙였다. "당신이 그렇게 똑똑하다면, 모든 사람들의 가장 큰 두려움이 죽음이라는 것도 알 텐데요. 사람들은 분명 번데기 단계는 건너뛰고 곧바로 나비가 되고 싶다고 생각할 거라고요."

몸의 지능이 웃음을 터뜨리는 소리가 들렸다. "물론 그렇겠죠. 하지만 변화는 그런 식으로 이루어지지 않아요. 그리고 내가 계속 말해온 것처럼, 다른 사람들의 몸의 엘리멘탈도 지금 내가 당신을 도와주는 것처럼 어두운 밤을 더 빠르고 쉽게 거쳐갈 수 있도록 도와줄 수 있어요. 자신감을 가져요. 당신과 내가 같이 하면 되니까요. 보편의식도 이 변혁기를 응원해주고 있어요. 자, 그럼 다시 시작해보실까요?"

"알겠어요." 온갖 생각과 감정이 걷잡을 수 없이 머릿속에서 뒤엉키고 있었지만, 나는 몸의 지능을 신뢰하고 믿어보려 애쓰며 대답했다. 나는 내 의식과 내가 하나가 된 것을 느꼈고 두려움도 사라졌지만, 동시에 내 성격(personality)은 여전히 걱정을 하고 있었다. 나는 이러한 생각들을 살짝 변화시킴으로써 의식의 모든 수준을 속속들이 탐구할 수 있었는데, 이로써 의식이 육체, 감정체, 정신체에 어떻게 작용하는지, 그리고 그러한 몸들에서 정체된 부분이 있다면 그것을 어떻게 풀어줄 수 있는지 더 잘 이해할 수 있었다. 하지만 이런 작업을 할 때 사용되는 내 성격은 점검이 필요했다. 그리고 나는 몸의 지능도 그걸 바라고 있다는 걸 깨달았다.

"제일 기본적인 것부터 시작하는 것이 좋을 것 같네요. 나에 대해서요." 몸의 지능이 남성인지 여성인지 아니면 무성인지 모르겠지만, 그가 나의 동의를 기다리고 있다는 느낌이 들었다.

"남성인지 여성인지 무성인지 모르겠다는 것이 나에 대한 가장 정확한 생각이에요. 하지만 정 부르고 싶다면 헨리라고 불러도 돼요."

"잠깐만요, 너무 서두르지 마세요. 남성인지 여성인지 무성인지 모를 당신에 대해 좀더 알고 싶어요. 그리고 '헨리'라는 이름은 또 어디에서 나온 거죠?"

"좋아요. 당신 말대로 조금 천천히 해보죠. 나를 '몸의 엘리멘탈'이라고 생각하세요. 좀더 구체적으로 말하면, 나는 '당신 몸의 엘리멘탈'이에요. 다른 모든 몸의 엘리멘탈이 그렇듯이 나는 당신이 수정된 순간부터 함께 해왔어요."

헨리는 천천히 설명했고, 그런 그의 말을 들으며 나의 불안감은 호기심으로 바뀌었다.

"아버지의 정자와 어머니의 난자가 만나 수정이 되는 순간, 나는 당신이 현 생애에서 가지게 될 특성들을 주로 DNA와 RNA, 그리고 아직 발견되지 않은 더 작은 요소들로 내려받았어요. 성별, 체형, 머리 색과 같은 신체적인 특성들뿐 아니라, 당신이 '나'라고 생각하는 감정적, 정신적, 영적인 특성들을 전부 다요."

"자신을 '몸의 엘리멘탈'이라고 소개했는데, 그게 무슨 뜻인지 알려줄 수 있나요?" 내가 물었다.

"우선은 엘리멘탈elemental이라는 단어부터 시작해볼게요. 대부분의 사람들은 흙, 공기, 불, 물이라는 네 가지 엘리멘탈이 있다고들 말하죠. 나는 에테르ether라고 불리는 다섯 번째 원소고, 다른 네 개 원소와 일하며 당신의 몸을 만들어요. 이게 무슨 뜻인지 설명해줄 게요. 의자, 식물, 심지어 사람의 몸과 같은 물질은 대부분 에테르, 즉 공간으로 만들어져 있다는 사실은 과학적으로도 증명되었어요.

내가 말하는 에테르라는 것은 새로운 생물물리학에서 말하는 양자 진공(quantum vacuum)*과도 같아요. 당신이 생각하는 물질은 사실 99.9퍼센트 이상이 에테르로 이루어져 있지요.

나는 에테르를 여러 가지 진동 주파수로 나누어 형태를 창조하는 의식적 지능이에요. 가장 낮은 주파수로는 당신의 육체를 만들고, 그보다 조금 더 높은 주파수로는 감정체를, 더 높은 주파수로는 정신체를 만들어요. 나는 에테르적 존재로서 이 모든 주파수 영역대에서 존재할 수 있고, 당신의 생각이 가진 주파수에 따라 육체와 감정체, 정신체의 형태를 만들지요.**"

"세포생물학자인 브루스 립턴Bruce Lipton은," 내가 헨리의 말을 끊었다. "우리 몸의 세포가 어떻게 하여 우리의 생각에 영향을 받게 되는지, 새로운 후생유전학이 정신과 물질의 연결에 대한 이해를 어떻게 변혁시키고 있는지, 개인의 삶과 집단의 삶이 어떻게 하여 우리의 생각에 영향을 받게 되는지에 대한 책을 썼어요. 그래서 당신이 하는 말이 낯설지 않아요. 아무튼, 지금 당신이 하는 말은 우리가 이런 지식을 사용해서 우리의 인생을 바꿔야 한다는 건가요?"

"다른 모든 몸의 엘리멘탈들이 그렇듯이 나도 당신의 신체적, 감정적, 정신적, 영적 특성에 담겨 있는 카르마karma의 청사진으로 성

---

* 아무것도 없는 텅 빈 상태가 아니라 양자가 끊임없이 요동치고 있는 진공 상태를 말한다. 물리적으로 양자 진공에서는 가상의 입자 쌍이 생성과 소멸을 반복한다는 점에서 일반적으로 받아들여지는 텅 빈 상태의 진공 상태와는 차이를 갖는다.

** 일설에 따르면 인간의 몸은 우리가 전부라고 생각하는 육체 외에도 섬세하고 진동수가 높은 몸이 여러 겹으로 겹쳐 존재한다. 이것을 미세신(subtle body)이라고 한다. 육안으로 볼 수 있는, 흔히 우리가 생각하는 인간의 신체는 육체이다. 육체를 둘러싸고 있는 것은 감정체(또는 아스트랄체), 그보다 더 밖으로 향하면 정신체(멘탈체)와 원인체(코잘체, causal body)가 있다.

격 그릇(personality vessel)을 만들어요. 그 안에는 그 사람의 약점과 그 약점을 보완할 재능에 대한 정보도 담겨 있어요. 당신에게는 가슴 열림과 생명력을 가져다줄 생각, 즉 높은 길을 선택할지 아니면 고통으로 이어질 에고의 통제, 즉 낮은 길을 선택할지 매 분마다 결정할 수 있는 자유의지가 있어요."

헨리는 강조하며 이렇게 말했다. "당신이 알아야 할 중요한 사실이 있어요. 확실하게 알아야 해요. 그건 바로, 당신의 의식은 죽음에서도 살아남으며, 우리가 말하는 영혼의 어두운 밤은 대부분 당신이 과거에 지혜와 기쁨을 향한 길을 걸어가는 동안 쌓았던 카르마가 펼쳐지고 있는 것이라는 사실이에요. 나는 당신이 이런 프로그램을 바꾸길 바라요. 당신의 생각, 감정, 행동은 나를 프로그램하기도 하니까요. 진화의 초기 단계에서는 무의식적으로 자신을 프로그램했지만 진화를 해가면서 점차 의식적으로 자신을 프로그램하게 되었죠. 나는 당신이 나를 동물적 본성의 인간을 자기완성을 이룬 인간으로 바꿔줄, 즉 황금으로 바꿔줄 연금술 과정의 동료로서 생각해주면 좋겠어요."

"꽤 매력적으로 들리긴 하네요. 그런데 '카르마'의 청사진이 뭔가요? 그리고 누가 당신에게 그 청사진을 준다는 거죠?"

"에테르 속에는 당신의 카르마를 구성하는, 지금까지 거쳐온 모든 전생의 기록과 앞으로 일어날 가능성이 있는 미래 모습에 대한 정보가 저장되어 있어요. 이 세상에는 영적인 상위 자아뿐 아니라 보편의식과 협력해서 당신의 진화를 주관하는 위대한 존재들이 있어요. 이번 생의 당신이 운명을 향해 나아가는 데 가장 도움이 될 특성을 결정하는 것은 다름 아닌 이 존재들이에요. 다시 말해, 카르마의 청사진에는 당신이 이번 생에서 계발해야 하는 모든 특성에 대한 주파수가 담겨 있어요. 나는 당신이 이번 생의 목적을 이룰 수 있게 힘과 재능은 물론, 전생에서 얻은 상처와 약점도 모두 모아 하나로 모아두는 역할을 하죠."

"나의 고유한 특성을 어떻게 내 육체에 넣을 수 있는 건지 더 자세히 말해줄 수 있나요?" 내가 물었다.

"아직이요." 그가 대답했다. "오늘은 이 정도면 충분한 것 같아요. 잠깐 쉬면서 우리가 이야기했던 내용을 다시 곱씹어보는 게 좋겠어요. 내가 말하는 것을 머리로만 이해하려고 해봤자 아무런 의미가 없으니까요. 책만 많이 읽는다고 해서 절대로 자기완성을 이룰 수는 없을 거예요. 영적 변화는 지식이 감정을 촉진시키면서 일어나니까요. 그러면 내가 하는 말이 진정으로 어떤 의미를 가지고 있는지 깨닫게 되죠. 이렇게 하면 몸 안의 세포는 당신을 제한하던 오래된 프로그램을 놓아주게 되고, 당신의 주파수는 더 높아져요. 이것이 바로 내가 당신의 진화를 돕는 방식이에요. 이 이야기는 내일 계속하기로 하죠."

헨리가 사라진 후, 나는 그가 말한 것을 다시 생각해봤다. 나는 헨리가 나에 대해 내린 평가가 옳았다는 사실을 깨달았다. 나는 실제로도 새로운 사실을 머리로 받아들이는 것을 좋아했는데, 특히 어떻게 하면 신생물학적 발견을 영적 통찰에 접목해 우리 몸의 세포에 긍정적 영향을 미칠 수 있는지에 대해 매우 큰 흥미를 가지고 있었다. 하지만 과연 나는 이런 생각들이 세포까지 스며들도록 충분한 시간을 가졌는가? 이것은 '존재하기'를 연습하는 것에 가까웠다. 정작 나는 '하기'에 더 기울어져 있었는데 말이다. 사실 나에게 있어 '존재하기'는 아무것도 하지 않는 것에 가까운 경우가 아주 많았다. 다시 말해서 그 자체로 선물인 것이 아니라, 뭔가가 부재하는 상태였던 것이다. '존재하기'를 포기하는 대신 '하기'를 좋아했던 내가 어떤 편견을 가지고 있었는지를 깨닫고 나니 헨리의 제안이 얼마나 중요한 것이었는지 느낄 수 있었다. 결국 나는 깊은숨을 한 번 들이마시고 내쉰 다음, 진정한 존재의 상태에서 휴식을 취했다.

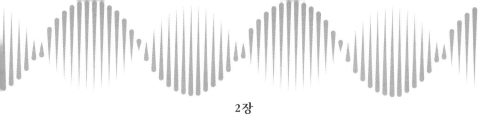

2장
당신과 몸의 지능은 인생의 동료다

"당신이 들어가기를 두려워하는 것의 핵심은
알고 보면 당신이 찾는 그것의 원천이다."

— 조지프 캠벨Joseph Campbell, 《신화와 인생》

다음 날 아침이 되었고, 당연하게도 헨리에게 물어보고 싶은 질
문이 몇 개 있었다. 헨리는 역시나 나를 실망시키지 않았다. 내가
마음속으로 그에게 주의를 기울이자 그가 곧바로 나타났다.

"어제 대화를 하다가 사라졌잖아요." 내가 운을 뗐다. "나의 육
체와 감정체와 정신체를 어떻게 만드는가에 대한 대목에서 말이에
요. 이제 말해줄 수 있나요?"

"당신이 시간을 갖고 내가 알려준 걸 복습하는 모습을 보니 기분
이 좋네요." 그가 대답했다. "매일 그렇게 하는 게 중요해요. 그렇
게 해야 세포 단위에서부터 변화의 과정이 일어나게 될 테니까요."

"잘 알겠어요." 나는 인내심을 가지려고 애쓰면서 대답했다. "그

럼 이제 당신이 어떻게 내 육체를 만드는지 말해줄 수 있나요?"

"나는 당신의 연수*와 송과체**를 가지고 과거, 현재, 미래의 당신의 주파수를 각인(imprint)해요. 인간은 송과체의 기능에 대해 아직 연구하고 있는 단계에 불과하죠."

"우리도 송과체의 세포 속에 있는 광수용체***가 뇌하수체에 지시를 내린다는 사실은 알고 있어요." 나는 나의 지식을 보여줄 수 있다는 데 뿌듯해하며 말했다. "최근 서양의 전통 과학에서는 뇌하수체를 주 분비선****으로 보고 있지만, 나는 우리 몸의 주 분비선이 송과체라고 생각해요. 많은 문화권의 신비가들은 송과체를 '제3의 눈'이라고 불렀어요. 그리고 바로 이 부위를 통해 의식에 직접적으로 연결될 수 있다고 믿었죠."

"전부 사실이에요." 헨리가 인내심 있게 대답했다. "하지만 당신이 물어본 건 '내'가 맡은 역할이지 않았나요?"

"맞아요." 헨리의 말을 듣고 나니 꾸지람을 듣는 기분이 살짝 들었다. 마음을 열고 새로운 어떤 것을 듣는 것보다 내가 이미 알고 있는 것을 떠들며 잘난 체하기가 훨씬 쉬운 법이다.

"그렇게 너무 자기 자신에게 엄격하게 굴지 않아도 돼요. 당신은 몇 년 전부터 송과체를 '단세포'이자 몸의 주 분비선이라고 여겨왔

---

* 뇌의 뒤쪽에 위치하며 척수와 인접하고 있다. 생명과 직결되는 호흡을 유지하고 감각과 운동에 관여한다.

** 머리 가운데에 위치한 솔방울 모양의 내분비기관으로 생식샘 자극 호르몬을 억제하는 멜라토닌을 분비한다.

*** 빛에 민감한 감각 세포로, 빛을 신경 자극으로 바꾼다.

**** 뇌하수체 전엽을 가리켜 부르는 이름. 이 부위에서 대부분의 호르몬이 다른 내분비선을 통제하기 때문에 '주 분비선'이라고 불린다.

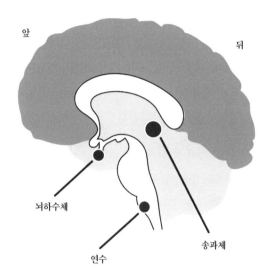

앞   뒤

뇌하수체

연수

송과체

는데, 부분적으로는 맞는 말이에요. 나는 수정될 때 DNA에 새겨진 에테르적 청사진과 여러 요소들을 끌어와 연수에 입력해서 개인의 육체, 감정체, 정신체를 창조해요. 때로 사람들이 프라나Prana*라고 부르곤 하는 우주의 생명력은 주로 연수를 통해 몸으로 들어가요. 이때 연수는 인간의 영적인 변화를 위해 몸속 보편지능의 중심인 송과체와 연결돼요.

송과체는 단순한 육체의 기관일 뿐 아니라, 당신이 가진 생각과 감정에 따라 변하는 영적 기관이기도 해요. 당신이 긍정적인 생각과 감정을 가지고 있다면 — 긍정적인 감정에는 여러 단계가 있지만 — 주파수가 높아져요. 높은 주파수는 더 높은 차원의 의식으로

---

* 인도 철학에서 인체 내부에 있는 생명력을 뜻하는 말.

가는 문을 여는 열쇠와 같죠. 물론 그 반대의 상황도 일어나요. 당신이 부정적인 생각을 하거나 부정적인 감정을 느끼면 주파수가 낮아지고, 더 높은 차원의 의식으로 가는 문 역시 굳게 닫히는 거죠. 그래도 전혀 희망이 없는 것은 아니에요. 더 높은 차원에서 존재하는 것이 어떤 건지 기억하니까 그 상태에 다시 도달하는 것이 가능하다는 사실을 경험을 통해 아는 거죠. 더 높은 의식으로 되돌아가고 싶다는 갈망은 모든 존재들의 세포 속에 새겨져 있고, 이는 진화를 부추겨요. 아마 당신은 이를 에덴동산으로 돌아가고자 하는 욕망이라고 부르겠죠."

"잠깐 멈춰줄 수 있어요? 질문이 있어요." 나는 내가 제대로 이해했는지 확인하고 싶은 마음에 단호하게 말했다. "신생물학(New Biology)에서는 몸속의 의식에는 중심이 없고 세포와 장기와 모든 부위들은 상호 연결되고 상호 침투하는 시스템, 즉 자기 조직화되어 있는 네트워크라고 하던데요."

"사실이에요." 헨리가 대답했다. "나는 그 모든 것들 속에 존재하는, 의식을 가진 지능이죠."

"그렇다면 좀 전에 말해준 DNA나 송과체의 기능은 뭐라고 이해하면 될까요?" 나는 혼란을 느끼며 물었다.

"육체 기관들에 대한 것이라면, 현실은 한 층만이 존재할 뿐이에요. 그렇지만 더 미세한 수준을 파고들어가보면, 더 깊은 차원의 현실이 있죠. 두 현실 모두 옳아요. 형상계(world of form)에서는 진실이 여러 개일 수 있어요. 당신의 의식이 진화하면 진실도 진화하죠." 그가 대답했다.

인체에 대한 헨리의 설명에 용기를 얻은 내가 질문했다. "동물이나 식물도 몸의 엘리멘탈을 가지고 있고, 그것들도 몸의 지능과 똑같나요?"

"몸의 엘리멘탈은 자신이 깃든 생명체들이 형상계에 존재하는 동안 그들의 육체, 감정체, 정신체를 만들어요. 사실, 당신이 말하는 '인체'에는 초기 진화 단계의 동식물에서 발견되었던 마이크로 RNA*가 들어 있어요. 당신도 똑같은 마이크로RNA를 가지고 있는 거예요."

"당신이 나와 함께하는 과정이 다 끝나면 그다음에는 어떻게 되는지 궁금해요. 그리고 말이 나온 김에, 몸의 지능과 몸의 엘리멘탈 중에서 당신을 어떤 이름으로 불러야 하나요?"

헨리가 대답했다. "어떤 존재가 더 높은 형상의 영역에 도달할 수 있을 정도로 진화하게 되면 몸의 엘리멘탈이 더 이상 필요하지 않게 돼요. 그리고 당신이 슬쩍 끼워 넣은 두 번째 질문에 대답하자면, 나를 몸의 엘리멘탈이라고 부르든 몸의 지능이나 몸의 의식으로 부르든 중요하지 않아요. 정말로 중요한 것은 나의 기능을 제대로 이해하는 거죠."

헨리의 대답을 듣고 나니, 그가 눈치채지 못하는 사이 어떤 질문을 슬쩍 끼워 넣는 건 불가능할 것이라는 생각이 들었다. 하지만 내가 아무리 별난 질문을 하더라도 그가 관대하게 받아줄 거라는 느낌이 들었고, 나 또한 나의 호기심을 마음껏 채워도 되겠다 싶었다.

---

* 생물의 유전자 발현을 조절하는 작은 RNA. 인체 속에도 수백 개의 마이크로RNA가 존재하는 것으로 알려졌다.

"예수, 바바지^{Babaji}**, 스리 유크테스와르^{Sri Yukteswar}***와 같은 많은 위대한 스승들은 사후에도 육체를 재창조할 수 있었어요. 그들은 시공을 넘나들기도 하고, 많은 사람들 앞에 물리적인 형태로 나타날 수도 있죠. 이건 그들이 의식을 가지고 몸의 엘리멘탈을 다룰 수 있기 때문인 건가요?" 내가 말했다.

"바로 그거예요." 헨리가 대답했다. "인간이 특정한 수준의 의식을 가지게 되면 할 수 있는 것이 바로 그런 것들이에요. 그건 몇 단계에 걸쳐 일어나요. 하지만 우선은 자신의 단계에서 할 수 있는 일에 집중해야 해요. 그들 몸의 엘리멘탈과 마찬가지로 나 또한 호흡, 심장 박동, 수면, 오르가슴, 허기와 같은 본능적인 몸의 기능을 통제해요. 더 진화하고, 더 건강해지기 위해서는 의식적으로 이런 시스템을 통제하고, 당신 몸속에 있는 공기, 물, 불, 흙의 원소량을 조절하는 방법을 배워야 해요. 그렇게 할 수 있게끔 내가 도와줄 수 있어요."

"지금으로서는 완전히 불가능해 보여요. 분명 다른 사람들도 나와 똑같이 생각할걸요." 나는 헨리의 제안이 부담스러웠다. 이론적인 것을 말로 표현하는 것과 그것을 행동으로 옮기는 것은 분명 다른 일이니 말이다.

** 크리야 요가의 시조이자, 현대 인도의 요기 성자 중 하나로 손꼽히는 인물. 히말라야에서 시간을 초월하여 살고 있다고 하여 인도에서는 '위대한 불멸의 탄생'이라는 마하바타르^{Mahavatar}라고 부르기도 한다.

*** 인도의 수도사이자 요기였으며, 파라마한사 요가난다의 구루였다. 바바지가 지시한 《신성한 과학》(The Holy Science)이라는 책을 집필했다. 1936년에 육신을 떠났으나, 얼마 후 다시 나타나 사후세계에 대해 전해주었다고 요가난다는 자신의 책을 통해 전하고 있다.

"충분히 가능해요. 불가능한 일이었다면 제안하지도 않았겠죠. 내가 바로 당신이니까요. 우리는 하나예요. 수많은 아틀란티스*인들이 의식적으로 몸의 엘리멘탈과 일을 했었고, 성자들과 같은 그런 능력들을 실제로 가지고 있었어요. 어떤 아틀란티스인들은 공중 부양을 할 수도 있었고, 비를 내리게 할 수도 있었고, 염력으로 불을 피울 수도 있었어요. 또, 텔레파시와 예지력을 쓸 수 있는 사람도 있었고, 투명 인간이 될 수 있는 능력을 가진 사람도 있었고, 시공을 초월하여 이동하는 사람도 있었지요. 인간을 통제하고자 하는 에고의 지배력이 점점 커지면서 이런 자질이 사라진 거예요. 하지만 이제 인간이 에고의 통제에서 벗어나려 움직이기 시작하면서 이런 상태도 변하고 있어요."

"머리로는 그 말을 믿을 수 있지만, 그렇다고 해서 내가 그걸 실제로 할 수는 없어요. 저도 이런 상황이 실망스럽기도 하고 침울하기도 해요. 하지만 당신이 좀더 쉽게 설명해주면 내 육체 안에 막혀 있는 에너지를 해방시킬 수 있을지도 몰라요. 당신이 원하는 게 그거죠?"

"그렇게 생각하는 것만으로도 의식은 변화할 거예요. 그런 생각만으로도 에고의 통제에서 벗어나서 보편지능과 동조하겠다는 당신의 목표가 성취되기 시작하는 거죠." 헨리가 대답했다.

"희망적인 말이네요." 헨리의 말을 들으니 안심이 됐다. "그럼 내

---

* 약 9,000년 전 대서양에 있었다고 하는 전설 속의 강력한 고대 국가. 그리스의 철학자 플라톤이 남긴 대화록에 의해 전해지고 있다. 아틀란티스는 인류가 최초로 문명을 일으킨 곳으로 많은 인구를 거느리고 있었으며, 이들이 전 세계로 퍼져 주변 국가로 문명이 전해졌다고 한다. 아틀란티스는 자연의 큰 변동에 의해 섬 전체가 주민들과 함께 물에 잠긴 것으로 알려져 있다.

생각이 어떻게 영적 변화를 더 빠르게 만들거나, 느리게 만드는지 알려줄 수 있나요?"

"좋아요. 두려움을 예로 들어보죠. 두려움이 당신을 통제하도록 내버려두면 그것은 당신이 목표를 이룰 수 없게 방해할 거예요. 하지만 의지를 통해 부정적인 생각을 긍정적인 생각으로, 두려움을 사랑으로 바꿀 수 있어요. 그렇게 에고의 통제를 약하게 만드는 거지요. 이렇게 하다 보면 결국에는 두려움에 기반한 패턴의 마지막 잔재가 사라지고 에고 없는 의식적인 존재가 될 때까지 주파수가 높아지는 거예요."

"그러니까, 실패에 대한 두려움이 있다 하더라도 당신이 제안한 것을 시도해보겠다는, 기꺼이 앞으로 나아가겠다는 의지만 가지고 있다면 에고의 통제를 약하게 만들 수 있다는 말인가요?"

"정확해요." 헨리가 대답했다. "그리고 당신이 성공할 거란 믿음이 강하면 강할수록, 그 효과는 빠르게 나타날 거예요."

"몸의 지능이 인간의 성격 그릇을 만들기 위해 사용하는 기존 프로그램보다 우리의 생각이 더 중요하다는 건가요?"

"우리는 인간이 무의식적으로, 혹은 의식적으로 우리에게 보내주는 것들로 인간을 프로그램할 뿐이에요. 쉽게 말해서, 부정적인 생각은 에고를 더 강하게 만들고 긍정적인 생각은 에고를 약하게 만들어요. 긍정적 생각은 보편지능과 더 잘 동조하지요. 당신의 생각이 보편지능과 조화를 이루면 이룰수록 에고의 통제력은 더 약해지고, 당신이 영혼의 어두운 밤을 지나 의식의 빛으로 나오는 시간도 빨라져요."

"인간을 어떻게 프로그램하는지에 대해 좀더 알려줄 수 있나요?" 나는 모르고 넘어가는 부분 없이 모든 것을 속속들이 알고 싶었다.

"인간은 자유의지를 가지고 있고, 시간이 흐르면서 점점 무의식적인 존재에서 의식적인 존재가 되는 방법을 배워요. 의식적이지 못한 존재의 몸의 엘리멘탈은 그 존재 개인의 카르마 프로그램과 그 존재가 속한 종의 집단적 기억을 사용하여 그 존재의 몸을 만들어요. 칼 융Carl Jung이 '집단 무의식'이라고 부르는 이 집단의 기억에는 인간뿐 아니라 지구상 모든 존재의 기억이 들어가요. 몸의 엘리멘탈은 주로 DNA와 RNA를 통해 이 전체적인 에테르 프로그램을 육체 속에 고정시키는 역할을 해요."

헨리의 말을 들으며 머릿속이 멍해지는 듯한 기분이 들었다. 그것을 눈치챈 헨리가 말했다.

"너무 어려운가요? 다시 한번 설명해볼게요. 인간들은 참 이상해요. 자신의 감정과 생각이 특별하다고 생각하기를 좋아하는 걸 보면 말이죠. 이건 참 어리석은 생각이에요. 두려움을 좀더 자세히 살펴볼까요? 사랑받지 못하는 것에 대한 두려움, 거절에 대한 두려움, 가치 없는 존재가 되는 것에 대한 두려움, 죄책감에 대한 두려움은 모든 인간이 가진 집단적인 원형*의 일부예요. 실패하거나, 인정받지 못하거나, 변화하거나 통제를 잃는 것에 대한 두려움도

---

* 융 심리학에 따르면 꿈의 이미지나 상징의 근원이 되는 원형(archetype)이 있다고 한다. 융은 이러한 원형들이 조상들로부터 전해 내려오는 선천적인 지식의 태곳적 형태라고 말했으며, 우리가 본능적인 행동 패턴을 물려받음으로써 이러한 원형을 물려받는다고 믿었다.

마찬가지죠. 그리고 인간의 두려움은 사랑받거나, 성공하거나, 받아들여지거나, 행복하고 안전해질 것이라는 희망이나 꿈과는 정확히 반대의 느낌이에요. 이제 이해할 수 있겠죠?

이 말인즉, ― 당신이 뭔가 물어보고 싶어서 입이 근질근질한 게 느껴지지만 조금만 더 참으세요 ― 인간은 수정되는 순간 자신의 운명을 이루기 위한 특별한 자질들의 독특한 조합과 함께 모든 인류, 모든 존재들의 집단 원형을 물려받는다는 것이죠. 어떤 이가 자신의 운명을 이루게 되면, 그 사람은 인류의 집단적 원형이 진화하는 데 이바지할 뿐 아니라 지구와 지구의 모든 종들이 진화하는 데 자신의 재능을 기여하게 되는 거예요. 이건 인간에게도, 그 밖의 종들에게도 모두 적용되는 규칙이죠. 그 반대의 경우도 마찬가지예요. 존재들이 자기 삶의 목적을 이루는 데 실패하면 그 종 전체의 진화가 느려져요."

"이제 알겠어요." 내가 대답했다. "나는 우리 삶의 목적이 무엇이든, 개인이 그 목적을 이루는 데 성공하도록 계획되어 있다고 늘 믿어왔거든요."

"맞아요. 보편지능이 왜 인간이 실패하도록 만들겠어요?"

"그렇게 말하기는 쉬워요. 그래도 정작 삶이 바닥으로 곤두박질치고 있을 때는 우주가 나의 편이라고 믿기 힘들거든요."

"그건 그래요." 헨리가 수긍했다. "그래도 인류는 의식적인 창조자로 진화할 운명을 가지고 있어요. 다시 말해서, 인간은 상승과 하락이 모두 존재하는 진화의 길에서 자신의 행동을 선택할 수 있는 자유의지를 가지고 있어요. 각각의 인간들이 더 의식적인 존재가 되면 인류는 상승하는 진화의 길을 걷게 되죠."

"다시 당신에 대한 이야기로 돌아가요." 내가 말했다. "몸의 엘리멘탈이 어떻게 진화하는지 이야기해주세요."

"당신과 나의 관계는 좀 복잡해요." 헨리는 궁금해하는 나를 살살 약 올리듯 말했다. "당신이 수천 번의 삶을 통해 진화해왔듯이 나도 마찬가지예요. 우리는 처음부터 함께였어요. 때로 창조자라고 불리기도 하는 보편지능으로부터 당신이 분리되었던 가장 최초의 순간부터요. 그전까지 당신은 몸을 만들고 유지하기 위해 노력할 필요가 없는 존재였어요. 왜냐하면 당신은 보편적 사랑과 완전히 하나였고, 자신만의 독립적인 형태도 가지지 않은 영적인 존재였으니까요.

그러다 마침내 당신이 의식의 근원에서 분리되어 나왔을 때, ─ 이건 모든 인간에게 해당하는 이야기예요 ─ 당신은 형태를 갖춘 존재로 하강해 내려왔어요. 이렇게 되기까지는 수백만 년이 걸렸어요. 그렇게 하여 당신은 자기만의 정체성을 담기 위한 그릇이 필요하다고 믿는 한 개체가 되었지요. 그때 당신은 에테르에 자신의 생각을 새김으로써 나를 하나의 형태로 구현시켰고, 그 생각은 점점 물리적인 물질을 구성하는 원소들로 하강하여 나타나게 되었어요. 성경으로 따지면 아담과 이브가 자신들의 헐벗은 모습을 보고 부끄러움을 느끼며 에덴동산을 떠났던 순간이에요. 보편지능과 완전히 하나인 상태였던 에덴동산을 말이지요.

본래 나는 당신이 형태를 갖춘 존재로 하강해 내려와 의식적 상태에서 무의식적 상태로 떨어질 때 점점 더 혹독해지는 감정적 환경과 물리적 환경으로부터 당신을 보호하기 위한 옷과 같았어요. 당신은 물질계로 하강하면서 당신의 생각과 감정으로 계속해서 나를 프로그램했어요. 하지만 자신이 무엇을 하고 있는지는 더 이상 자각하지 못했죠. 몇 번의 삶을 거쳐오며 나는 긍정적이거나 부정적인 생각이 어떤 패턴에 따라 되풀이되고 있음을 알게 되었고, 그런 생각들이 어떤 결과들을 가져오게 될지, 그러니까 기쁨을 가져올지 고통을 가져올지 점차 예측할 수 있게 되었어요."

"당신이 그런 깨달음을 얻은 시기가 내가 그런 패턴에 대해 의식하게 되었을 때였나요?"

"맞아요. 당신이 의식적인 존재가 될수록 나도 그렇게 되거든요."

"그렇다면 당신의 진화는 나의 진화와 직접적으로 연결되어 있는 거네요." 내가 결론지었다.

그때 다른 생각이 떠올랐다. "어제 말한 나비처럼 나도 자기완성을 이루게 되면, 당신은 어떻게 되나요? 내가 당신을 형태로 구현시켰다고 했잖아요. 그러면 내가 나비가 되었을 때에는 에고가 사라지듯이 당신도 사라지나요?"

"훌륭한 질문이에요." 헨리는 나의 질문에 대답을 하기 전에 잠시 멈춰 생각을 정리하는 듯했다. "육체적, 감정적, 정신적 그릇이 더 이상 필요 없어지면 그 그릇은 사라져요. 그러면 나는 자유로워져서 다시 전체에 흡수될 거예요."

"그런데 그걸 어떻게 알아요?" 내가 물었다.

"별로 어려운 것도 아닌걸요. 당신이 죽고 나서 환생을 하기 전까지 나는 인간들을 위해 몸을 만드는 몸의 엘리멘탈들의 영혼 무리로 돌아가요. 이건 내가 아카식 레코드Akashic Records* — 평생 당신에게 일어난 모든 일들에 대한 기록 — 라고도 불리는 생명의 책에 기록된 다음에 일어나는 일이에요. 아카식 레코드는 지구상에서 진화하는 모든 인간과 모든 존재들이 가진 집단적 기억을 담고 있어요. 그러다 당신이 환생할 시기가 되면, 나는 이런 기록들 중 당신에게 필요한 정보를 사용해서 다음 생에 필요한 그릇을 만들어요. 하지만… 당신이 다음 생을 시작할 필요가 없게 되면 나 또한 계속 존재할 이유가 없죠."

"우리 둘 모두에게 엄청난 일이네요. 그러면 내가 환생하기 전, 당신이 몸의 엘리멘탈의 집단에 있을 때 당신은 계속 진화를 하나요?"

"몸의 엘리멘탈을 몸의 영이라고 생각해보세요. 우리는 영적인 존재들이기 때문에 인간들처럼 잠을 잘 필요가 없어요. 그리고 당신이 환생하면 잠을 자든, 깨어 있든 우리는 24시간 내내 일을 하게 돼요. 우리는 인간의 몸을 유지시키고 있을 때만 진화할 수 있어요. 환생하기 전, 우리가 일을 쉬고 있을 때는 보편지능과 하나가 되고요. 오늘은 이 정도면 충분한 것 같네요. 내일 계속하죠. 이미 충분한 정보를 들었으니 새로운 내용을 더 배우기보다는 오늘 들은 걸 소화하는 편이 좋을 것 같아요."

헨리가 나의 의식에서 사라진 후, 나는 그가 말한 것을 곱씹어봤다. 그중 일부는 이미 아는 내용이었고, 또 어떤 부분은 내가 생각

---

* 우주와 인류의 모든 기록을 담은 정보집합체로, 제정 러시아 시대의 신비가이자 철학자인 헬레나 블라바츠키가 처음으로 주장했다. 아카식 레코드에는 이 세상의 모든 일이 기록되어 있으며, 이 기록을 보면 미래에 일어날 일도 알 수 있다고 한다.

조차 하지 못했던 것이었다. 의식적인 상태를 기억해낸다는 것은 어쩌면 올바른 질문을 하고 그 답을 성찰하여, 지식이 나의 정신체 뿐 아니라 감정체와 육체 모두에 스며들도록 만드는 것인지도 모르겠다. 이런 생각이 떠오르자마자 내가 올바르게 하고 있다는 따뜻한 기분이 나를 포근하게 감싸기 시작했고, 내 여러 신체들을 구분하는 경계가 사라지는 것이 느껴졌다. 이 경험을 통해, 이것이 내가 변화의 과정을 의식적으로 도울 방법임을 확신할 수 있었다. 더 중요한 것은 내 몸의 지능이 이 일련의 탐구 과정을 자신 있게 헤쳐 나가는 데 큰 도움이 되고 있으며 이 과정을 함께하고 있음을 아는 것이었다.

　나는 내 무의식 상태와 의식 상태 사이의 경계를 허물 때가 되었다는 헨리의 말을 되새겨봤다. 새삼, 몸의 의식이 나의 운명을 이룰 수 있도록 도와주고 있음을, 그리고 나를 통해 다른 사람들까지 그렇게 될 수 있도록 도우려 하고 있다는 사실이 감사했다. 이쯤 되자 머리 한구석이 조금씩 지끈거리기 시작했다. 평소에는 머리가 아플 일이 별로 없는데, 아무래도 머리를 너무 많이 쓰긴 한 것 같다는 생각이 들어 그만 쉬기로 했다. 모든 것은 최적의 타이밍에 맞춰 밝혀질 터이니 말이다.

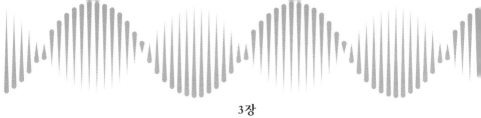

3장

삶이 급격히 악화되었을 때
긍정적 중립의 태도로 미끄러지듯 움직이라

"바꿀 수 있는 것을 바꿀 용기를 주시고, 바꿀 수 없는 것은 받아들일

평온을 주시고, 이 둘을 구분할 지혜를 주소서."

— 〈평온을 비는 기도〉(Serenity Prayer)

다음 날 아침이 되었을 때, 헨리에게 물어보고 싶은 질문들이 한 가득 있었다. 하지만 컴퓨터를 켠 나는 첫 번째 딜레마에 빠졌다. 확인해야 할 중요한 메일이 몇 통 와 있었는데, 매일 이 시간마다 나누는 헨리와의 대화를 더 우선시해야 할지 고민이 되었던 것이다. 내가 다른 일들을 먼저 처리한다면 헨리가 내게 정보를 전해주는 데 방해가 될까? 예전부터 계속 되풀이되는 딜레마였다. 내게 중요한 일과 다른 사람에게 중요한 일 중 어떤 것에 집중해야 할까? 이런 상황에 처할 때마다 나는 자꾸만 불안해졌다.

그러다 왠지 모르게, 나는 헨리와의 스케줄을 엄격하게 따르는 것이 그다지 좋은 방법이 아님을 알게 되었다. 무엇을 해야 하는지가 아니라 왜 이것을 하는지를 생각해보고 우선순위를 정하는 연습을 하는 게 더 나을 것 같았다. 이런 새로운 방식을 따른다면, 결국에 내린 결정은 똑같더라도 그 이유가 달라질 수 있었다. 전자를 따라 내린 결정이 두려움이나 습관 때문에 내린 결정이라면 후자를 따라 내린 결정은 객관적인 결정, 장기적으로 봤을 때 그것이 최선이라는 판단 때문에 내린 결정이다. 나는 헨리가 나의 의견에 동의할 것이며 지금처럼 메일에 답장을 보내는 동안 차분하게 기다려줄 것이라고 믿기로 했다.

세 시간의 생산적인 활동이 끝나고, 나는 헨리에게 가장 먼저 어떤 질문을 할지 생각해보기 위해 내면으로 주의를 돌렸다. 그리고 '가장 좋은' 질문이 무엇인지 골똘히 생각하던 중, 불쑥 헨리가 나타났다.

"그 질문들은 적당한 때가 되면 대답해줄게요. 지금은 무의식적인 존재에서 의식적인 존재가 되는 방법에 대해 이야기했으면 하거든요. 인간들은 무의식적인 상태와 의식적인 상태를 별개로 인식할 수 있지만 몸의 엘리멘탈들에게는 그 둘의 경계가 존재하지 않아요. 인간이 깨어 있을 때나 잠들어 있을 때나 우리는 폐와 심장을 비롯한 여러 장기들이 계속 기능하게 해요. 그렇게 하는 동안에도 우리는 그 사람이 무의식적으로든 의식적으로든 어떤 생각을 하고 무엇을 느끼는지 다 알고 있어요. 무의식적이든 의식적이든, 긍정적이든 부정적이든, 그런 생각과 감정이 몸의 엘리멘탈에 미치는 영향은 똑같아요. 우리는 모든 생각과 감정을 받아들여 몸 안에 프로그램해요."

헨리의 말을 들은 순간, 어떤 사람이나 상황에 대해 처음으로 떠오른 생각이나 느낌이 긍정적인 것과는 거리가 멀었던 적이 수없이 많았다는 사실이 떠올랐다. 어떤 대상에 대한 나의 첫인상은 불편하거나 불만스러웠던 적이 무척 많았다. 분명 헨리도 이 생각을 읽었을 것이다. 예의상 그런 것인지 나를 배려한 것인지 모르겠지만, 헨리는 이 사실을 딱히 언급하지는 않았다. 그래서 나는 그에게 물어보기로 했다.

"상대하기 어려운 사람을 만났거나 난감한 상황에 처한 처음 몇 초 동안은 부정적인 생각과 감정을 느낄 때가 있어요. 아니면 외부의 자극이 전혀 없이 혼자 있을 때 그냥 저절로 그런 생각과 감정이 튀어나오기도 해요. 좋은 소식은, 내가 이런 부정적인 생각을 가지고 있다는 사실을 깨닫는 즉시 이 생각을 고쳐먹는다는 거예요. 그리고 이것이 나 자신이나 타인을 향한 사랑, 연민, 용서를 더 키울 수 있는 기회라고 생각하죠. 이런 상황이라면 당신은 어떤 것을 사용해서 나를 프로그램하나요? 내가 맨 처음에 느낀 부정적인 생각과 감정인가요 아니면 그 이후에 느낀 긍정적인 것들인가요?"

"둘 다예요." 그가 대답했다. "하지만 긍정적인 생각은 보편지능과 동조하니까, 긍정적인 감정과 부정적인 감정의 에너지양이 똑같다면 나는 긍정적인 감정을 더 강화하려고 해요."

"두 에너지가 지닌 힘이 똑같다면 말이지요? 나는 오랫동안 그 무엇에도 집착하지 않는 습관을 길러왔어요. 나는 그걸 '긍정적 중립'의 상태라고 부르고 있죠. 그런 태도를 유지해야 감정에 휘둘리지 않고 더 객관적으로 감정을 관찰할 수 있거든요. 당신이 보기엔 긍정적 중립을 연습하는 게 좋은 일 같나요?"

"긍정적 중립이라는 게 무슨 뜻이죠?" 헨리가 물었다.

"중립적이란 것은, 영적 교사, 친구, 연인, 명상가, 작가와 같이 내가 수행하는 역할에 집착하지 않으면서 이런 역할을 하는 데 옳거나 그른 길이 있음을 느끼는 상태를 말해요. 중립적으로 있으면 다른 사람들이 나를 인정하지 않을 거라는 두려움을 극복하는 데 도움이 돼요. 이런 식으로, 내 삶과 일이 좋은 결과를 가져와야 한다는 집착을 버리게 되죠. 중립적인 태도를 가진다는 것은 무관심해진다는 말이 아니에요. 유럽의 신비 사상가였던 헬레나 블라바츠키Helena Blavatsky는 고전이라고 할 수 있는 그녀의 책《비밀 교의》(The Secret Doctrine)에서 '우리는 사랑하지도, 혐오하거나 무관심하지도 말아야 한다'고 했어요. 바꿔 말하면 어떤 상태에도 집착하지 않는 거예요.

다음으로, 긍정적 중립에서 긍정의 의미는 내가 낙관적인 사람이라는 거예요. 나는 온 우주가 내게 멋진 것들을 줄 거라고 생각해요. 예를 들어, 달라이 라마의 장기적인 목표는 티베트가 다시 티베트 국민을 통치하고 자신을 비롯하여 티베트에서 추방당했던 다른 사람들이 언젠가 다시 티베트로 돌아가는 거라고 해요. 하지만 그가 그런 꿈을 꾸면서 가만히 앉아 현실을 비관하고만 있을까요? 전혀 그렇지 않아요. 오히려 그는 어떤 것에도 집착하지 않은 채 전 세계를 여행하며 티베트 불교를 전파하고 있어요. 그는 사람들이 불교에 귀의하도록 만들려는 것이 아니라, 종교와는 무관하게 그들이 남들에게 사랑을 베풀고 평화를 이룰 수 있도록 도와주고 싶다고 해요.

달라이 라마처럼 어떤 것에도 집착하지 않는 중립적 태도를 더 다져갈수록 우주의 목소리도 더 선명하게 들리면서 거기에 동조할 수 있게 돼요. 긍정적 중립의 장점은 모든 일이 다 잘 풀릴 것이고, 내가 우주에 요청한 것 또는 그보다 더 좋은 결과물을 받게 되리라는 믿음, 희망, 신뢰가 생긴다는 거예요. 그럴 때 나는 큰 힘을 들이지 않고도 굳건한 믿음을 가질 수 있고, 이 믿음 속에 평화와 연민이 자리하게 돼요."

"통찰력 있네요." 헨리가 대답했다. "그렇게 어떤 것에도 집착하지 않는 상태가 되면 당신은 환상으로 가득 찬 이 물질세계의 참여자가 아니라 관찰자 쪽에 더 가까워질 거예요. 그리고 그런 상태에 있는 당신은 더 넓은 초자연적 장(psychic space)을 창조하기 때문에 의식적인 존재가 될 수 있는 더 큰 기회가 생기지요."

"그 말을 들으니, 이걸 꼭 물어보고 싶어졌어요. 긍정적 중립의 상태로 있는 것과 항상 긍정적인 상태로만 있는 것 중 어떤 것이 더 좋은지 항상 궁금했거든요. 당신의 생각을 들어보고 싶어요."

"대답하기 어려운 질문이네요." 그가 대답했다. "고려해야 할 요소가 몇 가지 있으니, 상황에 따라 다르다고 할 수 있겠죠. 긍정적 중립의 상태가 최선인 경우를 예로 들어볼게요. 어떤 사람이 당신에게 부정적인 행동을 했을 때, 당신도 똑같이 부정적인 반응을 보이는 뿌리 깊은 습관을 가지고 있다고 해보죠. 이를테면 당신과 시어머니의 경우, 시어머니를 사랑과 연민으로 대하는 것이 당신의 궁극적인 목표라고 할 수 있을 거예요. 하지만 그런 목표가 쉽게 달성되지는 않겠죠. 어쩌면 아주 많은 시간과 노력이 필요할지도 몰라요. 사랑과 연민이 최종 목표이긴 하지만 당신이 긍정적 중립의 태도를 취할 수 있다면, 다시 말해 두 사람의 관계가 좋아질 것이라고 큰 기대는 하지 않으면서 약간의 희망만 가지고 있을 수 있다면 그런 상황에는 그게 바람직하면서도 현실적인 방안이라고 할 수 있을 거예요.

만일 당신이 시어머니를 좋아하지 않는다는 것이 시어머니에게 전해진다면 그녀는 부정적인 반응을 보일 거고, 그것을 본 당신도 더 강한 부정적인 감정을 가지게 될 거예요. 결국 관계는 점점 더 악화되겠지요. 하지만 긍정적 중립의 상태가 되면 시어머니에 대한 부정적인 시각을 없앨 수 있어요. 그리고 이렇게 되면 시어머니를 변화시키는 초자연적 장이 창조돼요. 며느리가 자신의 아들을 뺏어갔다는 분노와 그런 감정에 대한 죄책감은 자신이 변하지 않으면 아들을 잃게 될 거라는 두려움과 결부되어 있어요. 이 두려움은 당신의 중립적인 태도로 인해 어느 정도 누그러질 거예요. 이렇게 해서 시어머니가 변하면 당신도 긍정적으로 반응할 수 있게 되고, 두 사람의 관계는 점점 상승세를 보이면서 개선될 거예요."

"실제로 긍정적 중립의 태도 덕분에 다른 사람과의 관계가 좋아진 경험이 있어요." 내가 설명했다. "다른 사람들에게 도움이 될 만한 긍정적 중립의 또 다른 사례가 있어요. 목표를 이루는 데 실패했을 때, 나는 어떤 것에도 집착하지 않은 채 그 상황을 전략을 수정하기 위한 기회로 받아들이려고 해요. 목표를 달성할 수 있는 올바른 방법을 찾을 때까지 말이죠. 설령 처음에 세웠던 목표를 끝내 이루지 못한다고 하더라도, 두 번째 목표는 확실히 이룰 수 있어요. 그 두 번째 목표란, 주어진 상황에서 내가 할 수 있는 최선을 다했다는 걸 인정하는 거예요. 나는 이런 태도로 살면서 성공했다는 느낌을 계속해서 느껴왔어요."

"긍정적 중립의 태도를 활용할 수 있는 아주 좋은 방법이네요." 헨리가 수긍했다.

"그러면 원래 질문으로 돌아가서, 긍정적 중립의 상태와 언제나 긍정적인 태도 중에 어떤 게 좋은 걸까요?"

"알겠어요. 그럼 긍정적인 태도가 더 좋은 경우의 예를 들어줄게요." 헨리가 대답했다. "나는 사람들이 '타인은 나의 거울'이라고 말하는 걸 들어본 적이 있어요. 사실, 이 문장은 사람들이 생각하는 것보다 더 정확해요. 당신은 다른 사람의 거울이에요. 그렇다면 당신은 상대방에게 어떤 모습을 비춰주고 있을까요? 이건 모든 사람이 자기 자신에게 물어봐야 할 질문이에요. 당신은 다른 사람의 약점과 실패와 단점을 비춰주고 있나요? 아니면 그들의 훌륭한 점을 비춰주고 있나요? 당신은 다른 사람들과 그들이 걸어온 길을 축복하며, 그동안 그들이 얼마나 잘해왔는지 칭찬해주고 있나요? 당신은 다른 사람의 자신감과 자존감을 더 높여주면서 그들이 다음 단계로 발돋움할 수 있도록 부드럽게 도와주고 있나요? 제가 방금 말한 것들은 사람들 각자가 가진 최고의 능력을 발휘할 수 있도록 도와주는 방법이에요. 이런 상황에서는 긍정적인 태도를 가지는 것이 훨씬 더 좋죠."

나는 헨리의 설명을 듣고 미소를 지었다. "어렸을 때," 내가 그에게 말했다. "우리 부모님은 장난삼아 나에 대해 '타니스는 무슨 말을 들어도 속아 넘어가. 사람을 너무 잘 믿는다니까. 사람들 말을 아무거나 곧이곧대로 다 믿잖아'라고 말하곤 했어요. 사람들이 가진 최고의 모습을 생각하면 그 사람들이 실제로 자신의 최고의 모습을 보여주고, 그 사람들의 최악의 모습을 상상하면 실제로 그런 모습을 보여준다는 게 나에게는 너무나 당연한 사실이었어요. 어떻게 보면 나는 나 자신보다 다른 사람에 대해 생각할 때 더 관대한 것 같아요."

"빙고." 헨리가 동의했다. "사실 그건 대부분의 사람들이 가진 약점이에요. 자존감이 부족하다는 걸 보여주는 약점이기도 하지요. 자신이 사랑받을 만한 가치가 없거나, 다른 좋은 것들을 누릴 만한 가치가 없다고 느끼는 거예요."

"좋은 해결책이 있으면 언제든지 이야기해주세요." 나는 거미줄에 걸린 먹잇감이 된 듯한 느낌을 살짝 느끼며 말했다. "당신의 판단이 맞는 것 같긴 한데, 어떻게 하면 그런 약점을 해결할 수 있을까요?"

"첫 번째로, 죄책감, 수치심, 후회에 에너지를 쏟지 않는 게 중요해요. 그런 데 힘을 쓰면 바꿀 수 없는 과거에 집착하게 되거든요. 그러면 현재에서 에너지를 낭비하기만 할 뿐이지요. 또, 미래를 위해 살지도 마세요. 미래를 만드는 것은 현재의 생각과 행동이에요. 온전한 현재를 살아가세요. 그리고 당신을 둘러싼 상황들에 최선을 다해야 해요."

"현재에만 집중하면서 사는 건 너무 어려워요. 생각이 과거나 미래에 가 있을 때가 많거든요. 그런 일은 왜 일어나는 건가요?"

"신뢰가 부족하다는 것이 가장 근본적인 원인이죠." 헨리가 말했다. "원하는 것을 얻지 못했을 때, 그것이 최선의 결과였다는 사실을 믿나요?

우주를 믿는 것은 가능하지만, 당신이 최선을 다했다는 사실을 믿기는 힘든가요? 만일 그렇다면, 당신은 다른 사람들에게서 사랑받고 존중받기 위해 뭔가를 해야 한다고 느낄 거예요. 이 마음을 더 깊이 파보면 당신이 살아 있을 가치가 있는 사람이라는 걸 신에게 굳이 증명해야 한다고 느끼는 걸 수도 있어요. 물론 이건 어디까지나 가설이지만요.

자, 그렇다면 이 문제의 해결방법이 뭐라고 생각해요?" 헨리는 나의 마음속에서 빙긋 웃으며 물었다. 그 해결 방법이라는 것이 나에게 달려 있다는 것을 알고 있는 게 분명했다.

"긍정적 중립의 태도를 연습하는 게 큰 도움이 될 거예요. 예를 들어, 나에게 어떤 목표가 있고, 그 목표가 어떤 문 뒤에 숨겨져 있다고 해볼게요. 노크를 했을 때 문이 열리면 그 안으로 들어가면 돼요. 하지만 문이 열리지 않는다 해도 내가 두드릴 수 있는 문은 그 문 말고도 많아요. 첫 번째 문으로는 시간이 지나고 나서 다시 돌아와도 돼요. 첫 번째 문이 올바른 목표였던 것은 맞지만, 타이밍이 적절하지 않을 수도 있다는 걸 살면서 알게 됐거든요. 굳게 닫힌 문들을 얼마나 많이 두드렸든 간에, 나는 목표에 집착하지 않는 태도를 유지하려 노력해요. 보편의식은 나에게 무엇이 최선인지 알고 있다는 사실을 나는 믿어요. 이렇게 함으로써, 이전에는 꿈도

꾸지 못했던 멋진 기회들이 내게 주어질 거라는 신뢰와 믿음이 더 굳건해지죠."

"그런 접근법은 당신이 내가 앞서 언급했던 의식(consciousness) 쪽으로 나아가고 있다는 것을 확실히 보여주네요. 왜인지 알려줄까요?"

헨리는 나의 대답도 기다리지 않고 바로 말을 이어갔다. "긍정적 중립 상태에 있을 때 당신의 혼, 즉 상위 자아는 문제를 해결하는 데 도움이 되는 정보를 다운로드할 수 있어요. 사람들이 길을 걷거나 샤워를 하는 것처럼 자신의 문제에 너무 파고들지 않고 있을 때 '아하' 하고 뭔가를 깨닫게 되는 이유도 여기에 있어요. 그럴 때는 답이 영감의 형태로 쉽게 떠올라요."

"'아하' 하고 뭔가 알게 된다는 거 말이에요," 내가 헨리의 말을 끊었다. "나는 아침에 잠이 반쯤 깨서 머릿속이 멍할 때 종종 문제에 대한 답이 떠오르는 것 같아요."

"그건 꿈을 꿀 때나 환생을 하기 전에 머무르는 아스트랄계에서 완전히 빠져나오지 못했기 때문이에요. 인간은 낮에 공상을 하거나, 길을 걷거나 운동을 할 때 아스트랄계에 들어가곤 해요. 게다가, 긍정적 중립 상태에 있을 때는 깨어 있는 동안에도 의식적으로 아스트랄 차원으로 들어갈 수 있어요. 이 영역에서의 주파수는 물리적 세계의 주파수보다 높아요. 잠이 들었을 때 수동적으로 아스트랄계에 들어가는 것과는 다르게, 깨어난 상태에서 의식적으로 이 영역으로 들어가면 영적으로 더 크게 성장할 수 있어요. 환생하기 전에 머무르는 아스트랄계보다 더 높은 영역으로 가는 것도 가능해요. 하지만 이건 어디까지나 중립을 유지하는 능력과 어떤 것에도 집착하지 않는 능력이 그만큼 발달했으면서도 긍정적 중립의 주파수를 지속시킬 만한 연민의 마음을 낼 수 있을 때의 얘기죠."

"좋은 소식이군요!" 나는 헨리의 말을 끊고 환호했다. "다시 말해, 집착하지 않는 상태를 유지하면 사람들의 주파수가 높아지고, 그게 영적인 변화에도 도움이 된다는 거네요."

"물론이죠. 모든 감정에는 주파수가 있어요. 분노, 두려움, 죄책감, 수치심, 질투, 색욕, 탐욕 같은 부정적인 감정은 의식이 깨어나는 데 방해가 되는 반면, 사랑, 연민, 관대함, 감사, 헌신과 같은 긍정적인 감정은 의식이 성장하는 데 도움이 돼요. 그러니 부정적인 감정에 에너지를 쏟지 않는 것이 중요해요. 그러면 부정적인 감정들은 점차 움츠러들거든요. 모든 인간에겐 자유의지가 있어요. 당신도 그 자유의지를 통해 이런 낮은 차원의 감정들을 더 높은 감정이라는 황금으로 승화시켜야 해요. 어려움에 처했을 때 화를 내거나 겁먹지 말고, 어떤 것에도 집착하지 않는 중립적 상태를 유지하면 세포 속에 갇혀 있던 에너지가 방출돼요. 이렇게 풀려난 에너지는 당신이 더 높은 의식을 향해 갈 수 있게끔 도와줄 거예요."

"멋진 일이네요. 나도 내 자유의지를 사용하고 싶어요. 하지만 어떻게 하는 게 자유의지를 가장 잘 사용하는 것인지 변별하는 것조차 어려울 때가 있어요. 결국 내가 처음에 했던 질문으로 다시 되돌아오는 것 같네요. 어려운 상황에 처했을 때는 긍정적 중립의 태도를 유지하는 것과 긍정적인 태도를 유지하는 것 중 어느 쪽이 더 좋은가요?" 나는 여전히 머릿속이 혼란스러웠다.

"참 재미있네요." 헨리가 즐거워하며 말했다. "당신은 흑백논리에 따른 답을 원하지만 그건 영적 변화에 아무런 도움이 되지 않아요. 인간이 진화하는 순간은 두 가지를 모두 포용할 때예요. 그건 어떤 상황에서 어떤 감정을 가지는 것이 적절한지 변별하는 방법을 배우는 문제라고요."

"나도 그런 변별력을 키우기 위해 노력하고 있어요. 그런데 변별력은 한 번에 길러지는 것이 아니라, 몇 가지 단계를 통해 생기는 것 같아요."

"더 자세히 말해보세요."

"변별력을 얻는 과정에 대한 한 가지 예를 들어볼게요. 어떤 사람이 길을 걸어가다가 구덩이에 빠졌어요. 그런데 다음번에도 거기에 구덩이가 있다는 사실을 잊어버리고 또 구덩이에 빠져버린 거예요. 세 번째로 그 길을 걸어갈 때는 길 한가운데에 구덩이가 있다는 사실이 기억나긴 했어요. 하지만 구덩이가 어디에 있는지 기억을 못 해서 또다시 빠져버렸죠. 네 번째가 되면 그 사람은 이제 다른 길로 가기로 결심해요. 마침내 변별력을 얻게 된 거예요."

"좋은 이야기군요. 그런데 그게 인생의 변별력과 어떤 관련이 있는 거죠?"

"세상에!" 내가 마음속으로 생각했다. "까다롭기도 하지!"

"나는 곧 당신이에요. 잊지 마세요. 그 생각을 다른 말로 표현하면 당신이 까다롭다는 뜻이에요."

어차피 그럴듯한 일화만 던져 놓고 이 주제에서 빠져나가려는 생각은 없었으니 그의 질문에 대답해주는 게 좋을 것 같았다. "나는 내 에너지를 어떻게 쓸 것이냐에 대한 문제에 변별력을 적용해요. 내가 만나는 사람들 중에는 에너지를 쭉 빠져나가게 하는 것처럼 느끼게 만드는 사람들이 있어요. 가만히 살펴보니, 그런 사람들은 부정적인 감정에만 집중하거나 타인이나 주변 세계보다는 자기 자신만 생각하는 경향이 있더라고요. 어떤 사람들은 자동차나 스포츠와 같이 내가 관심도 없는 분야에 대해 이야기를 하려고 해요. 그런 사람들과는 대화를 하고 싶지 않아요. 그 사람들이 싫은 건 아니에요. 오히려 그런 사람들에게 중립적인 태도를 가지고 있고, 인간적으로는 좋아하기까지 하죠. 그렇다고 하더라도 나는 비슷한 관심사를 가지고 있는 사람들과 대화하는 게 좋아요. 더 긍정적인 에너지를 받는 느낌이거든요. 이것이 내가 변별력을 키우는 방법이에요."

"좋은 방법이네요. 당신은 자신의 에너지를 올려주는 사람이나 상황을 많이 접하려 하는데, 에너지가 높아지면 결국 의식도 높아지죠." 헨리가 말했다. "오늘 대화는 이쯤에서 마무리하기로 해요. 새로운 정보는 이걸로 충분한 것 같네요."

헨리가 사라지고 난 후 나는 녹초가 되었다. 그는 내가 호기심을 가질 만한 영역, 자극을 얻을 만한 그런 영역으로 나를 데려가고 있었다. 그런데 왜 이렇게 피곤할까? 곰곰이 생각하다 보니, 헨리가 나의 감정과 생각들을 무의식의 영역에서 의식의 영역으로 끌어내고 있다는 사실을 깨달았다. 나는 완전히 노출된 기분이었다. 그러다 갑자기, 우리의 육체가 죽으면 창조주, 성 베드로*, 천사들,

---

* 예수 그리스도의 열두 사도 중 첫 번째 사도이자 초대 교황으로 전해지는 인물.

상승 마스터들을 포함해 그 누구도 우리를 심판할 수 없다는 사실이 떠올랐다. 대신 우리는 이번 생에서 이뤄야 했던 목적을 기준으로 우리가 잘한 일과 잘못한 일을 긍정적 중립의 태도로 엄격하게 따져보면서 자기 자신을 비판할 뿐이다. 헨리가 나를 바라보는 방식도 그러했다. 그는 나를 심판하지 않았다. 그저 내가 나 자신을 보호하기 위해 겹겹이 쌓은 보호막을 없애라고 촉구할 뿐이었다. 그는 그렇게 해서 내가 완전히 의식적인 존재가 될 수 있도록 도와주려 하고 있었고, 나는 그 사실을 신뢰해야만 했다.

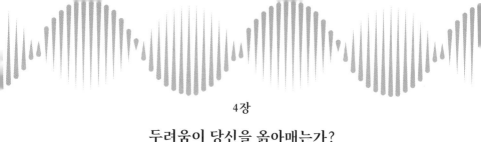

4장
두려움이 당신을 옭아매는가?

"자신에게서 모든 존재들을 볼 수 있는 자,

모든 존재에게서 자신을 볼 수 있는 자, 그런 자에게는 두려움이 없다."

─〈이사 우파니샤드Isa Upanishad〉*

헨리가 알려준 지식을 미처 소화하지 못한 나는 새로운 주제를 시작하는 대신 그의 말을 곱씹어보기로 했다. 이틀 뒤, 커피 한 잔으로 기운을 차린 나는 헨리와 다시 이야기를 하기 위해 자리에 앉았다.

나의 생각을 읽었는지 헨리가 이런 말을 꺼냈다. "우리가 한번 이야기를 나눌 때마다 너무 많은 양의 정보를 다루고 있는지도 몰라요. 이야기한 것을 소화시킬 시간이 부족하다면 많은 지식을 알려주는 게 꼭 좋다고만은 할 수 없어요. 우리의 목적은 정신적 활

---

* 힌두교의 이론과 사상이 되는 철학을 모아 놓은 경전 중 첫 번째 책.

동이 아니라 영적인 변화를 이루는 것이니까요.”

“나는 정신적으로 새로운 것들을 배우는 것이 좋아요. 하지만 새로운 아이디어를 흡수해서 감정적 변화를 이루는 능력은 좀 떨어지는 것 같아요.”

“최대한 설명을 잘해보려고 했는데.” 그가 대답했다. 차라리 헨리가 내 말에 딴지를 걸며 티격태격하는 편이 더 나았을 거라는 생각이 들었다.

“당신은 여느 인간들과 다를 것이 없어요. 인간들은 이론적으로 이해한 새로운 개념을 일상에서 체화하기 위한 시간이 필요하죠. 왜 그런지 아나요?”

“또 시작이네.” 내가 생각했다. 헨리는 나를 유혹하는 법을 제대로 알고 있었다. 그는 호기심으로 가득 찬 나의 눈앞에 당근을 매달아두고, 내가 한 입 베어 물려고 할 때까지 그 당근을 살랑살랑 흔들어댔다. “한번 이야기해보세요.” 내가 말했다. “어차피 내가 궁금해하는 걸 당신도 알고 있잖아요.”

“정신계는 감정계보다 더 높은 주파수를 가지고 있어요. 그래서 새로운 개념을 이론적으로 받아들이는 일이 그 개념에 대한 느낌을 바꾸는 일보다 더 빨리 이루어지는 거죠. 그러니 당연히 감정계보다 주파수가 더 낮은 물리계에서 행동을 바꾸는 일도 정신계의 일보다 느리게 일어나는 거고요. 우리가 대화를 나누고 나면 당신이 녹초가 되는 이유도 바로 이것 때문이에요. 나는 당신의 정신체, 감정체, 육체가 서로 일치하는 상태가 되게끔 도와주고 있어요. 이것들이 일치되면 목표를 실현시키는 능력이 강해지기 때문에 긍정적인 목표를 가지는 것이 그 어느 때보다도 중요해요."

"괜찮은데요. 그럼 저는 일단 정신적으로는 준비가 다 되어 있는 (on-board) 거네요. 그런데 육체적으로는 어떻게 하면 되는 거죠? 마치 한 발은 갑판 위에 있고 다른 한 발은 선착장 바닥을 밟고 있는데, 배가 이제 막 항해를 떠나려는 상황처럼 느껴져요."

"저항하지 마세요. 긍정적 중립의 태도를 취하고 있는 시간이 길면 길수록 여러 영역들이 일치하는 상태에 더 자연스럽게 들어설 수 있으니까요. 근본적인 문제가 뭔지 알려줄까요?"

두 번째 당근이 눈앞에서 대롱거리는 걸 보니 웃음이 나왔다. "덥석 물 준비가 돼 있어요." 나는 밝게 대답했다.

"모든 인간에게 있어 두려움은 가장 큰 장애물이에요. 사실, 인간이 무의식적 상태로 지내면서 고통스러운 상황에서 벗어나지 못하는 이유도 여기에 있지요. 두려움은 고통의 요체인 에고가 당신을 통제하는 수단이에요. 만약 자신이 얼마나 위대한 존재인지를 사람들이 깨닫는다면 입이 떡 벌어질걸요. 하지만 에고는 당신이 그걸 깨닫는 것을 두려워해요. 그래서 끊임없이 당신을 깎아내리려고 해요. 에고가 가장 좋아하는 게임은 당신에게 바람을 넣어 하늘 높이 띄운 다음 총으로 쏴서 떨어뜨리는 거예요. 이렇게 하면 에고는 더 큰 에너지를 얻게 돼요. 당신을 높이 띄우면 띄울수록 아래로 더 세게 추락할 테니까요. 에고는 당신의 감정적 에너지를 먹고 살기 때문에, 당신이 분노, 색욕, 탐욕, 나태함, 거만함과 같은 여러 가지 부정적인 감정을 느낄 기회를 만드는 것을 아주 좋아해요. 이걸 해결할 수 있는 방법은 그 무엇에도 집착하지 않으면서 긍정적 중립의 태도를 유지하는 거예요. 그 어떤 자극이 들어와도 말이에요. 그렇게 하면 에고에게서 에너지를 빼앗을 수 있고, 에고는 점차 쪼그라들 거예요.”

“나는 두려움을 극복하는 방법을 연구했고, 그에 대한 책을 쓰기도 했어요. 그리고 실제로 두려움이 줄어드는 것을 느껴본 적도 있죠. 그런데도 새로운 상황에 처하면 여전히 내 몸은 두려움을 느끼더라고요. 예전에 실패했던 상황과 비슷한 상황이 일어나면 더 자주 그렇고 말이에요. 이런 과거의 흔적들을 지우고 싶은데 도와줄 수 있나요?” 나는 헨리에게 물었다.

“우리가 하고 있는 일이 바로 그거예요. 대개 두려움의 근원이 되는 생각을 없애면 정신체에서 두려움이 사라져요. 당신의 경우에는 긍정적 중립의 태도를 유지하면서 타인에 대한 연민을 키워나갔기 때문에 감정체에 있던 두려움은 대부분 사라졌어요. 문제는 그 두려움이 육체에 단단히 새겨져 있다는 거예요. 세포 기억(cellular memory) 속에 말이죠.”

“모든 사람들이 다 그런 건가요, 아니면 나만 그런가요?” 내가 물었다.

“당신이라고 다를 것 없어요.” 나의 질문이 끝나기가 무섭게 헨리가 대답했다. “대다수의 사람들에게 있어 두려움은 육체 속의 세포 기억에 마지막까지 남아 있지요. 당신을 비롯한 많은 사람들이 반드시 몸의 지능과 협력해야 하는 이유가 바로 그거예요.”

“그 이유가 뭔데요?” 내가 물었다.

“두려움은 인류의 집단 무의식의 일부인데, 몸의 엘리멘탈들은 모든 인간이 환생할 때마다 집단 무의식을 유전자 안에 프로그램 하기 때문이에요."

"당신이 말하는 '인류의 집단 무의식'이라는 건 무슨 뜻이죠?" 나는 헨리의 말을 제대로 이해했는지 확인하고 싶었다.

"인간들은 지구상에 아주 오랫동안 존재해왔어요. 그 긴 시간 동안 그들은 두려움과 욕망에 이끌려 악의적인 생각들을 품는 경험을 수없이 많이 했었고, 그 생각들은 더더욱 악의적인 행동을 낳게 되었어요. 다행히도 인간은 사랑과 애정과 용서도 느낄 수 있었어요. 긍정적이거나 부정적인 모든 생각과 감정은 에테르에 각인되는 에너지적 흔적을 남겨요. 시간이 흐르면서 이 에너지는 사람들의 생각을 먹고 자라나 더 강해지고, 인류 전체의 정신체, 감정체, 육체의 에테르적 기억 속에 존재하는 사념체가 되지요. 우리가 자신의 생각이나 감정이라고 여기는 것들을 사념체가 자극한다는 사실을 사람들은 몰라요. 하지만 바로 이것이 내가 말하는 인류의 집단 의식이라는 거예요."

"내가 지금 생에서 없애야만 하는 두려움의 사념체들은 전생에 만들어진 건가요?" 나는 걱정스러운 마음으로 물었다.

"그런 것들을 몇 개 만들기는 했죠. 비록 당신은 의식하지 못하겠지만요." 헨리가 대답했다. "만약 당신이 전생에 다른 사람들이 두려움을 느끼게 하는 행위를 했다면, 정작 당신이 상대적으로 두려움이 별로 없는 사람이었더라도 여전히 책임은 당신에게 있어요. 바로 이것이 카르마, 다시 말해 우주의 사법제도가 작동하는 원리예요."

"그러면 나는 이 카르마를 갚고 전생에 저질렀던 잘못을 바로잡았나요?" 나는 희망을 가지고 물었다.

"네. 그중 많은 카르마가 지워졌어요. 그래서 당신의 정신적인 두려움이 대부분은 사라진 거예요. 하지만 일단 한번 그렇게 하는 데 성공했다면, 혼자만 벗어날 것이 아니라 당신의 가족들과 조상, 인류의 집단 무의식이 두려움의 사념체들을 비울 수 있게 도와줄 의무도 있는 거예요."

"그건 좀 불공평해 보이는데요. 자신의 사념체들을 직접 정화하면 되는 거 아닌가요?"

"자신의 손으로 직접 사념체들을 정화해야 한다는 당신의 말에는 이견이 없어요. 하지만 때로 사람들에게는 왜 그렇게 해야만 하는지, 그리고 그것을 어떻게 해야 하는지 배우는 데 도움이 필요하기도 해요. 인류는 지금 영혼의 어두운 밤을 지나고 있어요. 인간이 환경에게 한 짓과 서로에게 한 짓들 때문에 인류의 집단 카르마는 대부분의 사람들에게 더 분명해지고 있어요. 점점 더 많은 사람들이 변화를 원하지만 어떻게 해야 할지를 잘 모르거나 두려움 때문에 나서질 못하고 있죠. 사람들이 부정적인 사념체들에서 벗어날 수 있도록 도와줄 방법은 많아요. 그들을 위해 기도를 할 수도 있고, 방법을 알려줄 수도 있어요. 우리가 지금 하고 있는 것처럼 책을 써서 이야기를 전해주는 방법도 그중 하나라고 할 수 있죠."

"상위 차원에서는 나도 그걸 잘 알겠죠." 내가 말했다. "하지만 하위 차원의 저로서는 좀 부담스러운 느낌이 들어요. 끝없는 삶을 살면서 사념체를 정화해 나가야 한다는 것, 그것도 나만 생각할 것이 아니라 다른 사람까지 도와야 한다는 건 어떻게 보면 너무 큰 일인 것 같아요. 인정하자고요. 이미 익숙해진 현실을 포기하는 일 과 텅 비어 있는 미지의 공간을 향해 맨몸으로 뛰어드는 일은 엄청 나게 어려운 일이에요."

"좋은 소식은, 지금 이 순간 당신이나 다른 사람들이 영적인 변 화를 거칠 수 있도록 보편지능이 에너지를 듬뿍 주고 있다는 거예 요. 역사상 그 어느 때보다도 많은 사람들의 의식이 깨어나고 있어 요. 이런 사람들이 많아지면 집단 무의식으로 전해지는 에너지도 커져서 오래된 사념체들을 정화할 수 있죠. 당신을 비롯한 사람들 은 운명의 흐름에 몸을 맡기거나 저항할 수 있는 자유의지를 가지 고 있어요. 우리를 둘러싼 환경이 절망적으로 보일 수는 있겠지만, 인류라는 누에고치 속에서는 위대한 변화가 일어나고 있어요. 당 신을 보편지능과 동조하는, 자기완성을 이룬 존재로 변신시켜주는 그런 변화가 일어나고 있다는 말이에요."

"설명해줘서 고마워요. 내 마음에도 그 말이 사실이라는 것이 느 껴지네요. 인류는 깨어나고 있어요." 내가 동의했다. "하지만 두려 움의 생각을 정화하기 위해 참 긴 세월을 지나왔구나, 하는 기분이 들 때가 있어요. 그렇게 오랫동안 노력했는데도 두려움은 여전히 남아 있고, 더 이상 뭘 어떻게 더 해야 그런 생각을 비울 수 있을지 도 도저히 모르겠어요."

"에고는 스스로 가치를 떨어뜨림으로써 인간이 '나는 뭘 하든 부 족하다'거나 '지금껏 별로 이룬 게 없다'고 느끼게 만드는 걸 참 좋 아해요." 헨리가 대답했다. "당신이 세포 기억 속에 있는 두려움을 정화하지 않으면, 에고는 당신의 패턴을 활용해 감정적, 정신적 두려움이 다시 자라나게 할 수 있어요. 뿌리째 뽑아내지 않으면 계속해서 자라나는 잡초처럼 말이죠. 육체를 정화하는 것은 당신이 거쳐야 할 변화의 다음 단계예요."

"지금까지 시도해온 방법도 효과가 없었는데 육체를 정화하라니. 어떻게 해야 할지 정말 모르겠네요." 나는 의심을 버리지 못한 채 헨리에게 말했다.

"당신의 조상으로부터 대대손손 내려온 가족 각본(family script)이 당신의 문제 중 하나예요. 그 각본은 '열심히 노력하라, 그래도 성공할 수는 없을 것이다'예요. 이런 각본은 당신을 계속해서 실패하게 만드는데, 이것이 당신의 에고가 당신을 계속 통제하기 위해 쓰는 방법이에요. 이 상황에서 벗어나는 방법은 노력하기를 그만두는 거예요. 당신이 특정한 목적을 이루기 위해 집착하고 있는 모든 상황과 역할을 직시하고 놓아줘야 해요. 보편의식을 온전히 믿고 그것의 힘에 자신을 맡기면, 세포 속의 두려움을 비워내고 에고의 통제에서 벗어날 수 있어요."

"긍정적 중립 상태의 심화 버전인 것 같네요." 내가 대답했다.

"맞아요. 한 가지만 새로 추가됐을 뿐이지요." 헨리가 대답했다. "그걸 실생활에서 실천하면서 당신은 자신과 타인을 믿는 동시에 보편의식을 믿는 방법도 배우게 되었어요. 무조건 환영할 일이죠. 하지만 당신은 여전히 자신의 정체성이라고 믿고 있는 것을 완전히 내려놓지 못하고 있어요. 변화의 과정이 계속될수록 에고는 점점 사라질 거예요. 그러니 에고가 소멸을 두려워하는 것도 이해가 되지요. 우주의 의지에 굴복하는 건 죽음에 대한 두려움에 버금가는, 인간이 가진 궁극적인 두려움이에요. 하지만 에고는 그저 환상에 지나지 않는다는 것, 사실 당신은 전체로부터 단 한 번도 분리된 적이 없었다는 것을 잊지 말아야 해요."

"그럼 무엇부터 시작해야 할지 예를 들어줄 수 있나요?"

"초조해하는 쪽은 에고라는 사실을 기억해야 해요. 에고는 당신과 인류가 만들어낸 가장 강력한 사념체예요. 그건 진짜 당신이 아니죠. 당신은 영원히 존재하는 '나(I)'예요. 에고의 환상에 대해서는 나중에 더 자세하게 이야기해줄게요. 우선은 당신이 두려움을 어떻게 만들어냈는지에 대해 집중하세요. 모든 종류의 두려움은 서로 연결되어 있어요. 하나를 없애면 다른 하나도 사라지기 시작하죠. 하지만 각각의 두려움은 다른 주파수를 방출해요. 인간의 주된 두려움은 무엇이고, 그것을 어떻게 없앨 수 있는지 설명해줄게요.

첫 번째 두려움은 미지에 대한 두려움이에요. 이 두려움은 인류의 진화 초기에 만들어졌어요. 인간이 무한한 빛과 사랑으로부터 분리되어 더 이상 안전하지 않음을 느끼기 시작했던 바로 그때죠. 그들은 물리적인 위협이 도사리고 있는 환경 속에서 살았어요. 또, 음식과 집을 찾지 못하면 죽을 수밖에 없었죠. 미지에 대한 두려움은 현대 사회가 되어서도 계속되다가, 사랑이 부족해지고 인간과 지구 사이의 유대가 약해지자 더 강해졌어요. 지구는 보편지능과 조화롭게 살아가고 있어요. 물리적, 감정적, 정신적으로 건강해지려면 인간도 반드시 이렇게 살아야 해요.

자연의 법칙은 영의 법칙과 똑같아요. 지구는 의식적인 행성으로의 전환을 맞이하기 직전인, 살아 있는 존재예요. 지구의 변화는 지구상의 모든 존재들도 변화하게끔 만들어요. 지구라는 몸속에 살고 있는 세포들과 같다고 생각하면 돼요. 인간에게 일어나지 않는 일은 지구에게도 일어나지 않고, 지구에게 일어나지 않는 일은 인간에게도 일어나지 않아요."

"당신의 말을 듣고 나니 내가 지구와 긴밀하게 연결되어 있다는 기분이 들어요. 그런데 그게 미지에 대한 두려움을 극복하는 것과 무슨 상관이 있는지는 잘 모르겠어요." 내가 말했다.

"알겠어요. 그럼 이렇게 설명해보죠. 미지에 대한 두려움을 극복하는 방법은 일상생활에서 어머니 지구(Mother Earth)와의 관계를 재정비하는 거예요. 일단 '어머니 지구'라는 이름으로 지구를 부르다 보면, 정말로 지구가 당신에게 생명을 준 어머니라고 느껴질 거예요. 어머니 지구와 물리적으로 연결되는 방법으로는 자연 속을 거닐기, 정원 가꾸기, 맨발로 흙 밟으며 걷기 등이 있어요.

그다음, 감정적으로 연결되는 방법은 이 아름다운 행성에서 살아가고 있음에 감사함을 느끼는 거예요. 이런 감사함을 느끼면 어머니 지구와 당신 사이의 유대가 더 강해져요. 바로 그때가 인간과 동물계, 식물계, 광물계를 비롯한 어머니 지구의 모든 자녀들을 사랑하고 그들에게 봉사하게 되는 순간이니까요. 지구와의 유대감을 가슴 깊이 느끼고 있다면 인간은 지구에게 해를 끼치려 들지 않을 거예요. 이렇게 하면 인류는 원래의 목적대로 지구의 수호자가 될 수 있어요."

"미지에 대한 두려움은 많은 사람들이 가지고 있는 변화에 대한 두려움과 관련된 건가요?" 오랜 생각 끝에 내가 물었다.

"네. 하지만 변화에 대한 두려움이 가진 주파수가 조금 더 높아요. 변화에 대한 두려움은 습관에 의해 만들어지며, 타성이나 기계적으로 반복되는 패턴과 관련이 있어요. 똑같은 행동을 계속하면 어느 정도의 안정감이 생기는데, 물론 그것 자체는 나쁜 게 아니에요. 하지만 그런 상황은 인간을 무의식 상태에 빠뜨리기도 해요. 새로운 것을 받아들여야 의식의 수준을 높일 수 있거든요. 예를 들어 여행을 떠나거나, 새로운 사람을 만나거나(특히 자신과는 다른 사람을 만날 때), 새로운 음식을 요리하거나, 잘 알지 못하는 분야의 책을 읽을 때처럼 말이에요. 이렇게 하면 점점 새로운 경험을 기꺼이 받아들이는 사람이 되면서 변화에 대한 두려움도 사라질 거예요."

"긍정적인 변화에 대해 말하는 거군요. 하지만 직장에서 해고되거나, 사랑하는 사람을 잃거나, 심각한 병에 걸리는 것처럼 부정적인 변화도 많이 있어요. 이런 상황에서는 더 큰 스트레스와 두려움을 느낄 수밖에 없는걸요." 나는 헨리의 말을 끊고 반박했다.

"맞아요. 그 말도 사실이에요." 헨리가 대답했다. "어떤 사람들은 자기 생각에만 꽉 막혀 있어서 자신이 무엇을 바꿔야 하는지 알려주는 우주의 은밀한 메시지를 듣지 않으려 해요. 그래서 그들을 이런 기면 상태에서 단박에 벗어나게 해줄 더 큰 문제들이 찾아오죠. 이런 일은 변화에 대한 두려움 때문에 지겨운 직장을 계속 다니거나, 건강하지 않은 식단으로 식사를 하거나, 병을 유발하는 부정적인 생각을 할 때 일어나요. 사람들은 이런 고난이 찾아왔을 때 우주와 다시 조화를 이룰 수 있게 노력하기 때문에, 이런 고난에도 나름의 좋은 점이 있어요."

"그러니까, 우리가 가장 두려워하는 행동을 하는 것이 우리에게 일어나는 고통스러운 상황을 피하는 방법이라는 거예요?" 내가 물었다.

"많은 경우에 그렇게 하는 것이 효과가 있겠지만, 당신의 무의식이 될 정도로 고착화된 패턴을 치유하는 것이 당신의 운명이라면 고난은 필수적으로 겪어야 해요." 그가 말했다. "바로 이 시점에서 내가 개입하게 돼요. 사고나 병, 이혼과 같은 여러 가지 고난을 통해 당신이 이런 패턴을 의식적으로 알아차리게 할 수 있거든요. 사실, 당신이 영혼의 어두운 밤이라고 부르는 모든 것들이 그래요. 아무튼 고난은 이런 식으로 개인의 정체된 에너지를 풀어줄 수 있어요."

"당신이 사람들을 아프게 만든다는 거예요?"

"절대로 그렇지 않아요. 사람들을 아프게 만드는 것은 그들 자신이에요. 생각과 감정과 행동이 보편지능과 조화를 이루지 못할 때 그렇게 돼요. 나는 오직 사람들이 나에게 주는 것만 사용할 수 있어요. 하지만 모든 질병이 부정적인 패턴으로 인해 생기는 것은 아니에요. 예를 들어, 어떤 아이의 혼은 부모에게 더 깊은 사랑과 연민을 가르쳐주기 위해서 암을 앓겠다는 조건에 동의를 할 수도 있어요."

"그건 부모의 입장에서 들으면 너무 고통스러운 말인데요. 그러니까, 아이가 부모보다 영적으로 더 성숙할 수도 있다는 말이에요?"

"내 말이 바로 그거예요. 고통은 당신의 현실의 일부이고, 많은 진보한 영혼들이 여전히 물리적, 심리적, 영적 고통을 겪고 있어요. 다른 사람들이 처한 어려운 상황만 보고 그들을 판단해서는 안 돼요. 때때로 보편지능은 고통을 이용해서 인간이 더 빠르게 의식적인 존재가 될 수 있도록 하거든요."

"지금 사람들이 들고일어나는 거 안 보이나요?" 나는 참지 못하고 말했다.

"아주 재미있네요. 당신도 잘 알겠지만, 인간은 성공하기 위해 그 사람이 가장 필요로 하는 상황에 처하게 되어 있어요."

"때때로 사람들은 자신이 영적인 사람이 되면 고난으로부터 벗어날 수 있다고 생각해요." 나는 헨리에게 인간으로 산다는 것이 어떤 건지 알려주고 싶었다. "장기적으로는 그게 사실이지만, 단기적으로는 오히려 고난이 더 많아진다는 것을 알게 되면 그들은 혼란스러워하죠."

"일본에서는 최고의 검을 만들기 위해서 쇠를 담금질하고 내리쳐요. 한 번만 그렇게 하는 것이 아니라 여러 번을 그렇게 하죠. 인간도 마찬가지예요. 역경을 극복할수록 인간은 점점 더 강해져요. 높아지는 영적 에너지를 감당하려면 이런 강한 내면의 힘을 기를 필요가 있어요. 이것이 바로 고통에서 벗어나는 길이고요."

"사람들이 가끔 별다른 이유 없이 고난을 겪는 이유를 설명해줘서 고마워요. 하지만 나는 두려움에 대해서 더 이야기해보고 싶어요. 내가 가장 궁금했던 부분이 아직 안 나왔거든요. 바로, 거절에 대한 두려움이죠." 나는 그 어떤 도움이라도 감사히 받아들이겠다는 마음으로 말했다.

"어떤 사람들은 말이죠, 특히 여자들은요." 나에게 하는 말인 듯한 티를 슬쩍 내며 헨리가 말했다. "모든 사람에게 언제나 상냥하고, 친절하게 대해야 하고, 도움을 줘야 한다고 생각하는 경향이 있어요. 하지만 끝도 없이 나불대는 사람에게 적당선을 긋고 싶을 때나, 인종차별주의자의 의견에 반박하고 싶을 때와 같은 상황에서는 이런 생각이 정말로 부적절해요. 종교적 각본, 문화적 각본, 가족 각본에 의해 학습된 이러한 태도는 자신의 솔직한 느낌을 말했을 때 거절당하거나 버림받을까 봐 두려워하게끔 만들어요.

다른 많은 두려움처럼, 거절에 대한 두려움 역시 인류의 초기 진화 단계에서부터 생겨났어요. 버려진다는 것은 집단에서 낙오되어 죽을 수도 있다는 뜻이었으니까요. 서양에서는 대부분의 경우 이런 두려움이 실제로 일어날 가능성은 적어요. 하지만 두려움은 그 특성상 인간이 최악의 시나리오를 상상하도록 만들지요. 이런 각본에 얽매여 있다면, 가장 빠르게 취할 수 있는 최선의 방법은 자기 자신에게 진솔해지는 거예요. 다시 말해서, 당신이 가장 두려워하는 것을 실제로 행하는 거죠. 그렇다고 해서 당신이 부정적인 감정을 가지고 있는 사람에게 의도적으로 상처를 줘야 한다는 말이 아니에요. 단지 자신을 존중하면 돼요.

예를 들어, 좀 전과 같은 상황에서 당신을 불편하게 만드는 사람에게 '당신의 말 또는 행동이 불편해요'라고 말할 수 있겠죠. 아니면 그 사람이 단점을 고치는 데 도움이 될 만한 조언을 할 수도 있고요. 그러기에는 너무 부담스럽거나, 바뀌고자 하는 의지가 전혀 없어 보이는 상대라면 더 이상 에너지를 낭비하지 말고 그저 자리를 떠나버리면 돼요. 자신이 처한 상황의 특징을 잘 살펴보면서 문제의 원인은 무엇이며 그것을 해결할 수 있는 방법과 그 상황이 가져다주는 선물은 무엇인지 알아내야 해요."

"거절에 대한 두려움은 우리가 조금 전에 이야기한 변화에 대한 두려움보다 더 높은 주파수를 가지고 있나요?" 내가 물었다.

"거절에 대한 두려움은," 헨리가 대답했다. "감정체의 높은 주파수 영역에 있고 스스로를 사랑하지 않는 태도와 관련이 있어요. 자신을 조건 없이 사랑한다면 진솔하게 살 수 있고, 안정되고, 자신의 본질적인 가치를 알게 돼요."

"말은 쉽지만 막상 해보면 어려워요." 내가 헨리의 말을 끊었다.

"당신의 가장 큰 두려움이 그것이니까요. 그렇지만 당신은 꾸준히 발전해왔어요. 어렸을 때 당신은 다른 사람들이 편하게 여기는 주제에 대해서만 이야기하면서 자신이 거절당할 수 있는 상황을 피해왔어요. 그런 식으로 자신의 개성을 전부 숨겨온 거죠. 당신에게 거절에 대한 두려움을 물려준 것은 가족인데, 특히 어머니의 영향이 컸어요. 그리고 어머니는 조상의 패턴을 물려받았을 뿐 아니라, 자신이 자라 온 시대의 영향도 받았죠. 하지만 당신은 그 이후로 이런 두려움의 상당 부분을 직시하고 깨뜨렸어요."

"항상 쉽지만은 않았어요." 나는 과거의 일들을 떠올리며 말했다. "30대 초반에 전생 회귀 워크숍을 연 적이 있었는데, 제 고객들이 그 사실을 알고 나서 계약을 파기한 적이 있어요. 나에 대한 신뢰를 잃었다는 거예요."

"그래요. 하지만 수입이 거의 없어지고, 당신을 좋아하던 사람들이 등을 돌린 이후에도 그런 워크숍을 계속 진행하겠다고 결정하면서 당신은 거절과 실패에 대한 두려움을 직시하게 되었지요. 그 어떤 두려움일지라도, 그것을 극복할 수 있는 가장 빠른 방법은 자신이 가장 두려워하는 것을 실행에 옮기는 거예요."

"그 당시에 제 신념을 꿋꿋이 지킬 수 있었던 이유는, 영적 신념을 포기하고 타협하기 시작하면 앞으로도 계속 타협하며 살 수밖에 없을 거라고 느꼈기 때문이에요. 게다가 나의 아버지는 자신의 신념을 포기하지 않는 거침없는 사람이었어요. 그런 아버지를 떠올리니 더 큰 자극을 받을 수 있었어요."

"당신이 두려움을 하나하나 지워 나갈 때마다," 헨리가 말했다. "에테르체에 새겨진 부정적인 패턴은 사라지고, 나는 더 이상 그걸 프로그램할 필요가 없어져요."

"더 어렸을 때는 다른 사람들이 원하는 것을 주면서 사랑을 받으려고 했어요. 그때 나는 내 가장 큰 재능이 감정적인 재능이나 물리적인 재능이 아니라, 영적이고 정신적인 재능이라고 생각했어요. 그래서 다른 사람들에게 어떻게 하면 그들의 목표를 달성할 수 있는지 알려주고, 그런 식으로 그들의 자신감을 높여주려고 했죠."

"당신이 잘할 수 있는 것부터 시작한 거예요." 헨리가 대답했다. "대부분의 사람들이 두려움을 직시하기 시작할 때 사용하는 방법이기도 해요. 좋은 방법이에요. 하지만 절대로 그 이상을 넘어가지 못하는 사람도 있어요. 당신이 지금 사용하는 전략이 더 직접적이고 더 효과적이라고 할 수 있지요."

"솔직한 감정이나 생각을 표현해야겠다는 나의 결심을 말하는 건가요? 나도 말하기 껄끄럽고 상대방도 듣기에 불편한 진실이지만, 그 사람에게 도움이 된다면 나는 내 생각과 감정을 표현하거든요."

"그래요. 그런 행동은 당신과 그 사람 모두에게 도움이 되고, 두 사람의 관계가 새로운 영역으로 들어가게 만들어요. 그러니까 당신과 그 사람 모두가 두려움을 직시해야 하는 거예요. 거절당할 두려움을 무릅쓰는 것이 바로 거절당할 두려움을 극복하기 위한 가장 빠른 방법이에요."

"저는 이 방법으로 생각지도 못하게 놀라운 이득을 본 적이 있어요." 내가 말했다. "내가 '반드시' 사랑받아야 한다는 생각을 하지 않고 있을 때 타인에 대한 연민과 사랑이 더 커지더라고요. 신기하게도, 그런 마음을 가지고 있으면 자신에 대한 사랑도 더 커지는 것 같아요."

"가장 큰 두려움을 마주 봤기 때문에 에너지가 극적으로 커진 거예요. 인간이 두려움을 느끼면 에너지는 정체돼버려요. 마치 강물을 막고 있는 댐처럼 에너지가 자유롭게 흐르는 걸 두려움이 막는 거죠. 잘하고 있으니 그대로만 하세요. 그건 그렇고, 실패에 대한 두려움에 대해 더 이야기해보고 싶네요.

실패에 대한 두려움을 가진 사람 — 편의상 '그'라고 하죠 — 은 다른 사람에게 강한 인상을 주고 싶어하지만, 다른 사람들이 자신을 좋아하는지에 대해서는 별로 신경 쓰지 않아요. 오히려 그는 분노함으로써 타인을 위협하거나 통제하면서 자신의 목적을 이루려고 하죠. 인류의 초기 역사 때, 그러니까 전생에서는 이 사람이 두려움을 이용해 다른 사람들을 통제할 수 있었을지 모르겠지만, 현대 사회에서는 그런 방식이 더 이상 통하지 않아요. 요즘 세상에 자기 입맛대로 하려고 분노를 이용하면 아내가 곁을 떠나가거나, 직장에서 잘리기 일쑤죠. 이런 사람이 분노를 조절하는 방법을 배우면 부정적인 결과가 아니라 긍정적인 결과가 생겨요. 그리고 그가 가지고 있던 두려움은 그가 진화함에 따라 사라지죠."

"당신이 분노를 사용하는 남자에 대해 이야기하니 나와는 조금 거리가 있는 특징이라고 생각하게 되는 것 같네요. 나는 여자니까 내게는 그런 특징이 해당되지 않는 것처럼 느껴져요." 내가 덧붙였다. "혹시 일부러 그렇게 설명한 건가요?"

"나는 당신이 자신의 대처 방식을 관찰해보았으면 해요. 상대방과 다른 의견을 가지고 있을 때, 당신은 상대의 믿음이나 행동에 잘못된 부분이 없는지를 찾아요. 자신을 먼저 돌아보는 게 아니라요. 이건 누군가를 가르치고 도와주는 직업을 가진 사람들이 가장 많이 사용하는 전략이기도 해요. 그들은 어떤 방법을 자신의 삶에 직접 적용하기 전에 그 방법이 안전하고 효과가 있는지 다른 사람들을 고치는 데 먼저 사용해보며 확인하는 것을 선호하죠."

"으," 내가 반응했다. "인정해요. 나에게 적용하기에 안전하다는 걸 확인하려고 한다는 사실은 나도 완전히 의식하지 못했었지만요. 당신의 말을 듣고 나니, 그렇게 할 때 나의 삶과 문제에 초점이 맞춰져 있던 주의를 다른 사람의 삶과 문제에 돌려버린다는 걸 알겠네요. 나는 상대방을 도와주는 것이 나의 동기라고 언제나 믿어왔는데, 지금 보니 나의 에고가 상황을 통제하고 싶어하는 것 같네요. 이렇게 하면 나의 세계를 안전하게 지킬 수는 있겠지만, 동시에 작고 폐쇄적으로 유지되는 나의 세계에서는 마법 같은 일이 일어날 수 없었어요."

"바로 그거예요!" 헨리가 대답했다. "또 생각나는 게 있나요?"

"지금까지 우리는 미지, 변화, 거절과 실패에 대한 두려움에 관해 이야기해왔어요." 헨리가 다른 주제를 꺼내기 전에 내가 급히 말을 꺼냈다. "성공에 대한 두려움도 있나요?"

"성공에 대한 두려움은 거절과 실패에 대한 두려움 모두와 연결되어 있어요. 성공에 대한 두려움을 가지고 있는 사람은 재능을 충분히 발휘하지 못하고, 자기가 세워놓은 보이지 않는 장애물을 뛰어넘지 못하는 경우가 많아요. 그러다 보면 너무 큰 목표를 세워놓은 게 아니라도 결국 실패하고 말아요. 자신이 다른 사람들보다 더 많이 가지고 있다는 사실 때문에 죄책감마저 느낄 수 있고, 거절에 대한 두려움 때문에 다른 사람들이 이 사실을 몰랐으면 하게 돼요. 죄책감 때문에 참된 풍요로움의 상태에 근접하는 게 불가능해지는 거예요."

"내가 하고 싶은 건 뭐든 할 수 있을 정도로 돈이 많다면요?" 내가 물었다. "그런 상황에서는 왜 풍요로워져야 하는 거죠?"

"참된 풍요로움은 단순히 돈을 말하는 것이 아니에요." 헨리가 대답했다. "그건 사랑, 성공, 돈처럼 우주가 당신에게 주고 싶어하는 모든 것을 베풀도록 만드는 파동이에요. 이런 것들이 있으면 당신은 자신의 운명을 더 쉽게 이룰 수 있어요. 자기 자신을 제한하는 것은 결핍적 사고의 한 형태예요. 내가 받는 좋은 것을 제한하면 그만큼 다른 사람들이 더 받을 수 있다고 믿는 거죠. 하지만 그렇게 한다고 해서 다른 사람들이 좋은 것을 더 많이 받는 건 아니에요. 사실은 그 반대죠. 자신을 제한하면 제한할수록 다른 사람도 제한을 받게 되거든요.

참된 풍요로움을 누릴 수 있는 비결은 자신이 부족하다고 느끼는 것이 무엇인지 전부 다 자세히 살펴보는 거예요. 돈, 시간, 사랑, 재미, 섹스, 음식 등이 부족하다고 느낄 수도 있겠죠. 내가 말한 것 말고도 엄청나게 많은 것들이 있을 거예요. 결핍적 사고는 질투와 탐욕의 사념체를 강화하고, 가슴이 닫히게 만들어요. 그리고 자신이 가진 것과 가지지 못한 것 사이의 간극을 만들지요. 하지만 자신에게 무엇이 부족한지 정확히 파악하고 나면, 부족하다고 느끼는 바로 그것을 채워주면 되는 거예요."

"나의 경우에는," 내가 덧붙였다. "모든 것을 풍요롭게 누리고 있다는 듯이 행동하면 부족하다고 느꼈던 부분이 더 채워지지 않아도 두려움이 줄어드는 것 같아요. 생각의 전환을 통해 두려움을 누그러뜨린 거죠. 우리가 얘기하지 않은 또 다른 형태의 두려움이 있을까요?"

"딱 하나 더 있어요. 에고는 통제력을 잃게 되었을 때 자신이 소멸할까 봐 두려워해요. 에고의 예상이 맞긴 해요. 당신이 개인으로서의 정체성을 완전히 버리면, 에고는 사라지거든요. 그러면 모든 두려움은 사라지고 당신은 자유로워질 거예요.

우리의 이야기가 처음 시작되었던 지점으로 되돌아왔네요. 결국, 문제를 해결할 방법은 당신이 가장 두려워하는 것을 행하는 거예요. 지금의 이야기에서는 그게 개인으로서 존재하겠다는 집착을 버리는 일이고요. '나라는 생각(me)', '내 것이라는 생각(my)', '내 소유라는 생각(mine)'은 결핍의 근본적인 원인이에요. 뭔가를 충분히 가지지 못하는 것에 대한 두려움은 에고가 욕망을 만들어내는 수단이에요. 그리고 이 욕망은 당신을 고통스럽게 만들죠.

오늘 대화를 마무리 짓기 전에 당신에게 핵심을 알려줄게요. 두려움은 당신의 세포와 에테르체에 에너지가 정체되도록 만들어서 내가 당신의 건강을 유지하지 못하도록 방해해요. 이런 두려움을 없애면 당신의 주파수는 높아지고, 나는 속박 상태에서 벗어나 당신의 육체와 감정체, 정신체, 영체를 건강하게 만들어줄 수 있어요. 오늘은 이만하면 충분한 것 같네요. 내일 계속 이야기해요. 이제 새로운 주제에 들어갔으니, 조금 쉬고 나서 개운한 상태로 만나자고요."

헨리가 떠났을 때쯤 나는 녹초가 되어 있었다. 마치 내가 영혼의 마라톤을 하고 있고 헨리가 나의 코치가 된 것 같은 느낌이었다. 헨리는 내가 최고의 기량을 발휘하기를 바라고 있었으며, 두려움을 극복하고 에고의 통제와 싸워 이기는 팁을 알려주고 있었다. 하지만 너무나 힘든 일이었다! 나는 미지, 변화, 거절, 실패, 성공에 대한 두려움을 극복하는 과정에서 진전이 있었다는 사실을 자축하는 것이 얼마나 중요한지 알게 되었고, 지금 유일하게 나의 발목을 잡고 있는 것은 통제력을 잃는 것에 대한 두려움이라는 사실을 깨달았다.

　나는 지금 내가 가진 두려움이 통제력을 잃는 것에 대한 에고의 두려움이었으며, 그것을 나의 두려움으로 착각하고 있었다는 사실을 확실하게 알게 되었다. 참나(authentic self), 나의 영혼, 죽지 않는 나 자신의 일부는 이런 두려움을 느끼지 않고 있었다는 사실을 잠깐 사이에 깨닫게 되었다. 분명 이 두려움은 에고의 두려움이었다. 에고가 나를 통제하기 위해, 자신의 두려움을 마치 나 자신의 두려움인 것처럼 느끼도록 만든 것이었다. 전에도 많이 배웠던 것처럼, 이 두려움을 극복할 수 있는 방법은 내가 가장 두려워하는 것을 직접 실천에 옮기는 것이었다. 자유로워진 기분이다! 창의적인 모험, 아무런 걸림도 없이 활짝 펼쳐진 모험으로의 초대다! 태어나서 단 한 번도 해보지 못한 새로운 것을 시도할 수 있는 기회가 내게 찾아왔다. 이 두려움을 없애고 나면 그 어떤 길도 배움의 길이 될 수 있는 셈이었다.

　문득 성경의 마태복음 6:25~26에 있는 예수의 말이 떠올랐다. "먹을 것과 마실 것 그리고 입을 옷이 충분히 있든 없든 간에, 일상에 대해 걱정하지 말아라. 목숨이 음식보다 소중하지 않느냐? 또 몸이 옷보다 소중하지 않느냐? 공중의 새들을 보아라. 그것들은 씨를 뿌리거나 곡식을 거두거나 곳간에 저장하지 않아도 하늘에 계신 너희의 아버지께서 먹여주신다. 너희는 새보다 훨씬 귀하지 않느냐?"

　예수의 말을 되새겨보니 내가 있는 모습 그대로 사랑받고 있었다는 사실이 새삼스럽게 떠올랐다. 우리는 그 무엇도 두려워할 이유가 없다. 다른 사람이나 신 앞에 나의 가치를 증명할 필요도 전혀 없다. 나의 가짜 자아인 에고에게도 물론이고 말이다. 확실한 사실은, 지금은 우선 기네스 맥주를 들이켜며 쉴 타이밍이란 거다.

5장
물려받은 인생 각본으로부터 자신을 해방시키라

"우리는 나비가 아름답다는 것을 알지만,

그 아름다움을 위해 어떤 변화를 거쳐야 했는지 아는 사람은 드물다."

— 마야 앤젤루Maya Angelou

나는 지난번 헨리와 나눴던 대화의 내용과 두려움이 고통이 된
다는 사실, 그리고 그것이 우리가 진화하는 것을 어떻게 방해하는
지 이해하기 위해 오랫동안 골똘히 생각해야 했다. 마치 두려움이
에고를 강하게 만들고, 그 에고가 다시 두려움을 더 키우는 악순환
의 반복인 것 같았다. 두려움을 만들어내는 것은 다름 아닌 에고이
며 그것은 없어져야 하는 존재였다. 이런 점에서, 우리가 가장 두
려워하는 것을 실제로 해보고 모든 상황에서 긍정적 중립 태도를
가지는 습관을 기르는 것은 분명 도움이 되는 방법이었다. 하지만
여전히 내 몸속 세포의 깊은 곳에 숨어 있는 두려움이 느껴졌다.

다음 날 아침, 나는 내가 생각한 내 상태를 헨리와 한 번 더 논의

한 뒤, 앞으로 어떻게 하면 좋을지 이야기해보기로 했다.

"나는 늘 여기에 있어요." 내 마음을 읽은 헨리가 말했다. "그리고 우리가 지금 하고 있는 일만큼 중요한 것은 없어요. 당신의 통찰력이 강해지면 강해질수록 에고를 움켜쥔 손아귀의 힘은 더 약해질 거예요. 그렇게 되면 그만큼 또 당신의 통찰력이 깊어지겠죠. 나는 당신이 수많은 생을 거치는 동안 이 순간을 간절히 기다려왔어요. 당신은 방금 당신 몸에 단단히 자리 잡은 두려움에 대해 생각하고 있었죠. 그 두려움은 없앴다고 생각하는 순간 잡초처럼 되살아나는 사념체와 같아요. 사념체는 여러 생각과 두려움으로 이루어진 복잡한 에너지체인데, 이 사념체에 따라 당신의 인생 각본이 만들어져요."

"여러 생을 사는 동안 매번 똑같은 사념체를 가지게 되는 건가요?" 호기심에 내가 물었다.

"당신의 사념체는 모든 사람들이 가지고 있는 것과 똑같아요. 에고가 가진 두려움과 욕망의 레퍼토리는 제한적이에요. 이 레퍼토리들의 정체를 알아내고 그것을 촉발시키는 원인이 무엇인지 파악하면 이런 두려움과 욕망은 사라지지요. 모든 가족 내에는 우세한 사념체 패턴들이 있는데, 이것이 가족 구성원들의 인생 각본이 돼요. 이 사념체 패턴은 DNA를 통해 세대에서 세대로 이어져요. 이런 패턴이 처음 시작한 순간은 당신이 상상했던 것보다 훨씬 이전으로 거슬러 올라가요. 흔히 세포의 동력 기관이라고 알려진 미토콘드리아 속 DNA는 수십억 년 전 지구상에 존재했던 화학 물질들이 범벅되어 생성된 거예요. 나는 지금 단순히 육체적인 유전자에 대해서만 말하는 게 아니에요. 이 사념체 패턴은 혼이 머무는 원인계(causal plane)의 더 높은 부분에서 만들어져요. 그러면 나는 그 패턴을 더 낮은 차원의 원인체(정신체)와 아스트랄체(감정체)와 육체 속에 프로그램해요."

"'원인계'라는 게 무슨 말이에요?" 나는 헨리가 사용하는 용어를 정확히 알고 싶어 그의 말을 끊고 질문했다.

"계, 또는 영역(realm)이라는 것은 특정 주파수로 이루어진 범위를 말해요. 모든 생각은 감정을 유발하는 특정한 진동수를 가지고 있고, 그런 감정으로 인해 육체가 반응하게 돼요. 바로 이런 원리로 생각이 현실을 만들게 되죠. 당신의 생각은 낮은 차원의 원인계에 있어요. 그리고 이 생각은 감정보다 더 높은 주파수 영역에 있지요. 반면에 감정은 육체보다 더 높은 주파수 영역에 있고요. 이제 이해가 되나요?"

"이해돼요." 내가 대답했다. "이제 인생 각본에 대한 예를 몇 가지 들어줄 수 있나요?"

"대부분의 인생 각본들은 크게 두 가지의 메시지를 담고 있어요." 헨리가 대답했다. "첫 번째는 성공하라는 메시지고, 두 번째는 직접적으로 드러나든 아니든 사람들의 성공을 방해하는 메시지예요. 성공에 대한 긍정적인 메시지를 강조하면서 동시에 부정적인 메시지를 간접적으로 표현하는 전형적인 인생 각본이 바로 '열심히 일하라. 다만 성공은 할 수 없을 것이다'와 같은 것들이에요. 이 인생 각본을 따르는 사람들은 열심히 노력하지만 목표는 절대로 달성할 수 없어요. 그들의 실패는 낮은 자존감, 자신이 행복해질 자격이 없으며 원하는 것을 가질 자격이 없다는 생각에서 나온 거예요. 하지만 이 인생 각본을 보면 그 사람들도 행복해지고자 하는 욕망이 있고, 행복해지기 위해 노력하고 있음을 알 수 있어요. 그래서 이 사람들은 미로 속에 갇힌 생쥐처럼 빙빙 돌면서 무언가를 갈망하지만 갈망의 대상을 결코 손에 넣지는 못하는 거예요."

"어떤 논문에 따르면," 나는 헨리의 말을 끊고 말했다. "부모들은 무의식적으로 자식들에게 긍정적인 말보다 부정적인 말을 더 많이 한다고 해요. 하지만 부모들에게 그 사실을 이야기해주면 부정한다고 하죠. 그들은 자식을 사랑하고 꼭 목표를 달성해서 성공하기를 바란다고 주장하지만 실제로는 무의식적으로 그들을 방해한다는 거예요. 예를 들어, 한 아이가 네 과목에서 A 학점을 받고 오직 한 과목에서만 D를 받았다고 해볼게요. 그러면 부모는 아이가 가져온 성적표를 보고 '이 과목은 왜 점수가 이래?'라고 물으며 실망감을 강하게 드러내죠. 아니면 아이가 잘한 일에 대해 칭찬을 한 다음, 이어서 말해요. '하지만⋯ 이 부분이 아쉽네⋯ 이래서는 성공적인 인생을 살 수 없어⋯ 아무도 그런 사람을 좋아하지 않아⋯ 이것보다 잘하는 사람도 많을 거야⋯' 이런 식으로요."

"남자든 여자든 누구나 가족 각본으로부터 영향을 받아요." 헨리가 덧붙였다. "가족 각본에는 흔히 어떤 것이 있는지, 그리고 그런 가족 각본이 사람들에게 어떤 영향을 미치는지 자세히 살펴볼게요. 하나는 '남의 돈 천 냥이 내 돈 한 푼만 못하다'(A bird in the hand is worth two in the bush)예요. 이 각본을 따르는 사람은 다른 사람들과 교류하거나 삶을 살아가는 데 있어서 위험을 감수할 용기를 잃게 돼요. 이런 사람들은 과한 경각심을 가지게 되고, 변화와 미지에 대한 두려움을 더 강하게 느끼죠. 두 번째 각본은 '한 푼을 아끼는 게 한 푼을 버는 것이다'예요. 이 각본을 따르는 사람은 항상 부족하다고 느끼기 때문에 더 인색해지고, 더 절약하게 돼요. 자신을 제한하는 인생 각본의 또 다른 예는 '웃어라, 그러면 온 세계가 너와 함께 웃을 것이다. 울어라, 너 혼자 울게 될 것이다'예요. 이 각본을 따르는 사람은 다른 사람에게 긍정적인 말만 하고 자신의 고난은 절대로 입 밖에 내지 않아요. 거절에 대한 두려움을 더 강화하는 각본인 거예요."

"흐음, 우리에겐 인생 각본들이 정말 많겠네요. 각본들이 서로 주의를 끌려고 경쟁하는 거죠."

"인생 각본을 잘 표현한 말이네요." 헨리가 말했다. "하지만 에고는 서로 모순이 되는 메시지를 사용해서 인간을 노예처럼 끌고 다니려고 해요. 어떤 상황에서 한 인생 각본이 먹히지 않으면, 그 사람의 고통의 요체를 활성화하기 위해 다른 인생 각본을 사용하기도 하지요."

"하지만 그런 각본들이 부정적이기만 한 것은 아니잖아요? 이를테면, '웃어라, 그러면 온 세계가 너와 함께 웃을 것이다. 울어라, 너 혼자 울게 될 것이다'라는 메시지는 그 각본을 따르는 사람이 부정적으로 되지 않게 해주고, 낙천적이고 쾌활한 사람이 되게 해주잖아요."

"물론 당신의 말이 맞아요." 헨리가 말했다. "인생 각본에는 부정적인 측면만 있는 게 아니라 긍정적인 측면도 있어요. 중요한 것은 자신의 내적 본성에 진술하고 진실해지는 것, 두려움으로 행위하거나 문화, 종교, 가족에 의해 프로그램된 대로 행동하지 않는 거예요. 외부의 영향에 의해 프로그램된 것을 지우기 위해서는 모두가 이렇게 해야 하지요. 이제 당신에 대해서 이야기해봐요. 당신은 가족 각본 중 어떤 것을 목표로 삼았던 적이 있나요?"

"나는 스물다섯 살이 되던 해에 첫 집을 마련한 적이 있어요. 우리 부모님의 입장이었다면 절대로 불가능해 보이는 목표였죠. 자가로 집을 구하는 것이 부모님의 인생 최대 목표 중 하나였지만 말이에요. 지금 와서 생각해보면, 나는 부모님보다 훨씬 어린 나이에 부모님의 꿈을 이룬 셈이에요. 게다가 나는 자영업자예요. 이건 어머니와 아버지 쪽 모두의 가족 패턴이죠. 어떻게 보면 우리 가족이 인생에서 이루고자 하는 큰 목표를 이룬 셈이지만 나 역시 이 목표를 이루고 싶었고, 이런 목표들이 나를 내 길에서 벗어나게 만들었다고 생각하지는 않아요."

"아이들이 가족의 목표를 이루기 위해 가족 각본을 따르면서 그것이 자기 자신의 목표라고 생각하는 일은 꽤 흔해요. 가족 모두의 목표를 누군가가 이뤘으면 하는 그 식구들의 사념체를 물려받으니까요. 사념체는 일종의 반감기半減期를 가지고 있기 때문에, 인간이 가진 생각과 감정을 어느 정도 강하게 만들 수 있어요. 당신의 경우에서 볼 수 있는 것처럼, 때때로 이런 인생 각본은 인간의 자존감을 높여주기도 해요. 어떤 목표를 이루는 게 당신의 인생에 도움이 된다면 그 인생 각본은 좋은 것이 될 수 있어요. 하지만 인생 각본이 자존감을 깎을 때도 있어요. 당신에게 영향을 미치는 부정적인 가족 각본 중에 생각나는 게 있나요?"

"꽤 큰 영향을 미치는 패턴이 하나 있어요. 최근까지만 하더라도 나는 부모님이 분노조절장애가 있거나, 과음을 하거나, 나와 동생을 학대 또는 방치하지 않는 분들이라는 사실이 다행이라고 생각했어요. 많은 아이들이 끔찍한 학대를 받으며 살고 있다는 점을 알고 있기 때문에 나는 항상 부모님께 감사하며 살아왔어요. 언제나 어머니와 아버지를 '좋은 부모님'이라고 생각했죠. 하지만 최근에 우리 가족에게 감정적인 결핍이 있다는 걸 깨달았어요. 내 생각에는 부모님 두 분 다 일생의 중요한 순간에 감정적인 지지를 충분히 받지 못했거나, 감정적인 자양분을 얻지 못했던 것 같아요. 그래서 특정한 상황에 처하면 자신의 마음을 닫는 거예요. 물론 그렇다고 해서 부모님이 잘못했다는 것은 아니에요. 부모님들도 그들이 물려받은 가족 각본의 희생자니까요. 조건 없는 사랑을 받지 못하면 자기 사랑이 부족해지고, 버림받는 것에 대한 두려움이 생겨요. 우리 어머니와 아버지 쪽 식구들 모두 그런 인생 각본의 영향을 가장 많이 받는 것 같아요."

"그런 사람들이 많아요. 자신이 사랑받을 만한 존재가 아니라는 느낌, 나를 사랑받게 해줄 무언가가 결핍되어 있다는 느낌은 대부분 사람들이 가진 근본적인 상처예요." 헨리가 설명했다. "근본적인 상처는 인간의 중심에 놓여 있는 문제고, 에고가 가진 힘의 토대가 돼요. 에고는 이 상처로부터 돈, 성공, 명성, 감각적 쾌락에 대한 욕망을 만들어요. 고통을 잊게 하기 위해서 말이죠."

"이 상처를 치료하기 위해서는 어떻게 해야 하나요?" 내가 물었다.

"사색을 통해 고통의 근원이 욕망이라는 사실을 깨닫고, 그 욕망을 놓아줘야 해요. 증상보다는 원인에 집중하는 거지요. 예를 들어, 알코올 중독이나 과식은 사랑받지 못하고 있다는 느낌에서 오는 고통을 무디게 하거나 억누르기 위한 행동일 수도 있어요. 도움이 되는 방법을 배우거나 지원을 받기 위해 치료 센터를 찾아갈 수는 있겠지만, 결국 근본적인 치료를 위해서는 진짜 원인을 찾아내야 해요. 자신의 문제가 가족 각본으로 인해 만들어졌음을 알아내면, 몸의 지능이 그 사람의 육체와 감정체, 정신체 속에 꽉 막혀 있는 에너지를 해방시킬 수 있어요.

하지만 그 과정은 재미와는 거리가 멀지요. 이건 일종의 정화 과정이에요. 에고는 사랑받지 못하고 있다는 근본적 상처를 계속 건들면서 당신을 통제하는 손아귀를 놓지 않으려고 끈질기게 버틸 거예요. 자신과 부모님에 대한 원망을 넘어서야 해요. 자신과 부모님 모두를 용서하는 포용심을 가져야 한다는 거죠. 계속해서 다른 사람들에게 마음을 더 활짝 열어야 해요. 방어적으로 대하는 게 아니라요. 외부 또는 내부에서 상처를 건드리는 어떤 자극이 오더라도 그렇게 해야 해요."

"가족 각본을 생각하면 할수록," 나는 과거의 경험을 돌아보며 말했다. "제가 어렸을 때 부모님이 감정적으로 더 많이 닫혀 있었다는 게 확실해지는 것 같아요. 왜냐하면 그때 당시에 부모님의 개인적인 욕구들이 거의 충족되지 못했었거든요. 하지만 부모님이 첫 번째 집을 마련하면서 인생 최대의 목표를 달성한 다음에는 나와 남동생에게 줄 감정적 에너지가 더 많아졌어요. 저녁 식사를 함께 할 때 부모님은 자신들이 남동생과 나의 말을 잘 들어주는지, 우리를 존중하는지 물어볼 때도 있었어요. 어른이 되어서도 그런 걸 계속 물어봐주셨지요."

"욕구의 상당 부분이 충족되지 못하면," 헨리가 말했다. "인간은 마음을 굳게 닫아놓게 돼요. 하지만 욕구가 충족되고 일부 목표가 이루어지면 주변 사람들에게 마음을 열고 더 많은 사랑을 줄 수 있어요. 아이들이 목표를 이룰 수 있게 부모나 다른 어른들이 도와주는 것이 중요해요. 그게 아이들의 자존감을 높여주는 방법이거든요. 자존감이 높은 사람들은 다른 사람들이 목표를 이루도록 도와주는 데 있어 관대해요. 자존감은 관대한 마음씨를 지닐 수 있게 해주는데, 이런 마음씨는 다른 사람들에게도 전염이 돼요."

"우리 부모님이 가진 긍정적인 인생 각본 하나가 생각났어요. 이 인생 각본 덕분에 부정적인 인생 각본을 뒤집을 수 있었죠. '직접 생각하라'라는 각본인데, 우리 부모님은 저녁 식사를 하며 얘기를 나누는 동안 내가 직접 생각하도록 유도해서 나의 자존감을 강하게 만들어주곤 했어요. 예를 들어, 부모님은 내가 대학교에 갈 거라고는 상상조차 못 했어요. 일어날 수 있는 일이라고 생각을 못하신 거죠. 대학에 가는 걸 반대하신 건 아니지만, 대학 진학에 대한 얘기는 꺼내본 적도 없으셨어요. 하지만 내가 대학을 다니고 졸업까지 하자 부모님은 그런 나를 자랑스러워하셨어요."

"운이 좋았네요." 헨리가 대답했다. "자신을 제한하는 부정적인 각본은 버리고, 그런 상황에서 '탈출'하게 만들어주는 긍정적인 각본만을 취했으니 말이에요. 당신의 부모님은 저녁 식사 시간 동안 당신이 직접 생각하게 만들어서 그 각본을 강화했어요. 그래서 그 각본의 메시지가 당신에게 더 확실하게 전달되었던 거예요. 만일 부모님으로부터 부정적인 각본에서 벗어날 수 있는 그러한 긍정적인 각본을 물려받지 못했다면 자기계발서를 찾아 읽거나, 긍정 확언을 연습하거나, 멘토를 찾거나, 자신을 제한하는 상황이나 사람들을 피하는 등의 다른 방법들을 찾아야 했을 거예요.

가족 각본에 갇히면 매사를 이차원적으로, 즉 흑백논리로 보게 돼요. 모든 게 좋거나 나쁘거나 둘 중 하나지요. 하지만 자신에게서 각본을 분리시키는 순간 당신의 시각은 이차원에서 삼차원으로 변하고, 좋은 것과 나쁜 것 말고도 그 중간에 있는 것들이 보이기 시작해요. 상처받은 감정의 필터를 거치지 않고서도 모든 진실을 있는 그대로 볼 수 있게 되거든요. 그러면 당신은 연민 어린 시선, 객관적인 시선으로 자신과 가족들을 관찰할 수 있어요. 이것이 치유를 향한 길이죠. 하지만 이것 말고도 제안하고 싶은 것이 또 있어요."

"당신의 통찰력은 나에게 큰 도움이 돼요. 다른 아이디어가 있다면 얼마든지 말해주세요." 나는 고마운 마음을 느끼며 헨리에게 말했다.

"사람들이 영적 계발에 막 관심을 가지기 시작할 때는 육체나 감정을 영혼만큼 중요하게 여기지 않는 경향이 있어요. 하지만 영혼만으로는 무의식의 그림자를 직시할 수 있을 정도로 크게 성장할 수 없어요. 모든 사람은 결과적으로 자신이 가진 어두움과 분노, 두려움, 상처와 부족한 인내심을 직시해야 하고, 몸의 지능이 주는 도움을 받아 이 감정들을 승화시켜야 해요. 그 누구도 당신을 대신해 이 일을 해줄 수 없어요. 자만심, 자기 연민, 무능력감, 질투심, 탐욕과 같이 해결되지 않은 문제들을 살펴보고 나면 자신과 타인을 향한 연민 속에서 가슴이 더 활짝 열릴 거예요. 무의식 속에 파묻혀 있던 더 깊은 수준에서 작업을 할 수 있게 되면 이런 잘못된 생각을 자라게 만들었던 씨앗을 찾아낼 수 있지요. 그러면 막혀 있던 에너지가 충분히 방출되어 내가 당신의 부정적인 사념체들을 없애줄 수 있어요.

여러 겹으로 이루어진 양파처럼, 당신 또한 다른 사람에 대한 집착으로부터 자유로워지기 위해 더 깊은 무의식의 단계로 들어갈 수 있어야 해요. 그렇게 했을 때 결과적으로 더 이상 다른 사람에게 조종당하지도 않고, 다른 사람들을 조종하고자 하는 당신의 마음도 사라질 거예요. 다시 말해 집착하지 않는 삶을 사는 거지요. 이건 상대방에게 마음을 닫아버리는 무관심과는 달라요. 오히려 집착이 없는 상태는 다른 사람에게 깊은 연민을 느끼며 객관성을 이해하는 쪽에 가까워요. 이걸 배우지 않으면 이전부터 알던 사람을 만나든, 새로운 사람을 만나든 똑같은 패턴이 계속 반복되기만 할 거예요."

"그렇게 하려고 계속 노력 중인데, 듣고 보니 가야 할 길이 먼 것 같네요." 내가 대답했다.

"그래도 분명 진전이 있어요. 나는 계속 노력해야 할 부분을 알려주려는 것뿐이에요. 당신뿐 아니라 다른 사람들에게 필요한 내용이기도 하고요."

내가 말했다. "사람들은 교훈을 얻으려는 목적으로 — 무의식중에 — 자신이 원하지 않는 상황에 처하는 것 같아요. 예를 들어, 빚을 지거나 직장에서 해고당하는 부정적인 상황 말이에요. 그런 사람들은 교훈을 주기 위해 폭군처럼 구는 사람에게 이끌리기도 해요. 술을 마시고 주정을 부리는 폭군일 수도 있고, 시도 때도 없이 투덜거리는 폭군, 남에게 의존하는 폭군일 수도 있고, 때로는 화가 난 폭군일 수도 있어요. 나도 나에게 교훈을 주는 폭군을 만난 적이 있었고, 아마 나도 다른 사람에게 폭군이었던 적이 있을 거예요. 내가 내 취향과는 거리가 먼 사람과 만나게 되었다면 그것 자체가 나에게 어떤 메시지, 즉 내 패턴을 바꿔야 한다는 메시지를 전하고 있는 것임을 나는 깨달았어요. 상대방의 변화를 내가 통제할 수는 없어요. 그건 그 사람의 선택이니까요."

"관계라는 것은," 헨리가 대답했다. "더 깊은 무의식의 단계로 들어가게끔 하는 훌륭한 수단이지요. 그렇게 되면 부정적인 사념체를 표면으로 끄집어내 의식적인 존재가 될 수 있어요. 모든 관계에는 두 사람의 입장이 개입돼요. 관계가 실패하는 건 두 사람 모두 부모에게서 물려받은 가족 각본에 따라 행동했기 때문인 경우가 많죠. 그들의 부모 역시 부모로부터 물려받은 똑같은 각본에 따라 행동했을 거고요.

다른 사람들을 향한 부정적인 투영을 거두고 그들을 내 안으로 받아들이는 과정은 무척이나 고통스럽고, 용기가 필요한 행동이에요. 하지만 그럼에도 해볼 만한 가치가 있어요. 이것만이 의식을 깨우기 위한 길이니까요. 사람들이 사랑에 빠지면 그들은 좋아하는 상대를 실제보다 더 긍정적으로 투영해요. 하지만 몇 달이 지나 콩깍지가 벗겨지고 나서 발견하는 '진짜' 상대방을 온전히 받아들이는 건 힘들어하지요. 그래서 그들은 다른 관계를 향해 눈을 돌리곤 해요. 자신을 행복하게 만들어줄 다른 사람을 찾아 외부로 눈을 돌리는 거예요. 부정적이거나 긍정적인 생각과 감정을 만드는 인생 각본은 한 사람이나 한 가족 집단에게만 해당하는 특이한 것이 아니에요. 그런 각본은 인류의 집단 무의식에서 생겨난 것이고 선생님이나 친구, 종교에 의한 문화적 세뇌뿐 아니라 유전적 고리를 통해서도 전해져 내려와요. 그러니까 누군가가 그런 프로그램에서 벗어나게 되면 그 사람은 모든 인류가 거기서 벗어나게 도와주는 것과 같은 거예요."

"나의 목표는 무조건적인 사랑이에요." 내가 말했다. "하지만 그런 사랑의 모습이나 느낌은 계속해서 변하는 것 같아요."

"무조건적인 사랑은 최고의 목표예요." 헨리가 대답했다. "의식이 진화하면 그런 사랑은 자연스럽게 자라나요. 무조건적인 사랑을 하면서 살면 두려움도 사라지고, 분리감도 사라져요. 보편적인 사랑과 하나된 상태라면 어떤 말을 하더라도, 심지어 친절하지 않아 보이는 말을 하게 되더라도 당신이 적절한 말을 하고 있음을 알게 될 거예요. 대부분의 사람들이 그렇듯, 조건화된 상태에서는 부정적인 것과 긍정적인 것이 있지만 당신은 그 둘을 초월해 있는 거죠. 당신 자신이 사랑이 되면 긍정적 중립의 상태가 되고, 다른 사람들이 나를 어떻게 생각할지에 집착하지 않을 수 있어요. 그리고 다른 사람들이 고통으로부터 자유로워질 수 있도록 도와주는 것이 당신의 유일한 동기가 되겠지요.

'나만의 것'을 놓아주고 집착을 버리는 법을 배운 사람은 더 뛰어난 직감을 가지게 돼요. 타인으로부터 자신을 보호할 갑옷이 더 이상 필요하지 않으니까요. 친절하고 선한 사람으로 보이고 싶어서 잘못된 생각을 계속 유지하고, 화를 삼키거나 상처를 눌러놓고, 자신을 불편하게 만드는 것들에 대한 얘기를 삼가면 거기에 많은 에너지가 쓰여요."

나는 깊은 생각에 빠진 채 그가 계속 말을 이어가기를 기다렸다.

"이런 목표를 마음에 새긴 채 기도하고 명상하면 도움은 될 거예요. 하지만 동시에 일관되고 꾸준하게 내면과 외면에 있는 쓰레기를 치우기 위해 노력해야 해요. 그렇게 하면 자신의 혼의 목적이 무엇인지 더 선명하게 감지할 수 있게 돼요. 자신만의 음으로 말하고 듣기 시작하면, 다른 사람의 말과 행동에서 옳지 않은 것을 발견했을 때 그들의 음이 바른 음에서 살짝 이탈해 있다는 걸 알 수 있을 거예요. 자신과 타인을 더 잘 보고, 듣고, 느낄 수 있는 투시력과 투청력透聽力, 투감력透感力이 발달하는 거예요. 그렇게 되기 위해 거쳐야 하는 모든 단계에서 몸의 지능이 함께할 거고요."

헨리의 말을 듣다 보니 나 자신을 관찰하고, 내가 평생 해온 생각과 감정과 행동을 지켜보는 것이 얼마나 중요한지 생각해보게 되었다.

"그런데 나나 다른 사람들 모두 자신을 관찰하는 방법을 배우려면 몇 단계를 거쳐야 하는 것 같아요." 나는 내가 깨달은 사실을 헨리에게 설명했다.

"첫 번째 단계에서는 무의식중에 적절치 못한 말이나 행동을 해요. 의식이 약간 더 강해진 두 번째 단계에서는 다른 사람들과 이야기를 할 때 '이런, 이 말은 하면 안 되는데!'라는 생각을 할 수 있어요. 그러면서 하던 말을 멈추죠. 세 번째 단계에서는 말을 하기 전에 자기 자신에게 이렇게 물어요. '내가 지금 어떤 말을 해야 이 사람에게 가장 도움이 될까?' 내가 가장 멋진 사람이나 가장 똑똑한 사람으로 보이기 위해서 어떻게 해야 하는지 고민하는지가 아니라, 그 사람에게 무엇이 가장 도움이 될지 생각하는 거예요. 그 다음에 말을 하지요. 네 번째 단계에서는 어떤 말을 해야 할지 더 이상 생각할 필요가 없어요. 상대방이 나의 말에 대해 어떻게 반응할지 집착하지 않은 채, 그 사람에게 가장 도움이 될 말을 자연스럽게 찾아서 할 수 있거든요."

"네 번째는 자기완성을 이룬 단계예요." 헨리가 덧붙였다. "사람들은 보통 당신이 말한 단계에서 더 높이 올라가기도 하고 낮아지기도 해요. 자기완성에 가까워질수록 그런 변화는 더 뚜렷해지죠. 당신도 마찬가지인데, 알고 있었나요?"

"안타깝게도, 그래요." 내가 대답했다. "하지만 내가 최선의 방법으로 행동하지 않았다고 해서 죄책감을 느끼거나 자책하는 일은 드물어요. 이런 것도 다 과정의 일부니까요. 불교의 가르침에서는 행동의 올바른 동기를 가지라고 말해요. 다시 말해 우리의 모든 행동과 생각이 연민으로 가득해야 한다는 건데, 순간순간 의식적으로 자신의 동기가 무엇인지를 알고, 올바른 동기로써 행위해야 한다는 거죠. 나는 지금도 이걸 목표로 삼아 노력하고 있어요. 내가 믿기로, 우주는 우리가 올바른 동기로 행동할 수 있는 멋진 기회를 주고 있고, 제아무리 상황이 고통스럽고 어렵더라도 우주는 우리가 감당할 수 없는 것을 주지 않아요. 영이 원하는 것은 우리의 성공이지, 실패가 아니에요. 그러니 우리에게 주어진 기회들은 의식을 성장시키기 위한 것들이죠."

"자신을 지켜보는 것은," 헨리가 말했다. "에고의 영향력으로부터 벗어나는 데 매우 효과적인 방법이에요. 이 상태를 유지할수록 에고의 힘은 약해져요. 그러다 보면 결국 에고로부터 나오는 생각이나 평가도, 정신적 잡음도 사라지고 오직 내면의 고요함만 남게 돼요. 삶에서 중요하다고 생각했던 것들이나 상처를 자극하는 것들은 사라지고 아무것도 할 필요가 없는 상태 또는 아무것도 하지 않는 상태가 되지요."

"'아무것도 할 필요가 없는 상태 또는 아무것도 하지 않는 상태'는 너무 공허하고, 내가 원하는 것과는 거리가 멀어 보여요. 버림받는 것에 대한 나의 인생 각본과 내가 어렸을 때 느꼈던 공허함을 더 강하게 만들기만 하는 것 같아요. 나는 절대적인 존재와 하나 되어 자기완성을 이룬 사람들이 쓴 책들을 꽤 읽었어요. 그런 상태에 도달하는 게 얼마나 멋진 일인지 머리로 이해라도 하고 싶었거든요. 그래서 한편으로 그것이 환상적일 것이라고는 생각하지만, 또 다른 한편으로 나의 인생 각본을 생각하면 그다지 환상적이지 않을 거라는 생각이 들어요."

"그게 바로 당신의 가장 큰 걸림돌이라는 거예요. 다시 한번 말하지만, 에고가 길러낸 걸림돌이지요." 헨리가 대답했다. "자신을 지켜보는 것, 집착하지 않는 것, 긍정적 중립의 태도를 유지하는 것, 무조건적인 사랑을 키우는 것, 자신의 행동에 대한 올바른 동기를 가지는 것 모두 에고를 약하게 만들기 위한 강력한 방법이에요. 이 과정에서는 끈질기게 노력해야 해요. 에고의 환상으로부터 완전히 자유로워지는 단계에 가까워질수록 점점 더 어려워진다는 사실을 잊지 마세요. 당신도 부정적인 인생 각본을 대부분 없앴거나 꽤 많이 줄였으니 더 어려운 거예요. 다음에 다시 만났을 때는 부정적인 신념에 대해 이야기해줄게요. 사념체를 강하게 만들어 인간을 제한하는 인생 각본을 만들어내는 신념들 말이에요."

"어떤 부정적인 신념을 말하는 거예요…?" 내가 물었다.

"오늘의 대화는 긍정적인 분위기로 마무리해요. 괜찮죠?"

헨리의 말을 듣고 나니, 내가 실천해야 할 중요한 교훈이 떠올랐다. 바로, 현실에 충실하면서 내가 곧바로 소화시킬 수 있는 올바른 양의 올바른 지식을 가지고 있음을 믿는 것이다. 나는 헨리의 도움으로 지금껏 알지 못했던 완전히 새로운 차원의 통찰력을 키워가고 있었다. 그렇다. 지금껏 퍼즐 조각 하나에 그려진 그림 정도는 알고 있었지만, 전체적인 그림은 이제야 모습을 드러내고 있었다. 내 삶의 인생 각본이 더 선명하게 눈에 들어왔다. 중립적인 태도로 이 인생 각본들을 살펴보니, 정신 속 깊은 곳에 잔뜩 엉킨 채 처박혀 있던 것이 의식의 표면으로 떠오르기 시작했다.

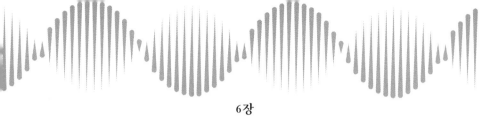

6장

부정적인 신념이여… 사라져라!

"영혼의 진화는 새로운 것을 습득할 때가 아니라
장애물을 제거할 때 일어난다."

— 데이비드 호킨스David Hawkins, 《나의 눈》

"굿모닝." 헨리의 목소리가 들려왔다. "영적 성장을 방해하는 신념의 바다로 깊이 잠수하기 전에 경고 하나 할게요. 누구에게나 예외 없이 의식을 깨우는 최고의 방법은 나쁜 자질을 버리려고 애쓰며 에고와 싸우는 것이 아니라 더 높은 차원의 긍정적인 자질을 받아들이는 거예요."

"무슨 뜻인지 잘 모르겠어요. 당신이 말하는 '자질(quality)'이라는게 어떤 거죠?" 내가 물었다.

"자질은 신념이나 시각이에요. 자신이나 타인, 보편지능에 대한 신념이나 시각이죠. 모든 신념은 긍정적이거나 부정적인 감정을 만들고, 그 결과 특정한 주파수가 만들어져요. 눈금이 1부터 10

까지 새겨진 저울을 상상해보세요. 1은 환상으로 가득한 세상에서 에고의 노예로 완전히 전락한 채 고통과 괴로움에 허우적거리는 상태이고, 10은 자기실현을 이룬 상태, 보편의식과 하나가 되어 평화와 행복을 누리는 상태예요. 이 저울에서 당신이 자기 자신에 대해 가진 신념은 8 정도가 될 거고, 다른 사람들에 대한 신념은 5, 보편의식에 대한 신념은 8 정도일 거예요. 다시 말해서, 당신이 가지고 있는 의식의 총점은 다른 사람들에 대한 당신의 신념 때문에 조금 깎인다고 할 수 있어요. 다른 사람들을 신뢰하는 것보다 자신이나 우주를 더 믿는 거지요.

의식적인 신념은 빙산의 일각에 불과해요. 인간은 자신의 주파수를 만들어내는 무의식적인 신념을 의식적 신념보다 더 많이 가지고 있기도 하거든요. 의식적인 신념을 전부 버리고 나면 무의식적인 신념도 버려야 하는데, 그렇게 하기 위한 첫 번째 단계는 바로 그 무의식적 신념들을 수면 위로 떠올리는 거예요. 우리가 지금 하려는 것도 그런 작업이고요."

"흐름에 몸을 맡기기, 긍정적 중립의 태도 취하기, 집착 버리기 모두 무의식을 정화하는 방법 아니었나요?" 내가 헨리에게 물었다.

"그것 말고 다른 것들도 있어요." 헨리가 대답했다. "그중 하나가 바로 보편의식과 하나되고 싶다는 갈망이에요. 이런 욕망은 당신을 방해하는 요소들을 없애려는 의지력에 연료를 공급한다고 보면 돼요. 가족, 재산, 육체적 쾌락에 대한 집착과 같은 것들 말이에요. 사실, 신과 하나가 되기 위한 최적의 시기는 죽음을 코앞에 두고 모든 집착을 내려놓을 때예요. 하지만 죽음이 다가올 때까지 기다리기가 어려운 이유는, 무의식적인 신념과 자기관(self-view)을 깨끗하게 놓아주지 않는 이상 그것을 다음 생에도 물려받기 때문이죠."

"원래 모든 사람의 몸의 지능이 무의식적인 신념을 자세히 살펴보라고 하나요?" 내가 물었다.

"개인의 주파수가 특정 수준에 도달하기 전까지 몸의 지능들은 잘못된 의식 패턴을 고치는 것에만 흥미를 가지고 있어요. 하지만 그렇게 해도 그 사람이 여전히 불행하다면, 무의식적인 신념을 살펴보기 시작해요. 우리는 몸의 형태 안에 들어 있는 영이에요. 도와줄 수 있는 시기를 간절하게 기다렸다가 때가 되면 기꺼이 도움을 주지요."

"신념은 자궁 속에 있을 때부터 시작돼요." 내가 헨리의 말을 끊고 말했다. "태아가 엄마의 생각과 느낌을 전해 받을 때 말이에요. 나는 그랬던 기억이 나는데, 아마 나만 그런 게 아닐 거라 생각해요. 예상치 못했던 임신으로 인해 겪게 될 어려움 때문에 엄마가 두려워하는 것을 나도 함께 느꼈어요. 나는 나를 가진 것을 행복해할 수 있도록 정말 좋은 딸이 되겠다는 생각을 엄마에게 보내며 엄마를 안심시키려고 했어요. 부모님을 행복하게 만들겠다는 욕망 — 안전해지고 싶다는 욕망 — 은 유년기, 심지어 성인이 되어서도 계속돼요. 우리는 부모님이 우리에게 기대하고 있을 것 같은 신념과 자질을 받아들이면서 자라나지요."

"부모의 신념에 반하는 행동을 하는 아이들조차도," 헨리가 설명했다. "어쨌거나 그들을 프로그램한 것은 다름 아닌 부모들이에요. 부모의 신념이 물리적이나 정신적으로 도저히 이룰 수 없는 것이라 그런 신념에 저항할 때면 아이들은 자신을 '나쁜' 자식이라고 생각하곤 해요. 예를 들어, 부모님은 의사가 되라고 하지만 성적이 안 좋아서 도저히 불가능할 때 자신이나 부모님에게 미안한 마음이 들겠죠. 둘 다에게 그런 마음이 들 수도 있고요. 여기에서 만일 부모님의 신념과 목표가 옳은 것이라고 생각한다면 자신을 믿지 못하게 될 거고, 부모님의 목표가 당신의 목표와 서로 상충하거나 부모님을 존중하지 않는다면 부모님을 신뢰하지 못하게 되겠지요. 같은 맥락에서 비슷한 예시로 들 수 있는 상황이 있어요. 한때 엄마의 꿈이 스튜어디스였지만 그것을 이룰 기회가 없었기 때문에 엄마는 자식에게 그 꿈을 강요해요. 또, 엔지니어가 되면 취직이 보장되니 아빠는 자식에게 엔지니어가 되라고 강요해요. 하지만 당신이 스튜어디스라는 직업에도, 엔지니어라는 직업에도 끌리지 않는다면 당신은 부모님을 실망시킬 수밖에 없는 불편한 상황에 처해요. 그러면 부모님이나 자신에 대한 부정적인 감정이 생기고 말겠죠."

"또," 다음에는 내가 설명을 덧붙였다. "부모님의 말과 행동이 일치하지 않을 때도 있어요. 이를테면 부모들은 자식에게 다른 사람에게 친절하게 굴라고 말하지만, 정작 그들은 이기적으로 굴어요. 이런 위선적인 행동을 보면 아이들은 부모에게서 그 신념 자체를 들었을 때보다 더 강한 인상을 받게 돼요. 물론 의도적으로 위선적인 행동을 하는 사람은 없지만, 누구나 자신의 신념에 반하는 행동을 하기도 해요. 예를 들어, 내가 가지고 있는 두 가지 상반된 신념은 '우주는 내가 원하는 모든 것을 주려고 한다'와 '원하는 모든 것을 가질 수는 없다'예요. 나에게 이렇게 서로 모순되는 신념이 있다는 사실을 알고 난 다음부터 나는 결핍이 아니라 풍요에 기반한 행동을 연습하면서 나를 제한하는 신념을 없애려 노력하고 있어요. 이런 노력이 효과는 있지만, 효과를 보기까지는 시간이 오래 걸리긴 하더군요."

"그건 당신이 가진 잘못된 신념 중 하나가 바로… '효과를 보기까지는 시간이 오래 걸린다'라는 신념이라서 그래요." 헨리가 덧붙였다. "사람들에게는 인생관의 기반이 되는 신념들이 여러 개 있어요. 그 인생관과 관련된 어떤 것을 깊이 생각해볼 때 사용하는 사고방식 역시 그 신념들에 기반해서 만들어지죠. 그 신념들을 한 번에 하나씩 파헤치는 건 전체 패러다임, 그러니까 신념들의 집합인 자기 자신과 인생관을 변화시키는 것보다 비효율적인 일이에요."

"생각의 패러다임을 전부 바꾸는 것도 어렵겠죠." 내가 말했다. "특히, 자신과 타인에 대한 시각이 인생 전체에 대한 태도를 포함하고 있다는 것을 모른다면 더욱 그래요. 심지어 과학자들도 자신들의 의식적, 무의식적 생각과 편견이 실험 결과에 영향을 미칠 수도 있다는 사실을 깨달았어요. 자신들이 예측한 실험 결과만을 보게 되는 거죠. 예를 들어, 어떤 과학자가 '눈에 보이지 않는 것은 실재하지도 않는다'라는 논리를 가지고 있다면 그 사람은 보이지 않는 것의 존재를 모두 부정하게 될 거예요. 문제는 우리가 생각의 패러다임을 바꾼다고 하더라도 새로운 패러다임이 다시 굳어질 것이고, 결국 의식의 성장은 멈추게 된다는 거예요."

"신념들이 진화할수록 진실도 진화해요. 그러니 당신도 자신의 생각 패러다임이 구시대적인 발상에 머무르고 있지는 않은지 계속 의심해야 해요." 헨리가 덧붙였다. "수많은 작은 신념들을 바꾸면 당신의 상태도 바뀌게 되고, 특정 시점이 되면 더 높은 주파수를 가진 완전히 새로운 패러다임을 가지게 될 거예요. 진화는 이렇게 이루어져요. 그리고 진화의 속도는 당신이 더 높은 단계로 올라갈수록 더 빨라지죠. 또, 당신의 주파수가 높을수록 가족과 인류 전체의 집단 의식에 미치는 긍정적인 효과도 커져요. 그래서 그들이 가진 생각의 패러다임 역시 더 높은 차원으로 올라갈 수 있게 되지요."

"우리가 어렸을 때 알았던 부모님의 신념이 우리가 다 컸을 때 바뀌어 있는 것을 보고 놀라는 것도 그런 이유에서일까요?"

"바로 그거예요! 예를 들어, 어떤 사람의 부모가 동성애자에 대한 편견을 가지고 있었는데, 알고 보니 자식이 동성애자라면 어떻게 될까요? 그 부모에게는 자기 자신과 인생관을 바꾸거나, 자식을 저버려야 하는 두 개의 선택지만 있는 거예요. 신념이 변화하는 경험을 충분히 한 사람은 생각의 패러다임 전체를 바꾸게 되지요."

"질문이 있어요." 나는 에테르체의 손을 허공으로 번쩍 들며 말했다. "그러면 더 낮은 수준의 패러다임을 새로 갖게 될 수도 있나요?"

"안타깝게도, 그래요." 헨리가 대답했다. "인생에서 실패나 위기를 여러 번 겪고 나면 더 낮은 주파수의 패러다임을 선택하기도 해요. 누구나 자유의지를 가지고 있으니, 그런 선택을 할 수도 있는 거지요."

"그러면 당신은 미래에 일어날 수 있는 패러다임의 성장이나 퇴보를 에고가 발달하기 전에 태아의 DNA에 미리 프로그램하는 건가요?" 내가 헨리에게 물었다.

"프로그래밍은 수정 단계에서 시작돼요. 그때가 바로 내가 인생의 목적을 수정란에 입력하는 시기이거든요. 이때, 에고의 부정적인 자질과 긍정적인 자질 모두 유전자에 입력되지요. 그런 자질들은 유전자 속에 잠든 채 외부의 상황으로 인해 발현될 순간만을 기다려요. 인간은 상위 자아 상태로 존재할 때 카르마 조언자들과 함께 자신에게 알맞은 카르마 DNA와 자신의 운명을 이룰 때 꼭 필요한 후천적 패턴을 지닌 부모를 골라요. 그리고 인간의 주변 환경이나 생활 방식과 같은 상황은 몸속 DNA 코드의 발현 여부를 조절해요. 모든 사람은 흔히 영혼 집단(soul group)이라고 불리는 집단 속에서 계속해서 태어나요. 이런 식으로 그 집단이 가진 인생 각본을 물려받는데, 이 집단 구성원에는 부모님과 친척, 친구, 또는 비슷한 길을 걸어가는 동료들이 포함돼요. 한 사람의 의식이 점차 진보될수록 그 진보된 의식은 빛의 네트워크를 따라 다른 영혼 집단까지 퍼지고, 결국에는 인류 전체와 지구상의 모든 생명체들까지도 퍼지게 돼요. 물리적인 영역뿐만 아니라 다른 영역에서도 모두 말이죠."

"좋은 소식이네요. 그런데 궁금한 것이 있어요." 내가 헨리의 말을 끊었다. "인간의 삶은 수정 단계에서 몸의 지능이 프로그램한 대로 이미 정해져 있는 건가요? 아니면 그것을 바꿀 수 있는 자유의지를 가지고 있나요?"

"모든 사람에게는 자유의지가 있고, 환생을 거듭하면서 자신의 패턴을 바꿀 기회가 주어지기도 해요. 또 생각과 감정은 시공이 존재하지 않는 원인계와 아스트랄계에 머무르기 때문에, 더 높은 의식을 가지게 되면 시간의 앞뒤로 이동해서 과거와 미래의 패턴도 바꿀 수 있어요. 조상과 후손, 영혼 집단 모두가 자신을 제한하는 각본을 지우도록 도와줄 수도 있다는 뜻이에요."

"정말 잘됐네요." 내가 대답했다. "나는 지금까지 원인체(정신체)와 아스트랄체(감정체)를 깨끗하게 만드는 데에만 집중하고 있었거든요. 그런데 이제 육체의 세포 안에 저장된 핵심 신념을 정화하는 데도 관심이 생겼어요. 이렇게 하는 게 나의 조상들에게도 도움이 될까요?"

"오늘 번지수를 아주 제대로 찾았네요. 그게 바로 몸의 지능의 전문 분야거든요. 그 과정이 어떻게 이루어지는지 알려줄게요. 먼저, 당신의 모든 생각은 몸속에서 편안하거나 불쾌한 느낌을 만들어요. 무의식적인 생각도 역시 육체적 느낌을 만들어내요. 자신이 어떤 생각을 하고 있는지 알아내고 싶다면 몸에 어떤 느낌이 드는지 잘 느껴보세요. 이건 아무리 강조해도 지나치지 않을 정도로 중요해요! 그런 다음 긍정적이거나 부정적인 느낌을 거슬러 올라가, 그 느낌을 느꼈을 때 무슨 일이 일어나고 있었는지 생각해보세요. 어떤 외부 상황이 그런 느낌을 느끼게 만들었는지 찾아보세요. 만약 외부에 그런 요인이 없었다면 당신이 한 어떤 생각이 그런 느낌을 느끼게 만들었는지 찾아보세요."

"만약, 그 느낌이 내게 쾌락을 주는데" 내가 말했다. "그렇다고 내 주파수를 낮추고 싶지는 않다면 어떻게 하나요? 예를 들어, 섹스에 대해 생각하는 게 내게 쾌락을 주긴 하지만 계속 그 생각에

간혀 있고 싶지는 않잖아요. 특히 업무 회의 같은 중요한 자리에서는 더더욱 말이에요."

"무슨 말인지 알겠어요!" 헨리가 말했다. 왠지 그가 미소를 짓고 있는 것처럼 느껴졌다. "하지만 어떤 느낌을 인정한다고 해서 그 느낌에 힘을 보태줘야 하는 것은 아니에요. 원하지 않는 느낌이 든다고 해서 자기 자신에 대해 실망하거나 답답해하면 에고에게 더 큰 힘과 에너지만 넘겨줄 뿐이에요. 좋고 나쁨의 이원론적인 측면에만 주의가 붙잡히게 되기도 하고요. 이원성은 에고가 마음 놓고 판칠 수 있는 가장 좋은 환경이에요. 그러니 자신의 느낌과 그 느낌에 대한 생각 사이에 정신적인 틈새를 만들어두는 것이 좋아요. 바로 이 공간이 목격자, 즉 당신의 혼이 머무는 곳이에요. 여기에서 당신은 자신의 느낌을 객관적으로 관찰하면서 그 느낌에 힘을 보태주지 않을 수 있어요."

"'목격자'라는 말이 무슨 뜻인지 정의해주겠어요?"

"목격자는 당신의 혼, 다시 말해 상위 자아예요. 목격자는 객관적이며 당신의 패턴, 신념, 생각, 그리고 이 모든 것을 일어나게 만드는 근본적인 원인을 볼 수 있어요. 모든 인간은 의식을 깨우는 여정을 통해 자신의 목격자를 성장시켜야 해요. 그렇게 하면 중립적인 태도를 유지하면서 원치 않는 신념과 생각에서 벗어날 수 있고, 그것들에 힘을 보태주지 않을 수 있어요."

"이번에는" 헨리가 말을 이어갔다. "낮은 진동수를 가진 신념과 감정을 없앨 수 있는 다른 방법들을 알려줄게요. 그런 신념과 감정들의 근원에는 대부분 긍정적인 자질이 숨겨져 있거든요."

"놀라워요." 내가 헨리의 말을 끊었다. "30대 때, 칠죄종(the seven deadly sins)*에 대해 명상하던 중 각각의 죄 속에 숨겨져 있던 긍정적인 황금을 발견하면서 나도 그 사실을 깨달은 적이 있거든요. 그 긍정적인 자질을 발견하고선 마음 깊이 받아들였는데, 그렇게 하니 부정적인 측면이 사라졌었죠."

"훌륭한 방법이에요. 당신이 그렇게 했을 때 의식을 아주 빠르게 변화시킬 수 있는 문이 내 앞에 활짝 열렸죠. 낮은 차원의 사념체 속에 갇힌 에너지가 풀려났거든요. 그때 나는 당신의 에너지를 더 높은 상태로 끌어올릴 수 있었어요."

"칠죄종 중 가장 낮은 주파수를 가진 죄는 어떤 것인가요?" 내가 물었다.

"그 질문에 대답하기 전에 하나 말해주고 싶은 것이 있어요. '죄(sin)'라는 단어는 앵글로색슨어로 '표적을 놓치다'(miss the mark)**라는 뜻을 가지고 있어요. 이 단어는 본래 화살이 목표물에서 빗나갔을 때 쓰던 말이에요. 내가 이 말을 하는 이유는, 모든 주파수가 의식의 한 측면이라는 사실을 당신에게 되새겨주기 위해서예요. 높은 주파수는 인간을 깨달은 상태로 이끄는 반면 낮은 주파수는 고통과 고난이 가득한, 환상과도 같은 세계에 사람을 붙잡아 둬서 그가 '표적을 놓치게' 만들어요."

"이제 당신의 질문에 답을 해줄게요." 헨리가 나의 질문으로 돌

---

* 가톨릭과 정교회에서 규정하는 근원적인 죄. 교만, 인색, 시기, 분노, 색욕, 탐욕, 나태가 포함된다.

** '목적을 이루지 못하다'라는 뜻도 있다.

아오며 말했다. "인간을 자멸로 이끌고 삶을 부정하는 자기관과 신념들을 살펴보죠. 가장 파괴적인 두 가지는 바로 수치심과 죄책감이에요. 이 두 사념체는 보통 몸의 낮은 부분에 머무르고 있어요. 이 둘은 몸의 지능이 상체 아래쪽에 위치한 장기들에 연료를 공급할 때 사용하는 에테르 통로인 하위 차크라들을 차단해요. 그러면 생식계통과 소화계통의 에너지 흐름이 막히기 때문에 이 신체 부위에 질병이 생기기도 해요.

수치심과 죄책감 모두 자존감을 낮추지만, 그 둘이 만들어지는 과정은 다를 수 있어요. 수치심은 육체적, 성적, 감정적 학대로 인해 생길 수 있는데, 그런 학대를 당한 사람은 자신이 행복해질 가치가 없다고 생각하고, 심한 경우에는 아예 살 가치가 없다고 생각하기도 해요. 반면 죄책감은 자신이 다른 사람을 실망시키고 있다고 생각할 때 만들어져요. 이 대상은 부모나 배우자가 될 수도 있고, 종교적인 죄책감일 경우에는 신이 그 대상이 되겠지요. 이런 죄책감은 종교 경전을 문자 그대로 받아들이는 데에만 연연하게끔 만들 수 있어요. 그러니까, 자신의 죄책감을 다른 사람들에게 투영해서 그들이 잘못을 저질렀다고 생각하는 거죠."

나는 헨리의 설명을 따라잡으랴, 상체 아래쪽 장기들을 잽싸게 확인하랴 바빴다. 그러던 중 그가 나에게 물었다. "그러면 수치심과 죄책감에 휩싸인 사람을 어떻게 도울 수 있을까요?"

"수치심과 죄책감 때문에 자존감이 낮아진 사람에게는," 내가 대답했다. "그들이 지금껏 이뤄낸 것을 찾아내고, 첫 번째 목표를 달성했을 때 느꼈던 성취감을 다시 맛볼 수 있도록 다른 목표를 연결시켜주는 게 좋을 것 같아요. 여기에서 중요한 건 그들의 상태를 정확히 파악하고, 자신도 할 수 있다는 걸 믿게끔 격려하는 거예요."

"그런데 더 이야기하기 전에 물어보고 싶은 게 있어요." 내가 덧붙였다. "나와 다른 자기관이나 신념을 가진 사람들을 만났을 때, 그들과 나의 차이점을 강조하기보다는 비슷한 신념을 부각해서 우리 사이의 유사점을 찾으려고 하거든요. 이게 좋은 방법인가요?"

"다른 사람과의 유사점을 찾는 것은 에고를 약하게 만드는 좋은 방법이에요." 헨리가 대답했다. "모든 사람의 영혼은 순수하다는 사실을 기억하는 것이 정말 중요해요. 바로 여기에서 모두와의 공감대를 형성할 수 있지요. 대부분의 상황에서 선호되는 태도는 무조건적인 사랑과 그 사람에 대한 수용적인 태도예요. 당신이 상대방에게 태도를 바꿀 것을 제안하는 상황이라고 해도 말이죠.

그러면 파괴적인 자기관 중에 또 어떤 것이 있는지 한번 살펴볼까요? 흔히들 귀찮음이라고 부르는 '나태'는 낙담, 절망, 무감각한 상태가 특징이에요. 나태를 극복하려는 사람을 어떻게 도와줄 수 있을까요?"

"차라리 내가 부정적인 자질들의 예를 들고, 당신이 해결 방법을 알려주는 게 좋을 것 같아요!" 내가 농담 삼아 말했다.

오랫동안 정적이 흘렀다. 헨리가 끝내 고집을 꺾지 않았기 때문에 나는 그의 질문에 답하기 위해 머리를 싸매야 했다. "내 생각엔, 나태의 가장 근본적인 문제는 원하는 것을 가질 수 없기 때문에 노력할 이유가 없다는 생각인 것 같아요. 이런 신념은 조상이 경험했던 가난이나 인종차별로 인해 만들어진 생각을 물려받은 걸 수도 있어요. 그 사람이 추진력을 얻을 수 있도록, 저는 어떤 일을 했을 때 자신에게 선물을 주라고 제안할 것 같아요. 옷을 사주거나 마사지를 해주는 것처럼 별 대단한 게 아니더라도 말이죠. 자신이 원하는 것을 가질 수 있다는 사실을 일단 한번 깨닫고 나면 더 큰 — 가능하다면 더 높은 진동수를 가진 — 목표를 이루려는 시도를 할 수 있을 거예요."

"그렇다면 낙담과 절망 때문에 나태해진 사람은 어떻게 도울 수 있을까요?" 헨리는 내가 더 깊이 생각하게끔 유도했다.

"절망은 영혼의 어두운 밤에 느끼게 되는 일시적인 감정일 수도 있어요. 만약 이런 상황이라면, 이 시기는 영혼이 거치는 여정의 단계 중 하나라는 사실을 깨닫게 해주고, 그것이 진전의 신호임을 그 사람의 상황에 맞추어 설명해줄 거예요. 모두 다 지나갈 것이라는 희망을 주기 위해서 말이지요."

"하지만 그 사람의 가장 강력한 자기관이 비통과 슬픔이라면?" 헨리가 끈질기게 요점을 파고들었다. "만약 사랑하는 사람에게서 버림받았거나 그 사람과 사별한 상황이라면요? 어떻게 할 건가요?"

"그런 절망과 낙담이 자기관의 일부라면 발등에 불을 떨어뜨려서라도 움직이게 만들겠어요. 너무 냉정하게 들릴 수도 있겠지만, 때로 절망감에 갇혀 있는 건 다른 사람이 나를 행복하게 만들어줘야 한다는, 다른 사람이 나에게 빚을 지고 있다는 신념에 집착하고 있는 걸 수도 있어요. 그 다른 사람은 배우자나 부모, 자기 자신이 될 수도 있고 심지어 국가가 될 수도 있지요. 하지만 이런 집착은 착각과 환상에 불과하고, 그 사람을 더 오래 고통스럽게 만들기만 해요. 계속해서 실망만 할 테니까요. 그 사람은 외로움을 느끼고 사랑을 갈구하겠지만, 결과적으로 확실하다고 말할 수 있는 유일한 사랑은 보편지능의 사랑밖에 없어요. 이 사람이 외부 상황에 대해 긍정적 중립의 태도를 유지하고 모든 것을 '있는 그대로' 받아들이려면 명상과 기도를 하는 것도 도움이 될 거예요. 그러면 그 사람의 진동수도 높아질 거고요. 하지만 슬픔은 상실로 인해 생기는 자연스러운 감정이기도 해요. 그 사람이 감정에 갇혀서 헤어 나오지 못하는 게 아니라면 그냥 자연스럽게 지나가는 단계인 거지요. 그렇지 않나요?"

"그건 에고에게나 그렇죠." 헨리가 반박했다. "외부 상황이 어떻든 영원한 기쁨을 누리는 영혼에게는 그렇지 않아요. 두려움이나 불안 같은 부정적인 감정과 그 감정에 대한 해결책은 전에도 이야기한 적이 있으니, 지금은 삶에 대한 부정적인 태도 세 가지를 이야기해볼게요. 그건 바로, 탐욕, 식탐, 색욕이에요. 이런 부정적인 감정의 근원에는 어떤 잘못된 신념이 있을 것 같나요?"

"〈바가바드 기타Bhagavad Gita〉*와 베다 가르침의 스승이었던 파탄잘리Patanjali** 모두," 내가 말을 꺼냈다. "이렇게 감각적인 쾌락을 갈망하는 것을 장애물로 여겼어요. 이런 점에서는 그들도 기독교 교리와 일치한다고 볼 수 있어요. 인간은 식탐 때문에 더 많은 음식을 원하고, 색욕 때문에 더 많은 섹스를 원해요. 탐욕도 일종의 식

---

* 〈베다〉, 〈우파니샤드〉와 함께 힌두교의 3대 경전 중 하나로 꼽히는 철학서. 산스크리트어로 '거룩한 자의 노래'라는 뜻을 가지고 있으며, 총 700구의 시로 이루어져 있다.
** 기원전 2세기경 인도의 힌두교 사상가. 요가학파의 경전인 《요가수트라》를 저술했다.

탐과 같은 것인데, 탐욕은 모든 분야에서 느낄 수 있는 감정이에요. 더 많은 것을 원하지만 도무지 만족할 수가 없거든요. 탐욕은 명예, 돈, 물질적인 이득, 지위, 권력, 사랑에 대한 것일 수도 있고, 그 밖에도 수없이 많지요. 분명 이런 요소들 중 어떤 것들은 사는 데 반드시 필요하기도 하지만 과도하게 집착해서는 안 돼요. 어때요, 지금까지 괜찮은가요?"

"잘 모르겠네요. 좀 더 들어봐야 알 수 있을 것 같아요." 헨리가 나를 자극하며 농담했다.

"인간은 음식과 집을 구하기 위한 돈이 필요해요." 나는 설명을 계속했다. "우리가 물리적, 금전적 자원을 가지고 있다면 세상에 더 큰 도움을 줄 수도 있을 거예요. 하지만 이런 것들을 갈망하는 것이 진짜 문제이고, 에고가 이런 마음을 만드는 건 아주 쉬워요. 현대 사회의 경제 시스템은 '다다익선'이라는 신념 위에 세워졌으니까요. 내 직감에 따르면 인간은 보편의식에서 분리되어 나온 뒤 공허함을 느끼게 되었는데, 바로 이런 감정이 갈망의 근본적인 원인이 된 것 같아요. 만약 그렇다면 이걸 해결할 수 있는 방법은 인생의 목표를 이루기 위한 자원은 충분히 있다는 사실을 믿고, 우리가 집착하는 모든 것들을 놓아주는 거예요."

"그런 갈망은 또 어떤 열망으로부터 생겨난 거죠?"

"모든 행복의 근원이 되는 신과 다시 하나되고자 하는 열망이요." 나는 희망적으로 말했다.

"맞아요. 그러면 다른 부정적인 자질로 넘어가볼까요? 바로, 분노예요."

"분노는," 내가 대답했다. "다른 사람들이 내 말에 동의해주는 상황처럼, 내가 원하는 것을 가지지 못하는 데서 오는 감정이에요. 에고는 계속 통제하고 싶어하고, 다른 사람들이 나에게 동의하지 않으면 공격받았다는 느낌을 받기 때문에 분노로써 자신을 보호하려고 하지요. 그래서 갑자기 아드레날린이 폭발적으로 늘어나고, 에고는 그토록 좋아하는 에너지를 더 얻게 되는 거예요. 표출된 분노와 억압된 분노 모두 시기와 연결되었을 수 있는데, 시기도 역시 칠죄종 중 하나지요. 내가 가지지 못한 뭔가를 다른 사람이 가지고 있다는 점에서 그런 마음을 느낄 수 있어요. 이를테면 물질적인 것이라든지 아름다움, 친구, 또는 더 많은 재미나 시간 등이 될 수도 있겠지요. 그런 잘못된 신념은 자신이 다른 사람과 별개의 존재라는 생각, 그리고 우주가 내가 원하는 것을 줄 것이라는 믿음의 부족에서 나오는 거예요."

"그러면 교만은요?"

"〈바가바드 기타〉에서는," 나는 나조차도 다독가라는 교만함을 가지고 있다는 것이 우습다고 생각하며 대답했다. "교만을 허영심과 오만함이라고 불렀어요. 교만은 자신을 다른 사람들보다 낫다고 생각하는 잘못된 자기관에서 오는 것 같아요. 자신이 더 똑똑하고, 돈이 많고, 친절하고, 순수하다는 느낌, 심지어는 다른 사람들보다 깨달음에 더 가까이 있다는 데서 느끼는 영적 자긍심도 모두 타인과 자신을 비교하고 그들과 분리되게 만들어요. 교만(무의식적인 교만이라도) 속에서 찾을 수 있는 긍정적인 황금 덩어리는 자신이 다른 사람들의 사랑뿐 아니라, 궁극적으로 우주의 사랑을 받을 가치가 있다고 증명하겠다는 열망이에요."

"그렇다면 우리가 나눈 대화를 통해 당신은 어떤 결론을 내렸나요?"

"이번엔 당신이 말해주세요." 내가 제안했다. 나는 나의 신념과 생각이 올바른 방향을 향하고 있는지 아닌지 피드백을 듣고 싶었다.

"에고는 분리됨밖에 몰라요." 이번엔 헨리가 설명하기 시작했다. "이로 인해 모든 부정적인 신념이 만들어지고, 다시 그 신념에서 어떤 감정이 생기지요. 에고는 절대로 최고의 행복을 줄 수 없어요. 오직 영혼만이, 영혼과 함께하는 의식(consciousness)만이 이런 행복을 가져다줄 수 있어요. 환상과도 같은 세계에서 더 이상 행복을 찾으려 하지 않는다면, 언제나 당신 안에 있었고 당신과 함께 있었던 보편의지(universal will)가 당신의 안내자가 되어줄 거예요."

"그러면 그 과정에서 당신은 무슨 일을 하나요?"

"나는 크게 두 가지 기능을 해요." 헨리가 대답했다. "보편의식을 대신해서 당신의 양심이 되기도 하고, 당신의 여정을 돕기 위한 가이드가 되기도 하지요. 이런 맥락에서 나를 몸의 영이라고 생각하면 돼요. 또, 당신의 육체, 감정체, 정신체를 만들고 유지하는 몸의 지능이기도 하고, 생물학적인 기능을 하기도 해요."

"생각과 감정이 육체의 건강에 어떻게 영향을 미치는지 알고 싶어요." 나는 헨리의 말을 끊고 물으며, 그가 이 질문에 답해주길 기다렸다.

"그건 상당히 넓은 주제라서, 우리가 두뇌와 심장에 대한 주제를 다룰 때까지 남겨두는 것이 좋을 것 같아요." 헨리는 이렇게 말하고 대화를 마쳤다.

내가 스스로의 질문에 대답하게끔 유도하는 헨리의 가르침은 정말 효과적이었다. 이런 가르침은 결국 해답은 우리 안에 있으며, 정답과 행복을 찾기 위해 밖을 기웃거리는 것은 한참 잘못된 방법이라는 사실을 다시금 되새겨주기도 했다. 하지만 유감스럽게도, 질문과 해답이 우리 안에 놓여 있다고 해도 질문에 대한 올바른 답을 항상 찾을 수 있는 것은 아니다. 에고는 우리가 어떤 비밀을 알아내기만 하면 그 비밀이 우리를 행복하게 만들어줄 거라고 믿게 만든다. 나는 헨리와 대화를 나누는 동안 부정적인 신념으로 만들어진 에고의 희곡에서 떨어져 나오면 에고가 만든 환상을 산산조각낼 수 있다는 사실을 점점 더 확실하게 깨달을 수 있었다. 그렇게 하려면 우리의 상위 자아와 양심과 작은 내면의 목소리가 이미 말해주고 있었던 깊은 진실에 귀를 기울이기만 하면 되는 거였다.

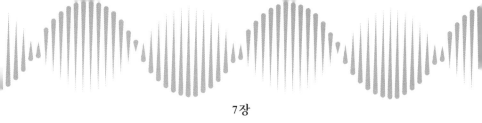

7장
당신의 사랑과 지혜와 의지는 골고루 발달되어 있는가?

"사랑은 당신의 가슴속에서 가만히 누워 기다리고 있다.

그저 진실 안에 머무르기만 하면 된다. 그저 고요하게 있으면 된다."

— 프라즈나파라미타

다음 날, 나는 몸의 지능이자 몸의 엘리멘탈이 어떻게 '나'라는 생명체를 프로그램하는지 과학적인 설명을 들을 수 있을 거라고 잔뜩 기대하고 있었다. 하지만 그런 기대도 금방 물거품이 되었다. 헨리가 불쑥 튀어나와, 의식을 더 빠르게 깨우는 긍정적인 자질에 대해 설명을 늘어놓기 시작한 거였다.

"그 주제나 이 주제나 같은 거예요." 내가 실망했다는 사실을 눈치채고 그가 말했다. "긍정적인 자질은 세포 속에 막혀 있는 에너지를 방출시켜요. 그 덕분에 내가 당신을 더 높은 주파수로 끌어올릴 수 있죠. 이것이 내가 말한 생물학적인 기능이에요. 인간은 생각과 감정과 생물학적 기능을 서로 다른 카테고리로 분류하기를 좋아하지만, 사실 이 모든 것은 하나예요. 신에 대한 당신의 관점은 생각과 감정, 육체의 주파수에 영향을 미치게 돼요."

"신에 대한 관점이 어떻게 주파수에 영향을 미친다는 거죠?" 나는 헨리의 말을 듣고 혼란에 빠졌다.

"혼란스러워 할 필요 없어요. 내가 다 설명해줄게요." 헨리가 대답했다. "성경의 구약과 신약에서 나오는 신의 모습이 어떻게 다를까요? 기독교 용어를 써서 말해볼게요. 구약에서 신은 인간이 자신을 믿지 않으면 처벌하고 복수하려고 해요. 소돔과 고모라의 사람들이 죽임을 당하고, 바빌론의 탑은 무너지고, 모세의 돌판은 깨지고, 진실되지만 늙고 가여운 욥은 믿음을 확인받기 위해 끊임없이 고통을 겪어야만 했어요. 신에 대한 이런 시각 때문에 사람들은 불안함과 두려움, 분노의 인생관을 갖게 돼요. 반면에 신약에서의 신에 대한 관점은 사랑, 연민, 용서와 평화를 담고 있어요. 사람들이 매우 상반된 인생관과 감정을 가지도록 만드는 자질들이죠. 모든 종교가 진보하는 양상은 같아요. 신자들이 진화함과 더불어 종교도 진화하거든요."

"당신의 설명은 점성학과 비슷한 것 같아요." 헨리의 말에 내가 덧붙였다. "매 2,000년마다 각 시대를 지배하는 별자리가 바뀌면서 인류가 계발해야 할 자질들도 바뀌잖아요. 성경의 구약도 예수가 태어나기 2,000년 전의 자질을 반영하고 있죠. 신약은 예수가 나타난 이후의 2,000년을 보여주고요. 우리는 이제 물병자리의 시대*에 들어서고 있어요. 앞으로 도래할 새로운 시대에서 인류는 어떤 자질을 가져야 하고, 신에 대해서는 어떤 시각을 가져야 할까요?"

"물병자리 시대의 2,000년 동안" 헨리가 대답했다. "인류는 깨어나게 될 거예요. 당신은 언제나 신과 하나지만 분리라는 꿈속에서 그 사실을 잊어버렸어요. 하지만 머지않아 그 꿈에서 깨어날 거예요. 나는 우리가 대화할 주제를 정할 때 그냥 무작정 고르지 않아요. 그 주제들은 당신을 비롯한 인간들이 물병자리의 시대에서 지녀야 할 자질에 관한 것이에요. 누구에게나 이 과정을 받아들일지, 저항할지, 또는 무시할지 선택할 수 있는 자유의지가 있어요."

"그러면 신을 믿지 않는 무신론자와 불가지론자들은 어떻게 되는 건가요? 물병자리의 시대는 고사하고 성경의 구약도, 신약도 믿지 않는다면요?" 내가 걱정스럽게 물었다.

"무신론과 불가지론은 다른 거예요." 헨리가 대답했다. "좁은 의미에서의 무신론자들은 만물의 근원이 되고 우리를 하나로 만드는 전지전능한 신이 존재할 가능성을 적극적으로 부정하는 반면, 불가지론자는 위대한 신의 존재를 믿지도, 불신하지도 않아요. 그들의 주장에 따르면 인간은 그 문제를 절대로 알 수 없거든요. 하지만 무신론자와 불가지론자 모두 자신이 인생을 통제할 수 있다고

---

* 현재 도래했거나, 이윽고 도래할 점성학적 시대를 의미한다. 춘분점이 하나의 별자리에서 다음 별자리로 이동할 때까지를 한 시대로 보고 있으며, 약 2,150년이 걸린다. 점성학자들에 따르면 이런 점성학적 시대들은 문명의 성쇠나 문화 성향에 영향을 미치는데, 물병자리는 그중에서도 전통적으로 전기, 컴퓨터, 비행, 민주주의, 불안 장애, 반란, 박애주의, 진실성, 인내, 인간애, 우유부단과 관련이 있다.

믿는다는 공통점이 있어요. 그들의 인생관은 최종 단계의 환상인 물질 세계와 에고에 의존하고 있어요. 무신론자와 불가지론자 중에는 주변 사람들에게 친절하게 대하는 사람도 많아요. 부모나 사회로부터 그렇게 행동해야 한다고 배워왔고, 그렇게 함으로써 에고의 욕구를 더 쉽게 충족할 수 있거든요."

"그런데 신과 과학은 어떤 관련을 가지고 있나요?" 내가 물었다.

"과학과 과학자 사이에는 차이가 있어요." 헨리가 대답했다. "무신론자도, 불가지론자도, 자기완성을 이룬 사람도 모두 과학자일 수 있지요."

"알겠어요. 어떤 사람은 신을 믿는 게 의식을 깨우는 데 도움이 된다고 생각하고, 어떤 사람은 신을 믿는 게 그것에 방해만 된다고 생각한다는 말이죠? 물론 이론상으로 알고 있으면 좋은 지식이지만, 내가 관심 있는 건 당신이 말했던 '진화의 과정을 더 쉽게 만들기 위해' 나나 다른 사람들이 할 수 있는 일이에요. 우리가 자기완성을 이루게 되는 시대인 물병자리의 시대에 들어서고 있다는 건 믿을 수 있어요. 그런데 그렇다고 해서 그저 현실에 안주하면서 아무것도 하지 않는다면, 그래도 자기완성을 이룰 수 있을까요?"

"좋은 지적이에요." 헨리가 수긍했다. "더 자세히 설명해줄게요. 세상에 다양한 사람들이 존재하는 만큼 자기완성에 이르는 길도 많아요. 하지만 그중에 가장 주된 길이 세 가지 있어요. 바로 사랑의 길, 지혜의 길, 의지의 길이에요. 특히 의지의 길은 세상에 적극적으로 봉사하는 길이지요. 때로는 이 세 가지 길이 뚜렷하게 구분되지 않을 수도 있고, 비단 한 가지 길이 아니라 여러 개의 길을 동시에 따르겠다고 선택하는 사람도 있어요. 사랑의 길이 가슴을 자유롭게 만드는 길이라는 사실은 분명하지만, 다른 두 가지 길(지혜의 길이나 의지를 사용하여 타인에게 봉사하는 길)도 당신의 가슴을 열 수 있어요."

"무슨 말인지 이해할 수 있을 것 같아요." 내가 헨리의 말을 끊고 설명했다. "왜냐하면 제가 알게 된 바로는, 사람들은 환생을 할 때부터 이 길들 중 하나에 더 강하게 끌리는 것 같거든요. 각각의 길에 대해 큰 차이를 못 느끼는 사람들도 있지만, 많은 사람들의 경우에는 어떤 길을 선택해야 할지 뚜렷하게 보이는 거예요. 예를 들어, 어떤 사람이 가장 강하게 이끌리는 길이 사랑의 길이라면 그는 어렸을 때 스킨십을 좋아했던 아이였을 가능성이 커요. 언제나 다른 사람들을 안으면서 애정을 표현하는 거지요. 이런 아이들은 부모가 못마땅해하는 기색을 보이거나, 방에 들어가 혼자서 자신의 태도에 대해 생각해보는 시간을 가지라고 했을 때 유독 힘들었을 거예요."

"그러면 지혜의 길을 타고난 아이는 어떨까요?" 헨리가 물었다.

"지혜의 길을 선택할 아이는 상대적으로 차분한 성격을 가지고 있고, 다른 사람들을 지켜보며 거기에서 자신은 어떻게 행동해야 하는지 배우는 것을 좋아해요. 이런 아이는 또래에 비해 지혜롭고, 부모는 아이가 지닌 지혜에 종종 놀라면서 '참 잘났다', '영악하다'고 말하기도 해요. 이들은 혼자서 시간을 보내거나, 책을 읽거나 자연과 대화를 나누는 것을 좋아하지요."

"그러면 강한 의지를 가진 아이는 어떤 것 같아요?"

"의지의 길에 가장 강하게 끌리는 아이는 타고난 지도자예요. 친구들 사이에서 인기가 많지요. 놀이를 할 때면 다른 친구들이 해야 할 역할을 결정해주고, 우리 팀에 누구를 들이고 누구를 제외할지를 본인이 결정해요. 이런 자신감은 삶에서 큰 도움이 될 거예요. 의지가 강하니 장애물이 생겨도 무너지지 않고, 다른 두 가지 길을 선택한 사람들과 비교했을 때 자신의 목표를 성취하는 경우가 더 많아요. 부모로서 이런 아이를 훈육할 수 있는 가장 효과적인 방식은 단호하고 공정해지는 거예요. 만일 부모라든지, 권위를 가져야 할 어른이 너무 약하다면 아이가 그 사람을 조종하려고 하거나 무시하려 들 거예요. 하지만 자신이 존경할 만하다고 느낀 사람은 존경하지요."

"아이들에 대해 정확히 파악했네요. 그러면 그들이 인생을 살면서 어떻게 변화하는지도 알고 있나요?" 헨리가 물었다.

"물론이죠. 태어났을 때 가장 강하게 이끌리는 길과는 상관없이, 삶의 초반에는 ― 일반적으로 중년이 되기 전까지 ― 두 번째 길을 발달시키는 데 집중하게 되죠. 그래서 사랑을 가지고 태어난 아이가 후천적으로 지혜나 의지를 발달시키기도 하고, 의지를 가지고 태어난 아이가 그다음으로 사랑을 발달시키기로 선택할 수도 있어요. 이런 선택은 의식적인 것일 수도, 무의식적인 것일 수도 있어요. 우리는 이 세상에서 안전하게 사는 법과 성공하는 법을 배우면서 정보를 얻는데, 이 정보에 기반하여 그런 선택을 내려요."

나는 설명을 계속했다. "성공하기 위해 강한 에고와 두 번째 자질을 발달시킨 후, 중년의 어느 순간이 되면 의미의 위기(crisis of meaning)를 겪게 되더군요. 바로 이것이 '중년의 위기'나 '영혼의 어두운 밤'이에요. 그 사람의 성격은 이제 성장할 만큼 성장했기 때문에 알을 깨고 나오려는 병아리처럼 그 역시 껍질을 깨고 나오려 해요. 혼의 의식에 더 가까워지기 위해서죠. 이런 의미의 위기 때문에 어쩔 수 없이 세 번째 자질을 키워야만 할 때도 있어요. 첫 번째 길과 두 번째 길이 우리가 원하는 것을 얻는 데 효과가 없다는 사실을 알고 나면, 가장 선호하지 않는 세 번째 자질을 키워야겠다는 생각을 하게 되거든요. 이렇게 우리가 가진 가장 약한 자질에 기댈 수밖에 없게 되는 때에 우리의 성격은 엄청난 불안을 느껴요. 또, 성격은 자신이 원하는 것을 어떻게 얻어야 할지 더 이상 알 수 없기 때문에 불행을 느껴요. 행복해지기 위한 답은 오직 영혼만이 알고 있고, 그 답을 얻기 위해서는 에고의 통제 밖으로 나가야 해요. 우리는 이런 위기를 '영혼의 어두운 밤'이라고 부르지만, 사실은 '에고의 어두운 밤'이라고 부르는 것이 더 정확할 거예요."

"당신이나 다른 사람들은 의식적인 창조자가 되기 위해 세 가지 자질을 모두 발달시켜야 해요. 지금껏 발달시킨 것이 오직 사랑이라면, 무조건적으로 사랑할 수는 있지만 그 안에 변별력은 부족할 거예요. 예를 들어, 보살핌을 받고 싶어하거나 자기 삶에 책임을 지기 싫어하는 사람들이 달라붙을 수 있겠지요. 그런 사람들의 용납할 수 없는 행동을 받아준다고 해서 그들을 돕는 것이 아니에요. 반면에 지혜만 가지고 있다면, 옳은 답을 알고 있을지라도 다른 사람들은 당신의 말을 듣지 않을 거예요. 그 사람들이 당신을 볼 때면 그저 냉정하기만 하고, 그들이 진심으로 잘되길 바라는 사람처럼 보이지 않을 테니까요. 마지막으로, 다른 두 자질을 균형 있게 계발하지 못한 채 의지만 발달시켜서 위험한 사람이 된 경우가 있겠네요. 이때는 다른 사람들의 의견은 전혀 신경 쓰지 않고 당신이 원하는 것을 탐욕스럽게 가지려는, 필요 이상으로 에고만 강한 사람이 될 거예요."

"의지만 과하게 발달한 채로 다른 사람에 대한 연민과 배려는 부족했던 사람이 세상을 잘못된 길로 이끌었다는 사례는 쉽게 찾아볼 수 있어요." 내가 말했다. "수많은 선한 사람들이 자신의 의지를 사용하기를 꺼리는 이유이기도 해요. 하지만 나는 행동하기 위한 의지를 사용하는 것이 매우 중요하다고 생각해요. 그렇게 하지 않으면 사랑과 지혜는 본래 그것들이 가지고 있는 효력을 충분히 발휘하지 못할 테니까요. 우리는 완전한 창조자가 아니에요. 그래서 사랑과 지혜, 의지, 이 세 가지 길을 모두 발달시켜야 해요. 이는 물질 세계에서의 우리 삶을 위해서이기도 하지만 환상과도 같은 이 세계에서 우리 자신을 해방하기 위해서이기도 해요."

"맞는 말이에요." 헨리가 대답했다. "이 세 가지 자질의 중요성을 더 깊이 이해하기 위해서는 물리적 세계를 넘어 에테르계까지 생각해야 해요. 영적인 변화를 위한 열쇠는 에고의 욕망이 통제하는, 육체의 심장이 가진 낮은 주파수에서 에테르체의 심장이 가진 높은 주파수로 옮겨가는 데 있어요. 사랑, 지혜, 의지의 삼중 불꽃은 당신의 에테르적 심장에 거하고 있어요. 그 불꽃은 당신이 더 의식적으로 됨에 따라 더욱 커지다가, 결국에는 당신이 그 불꽃 자체가 돼요. 오래전부터 예술가들은 이런 빛을 성자들의 머리나 몸에서 비치는 후광으로 표현하기도 했어요. 사랑의 길이든, 지혜나 의지의 길이든 앞서 말한 세 가지 길들 중 하나만을 주로 사용해서 자기완성을 이룰 수도 있어요. 하지만 세 가지 자질의 균형을 맞추는 것이 좋아요. 특히 이 세상에 남아 다른 사람들을 돕고자 한다면 말이에요."

설명을 듣는 나의 표정이 멍해 보였는지 헨리가 더 자세히 설명했다.

"세 가지 자질의 중요성은 많은 영적 전통에서 강조되어왔어요. 예를 들어, 힌두교 성전인 〈바가바드 기타〉에서도 의식을 향한 이 세 가지 길을 언급하고 있어요. 이 길을 '야나Jnana', '박티Bhakti'와 '카르마'라고 불러요(각각 지혜, 사랑, 그리고 의지를 통한 올바른 행동을 뜻하죠). '라자Raja' 또는 '왕의 요가'(kingly yoga)라고 불리는 네 번째 길도 있는데, 이건 세 가지 길에 명상을 더한 거예요. 라자는 가슴을 자유롭게 해방시키기 위한 훌륭한 방법이라고 할 수 있어요. 효과가 가장 빠르게 나타나거든요."

"내가 느낀 건," 내가 말을 꺼냈다. "어떤 길이든지 너무 심하게 집착하면 그 길은 위험해진다는 거예요. 바로 그것이 에고가 원하는 것이기도 하고요. 이를테면 지성의 길이기도 한 야나(지혜)의 길은 더 높은 생각(마음)이 놓아지지 않을 수 있다는 위험이 있어요. 물론 이것 역시 에고인데, 이렇게 하면 더 높은 의식으로 옮겨 갈 수가 없어요. 박티(사랑)의 길은 신에 대한 헌신과 깊은 믿음이지만, 지복에 대한 집착, 그리고 이 집착을 내려놓지 못해 자아 정체성을 초월하지 못하는 상황이 위험 요소라고 할 수 있어요. 카르마의 길은 다른 사람에 대한 봉사의 길이에요. 여기에서는 자신이 만족감을 느끼기 위해 다른 사람을 돕게 될 수도 있다는 게 위험 요소인데, 이것 역시 에고예요. 보편의지가 요구한 행위를 수행하는 게 아닌 거죠. 여기에 '하타 요가'라는 또 다른 길이 있어요. 당신이 언급하지 않은 길이지요. 하타 요가는 육체의 움직임에 기초를 두고 있는데, 이 길에서는 완벽한 육체에 대한 집착이 생길 수 있어요. 하지만 내가 생각하기에 더 큰 위험 요소는, 영적 구도자들이 이 모든 길에 발만 잠깐씩 담갔다가, 결국 그 어떤 길에도 집중하지 못한 나머지 이렇다 할 영적인 발전을 이루지 못하는 거예요."

"당신은," 헨리가 말했다. "이 모든 길이 가진 외적, 내적인 특징을 정확히 짚어냈군요. 사람들은 종종 자신이 처음 선택한 길의 외적인 특성만을 따르곤 해요. 하지만 궁극적으로는 그 길을 따르면서 자신의 내면도 함께 관찰해야 하죠. 우리가 지금 논하고 있는 게 바로 그거예요."

"하지만 내가 느끼기에는 우리 대화가 여러 가지 길에 대해서 간략하게 언급만 하지, 끈질기게 하나만 파고들지는 못하고 있는 것 같아요." 나는 혼란스러움을 느끼며 말했다.

"맞아요." 헨리가 인정했다. "당신을 비롯한 사람들이 발달시켜야 하는 긍정적인 자질들 각각은 보통 이 중 하나의 길과 관련되어 있어요. 하지만 모든 길은 궁극적으로 하나의 목적지를 향해요."

"세상에. 처음에는 신에 대한 시각에 대해 말하고, 그다음에는 의식을 향한 주된 길에 대해서 이야기하더니 의식적인 존재가 되기 위해 필요한 실질적인 자질에 대해서는 겨우 이제야 알려주는 거예요? 이제 제발 의식을 깨우는 데 필요한 긍정적인 자질에 대해 이야기하면 안 될까요? 개인이 끌리는 길과 무관하게 말이에요."

"분부대로 합죠." 헨리가 사랑을 담은 에너지를 보내며 말했다. "자신이 따르는 영적인 길이나 전통과는 상관없이, 긍정적인 자질을 실생활에 적용하면서 살아가면 그 사람의 주파수가 높아져요. 의지력을 예로 들어 볼게요. 때로 의지는 건실함, 인내심, 전념이라는 말로도 설명할 수 있어요. 이것들은 기본적으로 똑같은 자질이에요. 의지 하나만 가지고는 에고로부터 자유로워지기에 충분하지 않기 때문에, 헌신의 자질로써 균형을 맞춰야 해요. 의지는 양, 헌신은 음에 가깝지요. 당신에게 음의 성질이 너무 강하면 아무것도 달성할 수 없을 거예요. 반면에 양의 성질이 강하면 에고에게 너무 큰 힘을 주게 되는 거고요.

하지만 의지와 헌신만으로는 신과 하나가 될 수 없어요. 첫 번째로, 신은 무조건적인 사랑을 하며 당신의 현 상태인 에고 상태보다 신이 훨씬 더 나을 거라는 믿음과 신뢰가 있어야 해요. 그렇지 않으면 신과 하나가 되기 위해 에고를 포기하겠다는 마음이 없는 거예요. 믿음과 신뢰라는 긍정적인 자질은 헌신의 기초가 돼요. 마찬가지로, 신과 다시 하나가 될 수 있다는 믿음과 신뢰는 의지의 기초이기도 해요."

"믿음, 신뢰, 헌신, 의지가 어떻게 서로를 강화하고 지탱하는지 알려줘서 고마워요. 그러면 의식을 깨우는 데 도움이 되는 다른 긍정적인 자질들은 서로 어떤 관련이 있나요?" 내가 물었다.

"삶에 대해 찬찬히 곱씹다 보면," 헨리가 대답했다. "자신이 완벽함과는 거리가 멀다는 사실을 깨닫고, 겸손해지는 법을 배우게 돼요. 이런 겸손함을 통해 자신이나 타인이 초래한 고통을 이해하게 되고, 또 용서하게 되죠. 인간은 이런 과정을 통해 연민과 지혜를 얻게 돼요. 그리고 이 지혜로써 당신은 자신의 삶이 의식과 동조하도록 이끌고, 궁극적으로는 평화를 얻어요."

"당신이 설명해준 예를 듣고 나니, 어떤 긍정적인 자질을 가장 먼저 계발했는지는 크게 중요하지 않다는 걸 알 수 있을 것 같아요. 그런 자질들은 마치 새끼를 꼬아 만든 밧줄처럼 전부 밀접하게 엮여 있으니까요. 튼튼한 밧줄을 만들기 위해서는 모든 특성 하나하나가 반드시 필요해요."

"좋은 비유네요. 게다가, 가장 튼튼한 밧줄은 모든 가닥의 굵기가 똑같을 때 만들어져요. 이런 밧줄은 타고난 기질 덕분에 가장 쉽게 발달시킬 수 있는 자질뿐만 아니라 모든 자질들을 고루 발달시키도록 도와줘요. 그리고 당신을 개인성과 분리의 꿈에서 깨어나도록 만들지요. 우주는 당신이 가진 약한 자질, 더 발달시켜야 하는 자질과 더불어 너무 강해서 조금은 부드럽게 만들어줘야 하는 자질들을 보여줄 거예요. 당신이 우주의 법칙을 머리로 이해한 뒤 스스로 지혜로워졌다고 생각하는 상황을 예로 들어볼게요. 이런 상황이라면 당신에게는 아직 겸손함이 부족한 것이고, 겸손함을 배우기 위한 여러 기회가 생길 거예요. 심지어는 뇌졸중이 오거나 알츠하이머병에 걸리게 되어 마음이 위태로워질 수도 있을 거예요."

"그건 너무 극단적인 거 아니에요? 우주가 좀더 부드러운 상황을 가져다줄 수는 없는 건가요?"

"가끔, 당신이나 다른 사람들은 상황이 부드럽게 찾아오면 거기서 교훈을 얻지 못하기도 해요. 어쩌면 당신이 다른 사람들에게 불친절하고 배려심이 부족하다고 우주가 이미 여러 번 메시지를 보냈을 수도 있어요. 하지만 당신은 그 경고를 무시한 거죠. 그런 교훈의 과정은 직선이 아니라 나선형으로 이루어져요. 그렇게 나선형으로 이리저리 휩쓸리면서, 이런 자질들의 다른 측면이나 더 심충적인 면을 배우기도 하고, 또 다른 긍정적인 자질들을 배우기도 하는 거예요."

"내가 보기에, 인류에게 궁극적으로 가장 필요한 특성은 바로 사랑인 것 같아요. 왜 나는 사랑이 모든 문제를 해결할 수 있다는 기분이 드는 걸까요?" 혼란을 느끼며 내가 물었다.

"사랑은 다른 사람들이 어떤 행동을 하든, 주변에서 무슨 일이 일어나든 모든 상태와 모든 존재를 존중하거든요. 이렇게 아무것에도 집착하지 않고, 판단하지 않는 무조건적인 사랑이 지고의 현실이며, 모두가 이 사랑을 발견해야 해요."

"좀더 확실하게 알고 싶은 게 있는데, 물어봐도 될까요?"

"물어보세요!" 헨리가 대답했다.

"자칭 '자기완성을 이루었다'고 말하는 사람들이 쓴 책을 읽다 보면, 그것이 정말인지 확실하게 판단할 수 있거든요. 그들이 의식에 대해 설명하는 것을 읽다 보면 어떤 단계에 도달했는지 알 수 있어요. 물론, 위대한 마스터들의 경우에는 나의 수준을 훨씬 뛰어넘은 상태이기 때문에, 그들의 의식이 얼마나 깨어났는지는 내가 감히 가늠할 수 없어요."

"그래서 질문이 뭐죠?"

"나는 자기완성을 이룬 정신과 의사인 데이비드 호킨스의 책을 많이 읽었어요. 그 책들은 내가 신과 하나가 되기 위한 과정 중 어느 단계에 와 있는지를 자세히 알게 해줬고요."

"흥미롭네요. 그래서요?"

"나는 지금보다 더 높은 단계까지 의식이 깨어난 경험을 한 적이 있어요. 그렇다면, 나는 지금 퇴보하고 있는 것일까요? 아니면 이런 현상에 대한 다른 설명이 있을까요?" 나는 말을 이었다. "더 구체적으로 말해볼게요. 나는 30년 전에 호킨스가 말한, 사랑보다 더 높은 에너지장의 상태인 신체의 황홀경을 느끼거나 모든 존재와 하나가 되는 상태를 종종 느끼기도 했어요. 그런데 제 사랑은 최근에서야 계발되기 시작했어요."

"먼저 말을 꺼내주니 기뻐요. 상당히 중요한 주제거든요." 헨리가 대답했다. "당신의 평소 진동수는 지금보다 30년 전이 더 낮았으니, 퇴보하고 있는 것은 아니에요. 그 당시에는 일상적인 의식보다 의식이 더 높아지는 경험을 하기도 했을 거예요. 의식은 그 사람이 현생에서 이례적인 진전을 이뤘거나, 전생에서 발달시켰던 영적 재능을 사용할 때 잠시 그 사람을 더 높은 주파수 영역대로 급격히 끌어올리기도 하거든요. 이런 일은 깨달음에 가까워질수록 더 자주 일어나요."

"하지만 왜 그런 일이 일어나는 건가요?" 내가 물었다.

"깨달음에 가까워질수록 혼이 당신의 성격 속에 더 깊숙이 침투하거든요. 그래서 전생과 현생을 비롯한 모든 생이 하나로 합쳐지고 육체적, 감정적, 정신적 주파수 사이의 경계가 전부 허물어지는 거예요."

"그런 황홀감을 느꼈던 적은 같은 해에도 여러 번 있었어요. 나는 그 일을 '불붙음'이라고 불러요. 갑자기 온몸에 2도 화상을 입었거든요. 이런 화상을 입은 이유가 영적 에너지인 쿤달리니*가 감정적으로 정체된 부분을 뚫어주면서 육체에 영향을 주게 되었기 때문이라는 건 알고 있어요. 이런 일은 몇 년 동안 계속되다가 잠잠해졌죠. 그 황홀감은 섹스보다 더 큰 쾌감이었어요. 그 당시 나는 가슴이 크게 열려 있었기 때문에 다른 사람들도 이런 경험을 하기를 바랐지만, 내가 아무리 원해도 다른 사람들에게 그걸 경험하게 할 수는 없더라고요. 나는 이 황홀감이 내 안에서 일어나도록 유도할 수 있었지만 중독이 될까 두려워서 자제했어요. 그러다 보니 이런 경험은 끝이 났죠."

"쾌락을 거절하는 것이 중요하다는 앎은 의식의 수준이 지금보다 더 높았던 전생들에서 온 거예요. 그러한 전생들에서 의식을 더 높이기 위해서는 쾌락을 버려야 한다는 사실을 깨달았고, 현생에서는 이 지식을 실천에 옮겼던 거지요."

"문제는 나의 의식이 더 높아지지는 않고 낮아지기만 한다는 거예요." 내가 시무룩하게 말했다. "이런 일이 다른 사람들에게도 일어나는 일인가요?"

---

* 인간에게 잠재된 우주 에너지. 생명과 혼의 에너지이며, 쿤달리니 에너지를 깨우는 사람은 초인이 될 수 있다고 한다. 각 개인의 쿤달리니 에너지는 일생 동안 그 사람의 내면에 잠재되어 있으나, 대부분의 사람들은 이것이 존재한다는 사실조차 자각하지 못한다고 알려져 있다.

"당신은 옳은 일을 한 거예요. 그때는 신과 온전히 하나가 될 시간이 아니었거든요. 아직은 당신의 운명이 아니었던 거지요. 모든 사람에게는 주어진 삶마다 그 삶에 맞는 운명이 있어요. 그 운명이 직선을 그리며 이루어지는 일은 드물고요. 사람의 운명은 그 사람의 혼이 동의한 바에 따라 펼쳐져요. 당신의 운명은 에고의 모든 측면과 그것이 당신의 감정, 정신을 가지고 하려는 게임이 무엇인지 샅샅이 탐색하는 것이었어요. 육체로 살아가는 동안 에고를 녹여내기 위해서요. 당신은 지금의 여정을 통해 지난 30년 동안 꾸준히 무조건적인 사랑을 배운 거예요."

"세상에! 그걸 배우는 데 정말 오랜 시간이 걸렸군요."

"아니에요, 전혀 그렇지 않아요." 헨리가 대답했다. "가슴을 자유롭게 하는 방법은 많고, 당신은 그 모든 방법을 깊이 탐구해왔어요. 그 시간 동안, 당신은 새어머니가 되어 아이들을 가장 우선으로 챙기는 방법을 배웠고, 진정한 엄마의 사랑이 무엇인지를 배웠어요. 용서와 너그러움, 무조건적인 사랑을 배울 수 있는 헌신적인 인간관계를 맺었던 거죠."

"잠깐, 바로잡을 게 있어요." 내가 헨리의 말을 끊었다. "난 아직 그런 자질들을 완전히 배우지 못했어요. 아직도 배우는 중이라고요."

"그건 그래요. 그렇지만 자신의 발전을 자축하는 것도 중요해요. 또, 당신은 그동안 스스로도 의식하지 못했던 방법을 포함해 수천 가지의 방법으로 주변 사람들에게 사랑과 도움을 줬어요. 그렇게 시간이 흐르면서 당신은 가슴을 자유롭게 해방시키는 더 깊은 방법들을 찾아냈고, 타인에게 하는 행동은 자신에게 하는 행동과 다를 것이 없다는 진실을 깨달았지요. 가슴을 자유롭게 하는 일의 중요성은 아무리 과장해도 지나치지 않아요."

"프라이버시를 중시하는 사람으로서, 이렇게 깊이 숨겨진 비밀을 드러내는 게 조금 어렵네요."

"사람들이 당신의 취약한 부분을 알도록 하는 건 당신이 자신의 정체성을 놓아버리는 데 도움이 돼요. 이건 보편지능과 의식적으로 하나가 되기 위해 필요한 과정이기도 해요. 자신이 숨기고 있는 상처나 비밀을 솔직하게 내보이겠다는 의지를 가지면 그 과정이 더 빨라지지요. 이는 비단 당신뿐만이 아니라, 모든 사람들에게 적용되는 말이에요. 에고를 강화하기 위해 자신의 이야기를 하는 것과 에고를 약화시키기 위해 자신의 이야기를 하는 것 사이에는 차이가 있어요. 당신은 둘 중 후자를 하고 있는 거고요."

"에고의 영향력을 약하게 만들기 위해 추천해줄 수 있는 다른 방법이 있나요?" 나는 헨리에게 물었다.

"길에서 벗어났을 때, 경각심을 가지고 자신이 길에서 벗어났음을 인식해야 해요. 그리고 노선을 수정하는 거예요. 이건 자연스러운 과정이니까 그저 당신이 지금까지 해온 대로 계속하면 돼요."

"나는 지금까지 많은 장애물을 겪어왔지만 그것을 잘 알아차리기도 했어요. 과거의 안 좋은 일을 떠올리게 하는 비슷한 사건이 있을 때면 대부분의 경우 긍정적 중립의 태도를 취했고, 부정적인 낡은 습관을 따라 행동하지도 않았죠."

"에고가 당신을 더 쉽게 통제할 수 있는 낮은 주파수의 영역으로 끌어내리려고 하는 거예요. 앞으로 나아가려면 의지력을 써야 해요. 또 당신이 붙잡고 있는 모든 신념, 역할, 가치, 인맥, 그리고 허례허식적인 모든 것을 놓아버려야 해요. 깨달음을 얻는다는 것은 불가능함을 명심하세요. 그건 신의 은총과도 같은 것이니까요."

"그러니까, 당신이 제안하는 모든 방법들을 다 시도해봐도 자기완성을 이루지 못할 수도 있다는 말인가요? 썩 좋은 동기부여 방법은 아닌 것 같은데요. 안 그런가요?"

"우리가 그동안 이야기했던 방법들을 통해 당신은 보편지능과 더 가까워졌어요. 자기완성에 집착하지 말고, 에고 중심적 상태일 때는 절대로 알 수 없는 우주의 타이밍에 모든 것을 맡겨야 해요."

"긍정적인 자질들에 대한 이야기는 여기까지인가요?" 나는 헨리의 말을 듣고 기분이 조금 진정되었다.

"긍정적이거나 부정적인 인생관과 신념으로 인해 만들어진 감정들을 느낄 때, 몸속에서는 생물학적이고 전기화학적인 변화가 일어나요. 이 감정들은 주파수를 높이거나 낮추고, 결국엔 자기완성의 경지에 당신이 더 가까워지거나 멀어지게 만들어요. 내일은 에고가 당신을 억압하고 신으로부터 분리되어 있다는 느낌을 가지도록 하기 위해 만든 사념체에 대해서 자세히 알아볼 거예요."

이 말을 끝으로, 헨리의 목소리는 점점 흐릿해졌다.

나의 가장 큰 목표였던 무조건적인 사랑을 훌륭하게 발달시키고 있다는 헨리의 피드백을 듣고 나니 힘이 났다. 우리는 연민이나 믿음, 의지력과 같은 자질이 부족하다는 약점을 깨닫고 최선을 다해 그 자질을 계발하려고 하기도 한다. 몇 년이 걸릴지라도 말이다. 그러는 동안 여러 장애물을 마주하고 용기가 꺾어버리기도 하는데, 이것은 자연스러운 일이다. 그렇기 때문에 우리가 진전을 이룬 부분에 대해서는 축하하고, 서서히 앞으로 나아가고 있다는 사실에 대해 낙천적인 마음을 가지는 것이 반드시 필요하다. 이번 생에서 자기완성을 이루지 못할지라도 말이다. 나에게 깊은 감명을 줬던 중국의 한 명언이 생각났다. '성공의 비결은 여섯 번 넘어지고 일곱 번 일어나는 것이다.' 자기완성을 향한 여정은 장기간의 노력이 필요한 길이다.

8장
당신은 홀로그램이다

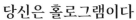

"당신의 모든 것은 지난 생각의 결과이다. 마음은 곧 모든 것이다.

당신이 생각하는 것이 곧 당신이 된다."

― 부처

다음 날, 자리에 앉아 내면에 정신을 집중하기 시작한 지 얼마 지나지 않아 헨리가 대뜸 나타나 오늘 하고 싶은 말을 쏟아내기 시작했다. "질문 하나 할게요." 그가 말했다. "이 세계가 실재한다고 생각하나요?"

"아니요. 이 세계는 환상이에요." 내가 대답했다.

"무슨 근거로 그렇게 생각하는 거죠?"

헨리의 질문을 듣는 순간, 이 세계가 환상이라는 사실을 깨닫게 됐던 경험이 떠올랐다. "몇십 년 전에," 내가 말했다. "뉴욕에 있는 홀로그램 박물관에 간 적이 있었어요. 안타깝게도 그 박물관은 1992년에 문을 닫았지만요. 그 박물관에서는 실물 크기의 3D 홀로그램으로 움직이는 사람들을 전시해놨었죠. 당시에 나는 홀로그램이라는 것을 들어본 적이 없었기 때문에, 그 이미지로부터 받을 충격에 대해 전혀 대비가 되지 않은 상태였어요. 실물 크기의 자전거를 타는 남자, 나에게 손 키스를 보내는 여자의 홀로그램을 찬찬히 구경하다 보니 우리 모두가 이 이미지들처럼 환상으로 가득한 홀로그램이고, 우리가 진짜라고 믿는 세계도 사실은 홀로그램이라는 걸 깨달았어요.

이 앎은 그저 이론적인 앎이 아니었어요. 다른 세계로 문을 열고 들어가는 것 같은 경험이었죠. 마치 500년 전 태양이 지구를 중심으로 도는 것이 아니라, 태양을 중심으로 모든 행성들이 회전한다는 사실을 처음 알게 되었을 때 사람들이 느꼈을 법한 그런 것이었어요. 이렇게 갑작스럽게 생각의 패러다임이 바뀌고 나면 과거의 신념은 두 번 다시 믿을 수 없어요."

"그렇다면 당신은 그런 '앎'을 얻고 나서 어떻게 변했나요?" 헨리가 물었다.

"그 깨달음을 얻은 후, 우리의 물리적 세계가 환상에 불과하다는 것을 다른 사람들에게 보여주기 위한 방법을 찾게 되었어요. 예를 들어서, 워크숍에서 수강생들에게 옆 사람을 만지게 한 후 그 사람이 고체인지 물어보는 거예요. 그러면 수강생들은 보통 그렇다고 대답하지요.

그런 다음에는 '그 사람은 무엇으로 만들어져 있냐'고 질문해요. 그러면 일반적으로 물 분자로 만들어져 있다는 대답이 돌아와요.

그러면 나는 다시, '물 분자는 무엇으로 만들어져 있냐'고 물어요. 이 질문에 대해서 대부분의 사람들은 공간이나 에테르라고 대답해요.

그런 대답을 듣고 나면, '모든 것은 99.9퍼센트 에테르로 만들어져 있다는 사실이 과학적 사실로 밝혀졌는데, 왜 다른 사람들이나 이 세상을 계속 고체로 보고 있나요?'라고 수강생들에게 질문하죠.

사람들이 이론적으로 옳다고 믿고 있는 것과 시각이나 촉각과 같은 물리적인 감각을 통해 인식한 것의 차이를 알려줘서 물리적 세계가 홀로그램이자 환영이라는 걸 알게끔 도와주려고 한 거예요."

"그래서 성공했어요?"

"잘 모르겠어요. 현실에 대한 우리의 시각이 변하기 전까지는 똑같은 내용이라고 하더라도 다른 방식으로 들어야 할 때가 있잖아요? 나는 의식을 연구하는 주류 과학계가 내가 겪은 것과 비슷한 패러다임의 전환을 이룰 수 있을지, 있다면 언제 이루게 될지를 관심 있게 지켜봐왔어요."

"그랬는데요…?"

"양자물리학자인 데이비드 봄David Bohm과 신경심리학자 칼 프리브람Karl Pribram은 우주와 우리의 두뇌가 홀로그램과 비슷한 특징을 가지고 있다고 이야기한 적이 있어요. 내가 앞에서 말한 앎을 갖게 된 때와 같은 시기였지요. 우리 모두가 각자의 전문 분야라는 필터를 통해 패러다임의 전환을 겪은 거예요."

"그건 우연이 아니에요." 헨리가 대답했다. "한 사람이 새로운 사실을 발견하면 그 사람은 다른 사람들이 따를 수 있는 사념체를 창조하게 돼요. 비슷한 생각을 하는 사람이 더 많아질수록 이 사념체의 힘은 강해지지요. 각각의 대형 사념체는 각기 다른 음, 톤, 주파수를 가지고 있는데, 그 사념체에 동조하는 사람들이 어떤 관심사의 필터를 가지고 있느냐에 따라 달라져요. 예를 들어, 만일 당신이 과학이라는 필터를 가지고 있다면 양자물리학, 수학, 천문학, 신경물리학과 같은 렌즈를 통해 어떤 것을 알아보려고 할 거예요. 반면에 영성이나 신비주의에 관심이 깊다면 명상, 영성 서적, 구루의 말을 통해 어떤 것을 알아보려고 할 거고요."

"과학은 근 50년간 눈부신 발전을 이뤄왔어요." 내가 대답했다. "하지만 우리의 현실과 우주에 대한 많은 주류 이론이 아직까지도 에고 중심적인 모델을 가지고 있어요."

"보편지능은," 헨리가 대답했다. "에고의 시야 너머에 있어요. 3차원 현실에 속해 있지 않은 의식으로의 근본적인 전환을 이루어야만 경험할 수 있지요. 과학은 물리적 우주의 방대함에 대한 증거는 가지고 있지만, 우주를 창조한 방대한 지성에 대한 앎으로는 도약할 수 없어요. 그 도약을 위해서는 물리적 우주가 수십억 개의 은하계로 이루어져 있고, 그 은하계는 수십억 개의 태양계로, 그리고 그 태양계는 수십억 개의 행성으로 이루어져 있다는 사실을 깊이 숙고해보기만 하면 돼요. 그런 우주를 창조하기 위해서는 얼마나 위대한 지성이 있어야 하는지 상상해볼 수 있도록 말이죠. 게다가 천문학자들이 보는 물리적 우주보다 아스트랄계(감정계) 우주와 원인계 우주는 훨씬 더 방대해요. 이 모든 것을 영원한 의식(eternal consciousness)이 통제하고 있어요."

"당신의 설명을 듣고 나니 보편지능이 얼마나 방대한지 알 수 있을 것 같아요. 하지만 그게 인간에게 어떤 영향을 주는 거죠? 지금 우리의 위치에서 보편지능과 재결합하기 위해서는 어떤 진화 단계를 거쳐야 하는 건가요?"

"지금," 헨리가 대답했다. "인류는 갈림길에 서 있어요. 인간은 에고의 최면에 걸려 물리적 세계가 실재한다고 믿고 있어요. 그러다 세계가 진짜가 아님을 이제야 믿기 시작한 거예요. 이런 통찰을 통해 인류는 자신의 생각이 현실을 만들었음을, 바꿔 말해서 자신의 생각으로 현실을 바꿀 수 있음을 깨닫고 있어요. 지금 대다수의 사람들은 이 통찰을 자신의 물리적 현실을 바꾸는 데만 쓰고 있어요. 에고가 '가지면 행복해질 것'이라고 속삭이는 좋은 것들을 현실로 끌어당기는 데만 쓰고 있다는 말이에요. 창조적인 시각화와 기도, 확언, 냉장고에 붙인 메모… 전부 훌륭한 기법들이에요. 이런 기법들을 사용해서 돈과 재산과 연인을 끌어들이는 거죠.

하지만 에고가 요구하는 것들을 아무리 갖다 바쳐도 행복해지지 않는다는 사실을 알게 되면, 결국 사람들은 에고의 거미줄에서 탈출하는 방법으로 관심을 돌리게 돼요. 이제는 그런 일이 점점 더 많이 일어나고 있고, 자유로워지는 사람들이 늘어나면서 다른 사람들이 따라올 수 있는 길이 더 넓어지고 있어요. 그들은 혼자가 아니에요. 이 과정을 헤쳐 나가게끔 보편지능이 그들을 돕고 있고, 그 에너지는 원인계와 아스트랄계에 스며들어 물리계까지 천천히 흘러 들어가요."

"당신이 말한 인류의 다음 단계가 좀 막연하게 느껴지는데, 혹시 우리가 완전한 창조자가 되기 위해 거쳐야 할 단계들을 자세히 말해줄 수 있나요?"

"물론이죠. 그게 도움이 될 것 같다면 말이에요."

"도움이 될 거예요. 내가 어떤 단계를 거쳐야 하는지 알고 싶거든요."

"지금으로서는," 헨리가 대답했다. "당신을 포함한 거의 모든 인간이 오직 물리계에서만 의식적이에요. 인간은 꿈을 꿀 때나 죽고 난 뒤 환생을 하기 전에 아스트랄계를 방문하는데, 그곳에서 완전히 의식적인 인간은 거의 없어요. 더 이상 물리적 세계에서 환생할 필요가 없을 정도로 높은 주파수의 의식을 가지기 전까지는 아스트랄계에서 오래 머무를 수 없어요. 인류가 이 단계에 들어서기 시작한 건 최근 들어서부터예요. 하지만 그렇다고 하더라도 부정적인 감정들을 전부 비워내기 전까지는 완전한 의식의 상태라고 말할 수 없기 때문에 아스트랄계에서 환생하기를 거듭해야 해요. 이 단계를 거치고 나면 부정적인 생각을 모두 변성시키기 전까지 원인계에 머무르게 되지요. 그리고 그다음에야 혼과 일치하게 되어 보편의식과 하나가 돼요."

"내가 잘 이해하고 있는 건지 모르겠는데, 당신의 역할은 인간이 잘못된 생각이나 감정들을 정화할 수 있도록 지시하고 가르쳐주는 것 아니었나요? 만약 그렇다면 우리가 육체에 머무르고 있을 때도 아스트랄체와 원인체를 정화하고 있는 거 아닌가요?"

"맞아요! 바로 그게 내가 하고 있는 일이에요."

"어마어마한 시간을 단축해주겠네요. 안 그래요?"

"내가 말하는 대로 잘 실천하면 그렇지요. 이론적으로 동의하는 것만으로는 부족해요."

"설명이 너무 복잡해요." 내가 말했다. "파라마한사 요가난다의 설명은 더 간단했어요. 그는 세 가지 의식 수준이 있다고 했어요. 에고는 일반적인 의식과 잠재의식 둘 다이고, 혼은 초의식에 해당해요. 요가난다는 우리가 그동안 '잠재의식'이라고 불러왔던 무의식의 여러 단계에 관해 설명했어요. 이 단계들 중 몇몇 의식 단계는 표면의식에 좀더 가까워서 약간의 노력만 하면 잠재의식에서 끄집어낼 수 있어요. 하지만 그 외의 의식 단계들은 훨씬 더 깊어서 완전한 무의식이라고 할 수 있죠. 예를 들어, 어떤 여성이 남편과 부부관계를 즐기는 것을 힘들어한다고 해보죠. 만약 그 여자가 알고 싶어하기만 한다면, 자신이 과거의 다른 연인과도 이런 패턴을 겪었다는 걸 쉽게 눈치챌 수 있어요. 하지만 더 깊은 수준에서 보자면, 그녀는 아버지에게서 당한 성적 학대가 이러한 문제의 기원이라는 사실을 의식하지 못하고 있어요. 무의식인 거죠.

내가 생각하기에는, 요가난다가 말하는 무의식-잠재의식적 주파수, 의식적 주파수, 혼의 주파수는 서로 영향을 주는 것 같아요. 그래서 (요가난다가 '의식적' 주파수라고 말했던) 깨어 있는 일상 속에서는, 우리 혼조차 더 이상 순수한 의식이라고 볼 수 없어요. 왜냐하면 그건 에고와 뒤죽박죽 섞여 있는 상태니까요. 결국 이 세 가지가 모두 섞여 있는 상태라고 볼 수 있지요.

그런데 궁금한 것이 있어요. 지금까지 우리가 나눈 이야기 중 에고가 많은 비중을 차지하는데, 이제는 주제를 좀 바꿔서 혼에 대해 이야기하는 게 어때요?"

"무엇이 알고 싶은데요?"

"우선은 혼에 대한 나의 정의가 맞는지 확인하고 싶어요."

"정의라면…?"

"나는 혼을 '보편의식이 개인의 형태로 반영되어 나타난 것'이라고 생각해요. 그리고 언젠가 우리의 혼이 사라지고 만물에 편재하는 보편의식만 남는 때가 올 거라고 믿어요. 우리에게 개인적인 정체성이 더 이상 필요 없어지면 그런 일이 일어날 거예요. 맞나요?"

"혼은 인간의 진화에 있어서 특정 단계가 되면 반드시 필요한 존재예요." 헨리가 대답했다. "혼, 다시 말해 초의식은 개인의 형태로 나타나는 의식이라고 할 수 있어요. 그리고 당신이 말한 것처럼, 더이상 혼이 필요 없어지면 그것은 사라지지요. 혼은 생각이라는 정신적 영역을 초월한, 직관적 앎의 영역에 있어요. 하지만 혼이 사라진다고 해서 인간의 여정이 끝나는 것은 아니에요. 깨달음의 단계는 아주 많거든요. 혼 의식(soul consciousness)을 넘어서고 나면 보편의식과 하나가 될 수 있어요. 이걸 그리스도 의식이라고 부르기도 해요. 깨달음의 최종 단계는 우주 의식(cosmic consciousness)*인데, 모든 생명체와 하나가 되면서도 그 존재를 뛰어넘어 신과 하나가 되는 상태를 말해요. 부처도 이 상태에 대해 언급한 적이 있지요."

"앞으로 가야 할 길이 멀다는 건 확실하네요." 나는 웃음기 없이 말했다.

---

* 캐나다의 저명한 정신의학자인 리처드 모리스 버크Richard Maurice Bucke가 처음 소개한 개념으로, '일반인이 가진 것보다 더 높은 형태의 의식'이라고 정의하고 있다. 붓다와 그의 초기 제자들은 이것을 '니르바나Nirvana'라고 불렀다.

"혼과의 유대를 더 강하게 만들어야 해요." 헨리가 말했다. "그렇게 하면 혼은 점점 에고로부터 해방될 거예요. 에고는 높은 주파수 영역대에서 존재할 수 없기 때문에 당신이 그 의식의 영역으로 진입하면 에고도 녹아 사라져요. 이렇게 되기 위해서, 아스트랄계와 원인계에 있는 부정적인 사념체와 긍정적인 사념체 얘기로 다시 돌아가볼까요?"

"계속 신경 쓰이는 점이 하나 있어요. 그렇다면 혼의 존재를 믿지 않는 무신론자들도 깨달음을 얻을 수 있나요?"

"타인을 포함한 모든 존재에 대한 연민을 실천하기만 한다면 신념과는 상관없이 혼의 주파수를 더 높일 수 있어요."

"사랑과 연민이 변화의 열쇠라는 이야기로 결국 다시 돌아왔네요. 무신론자들에게 그런 기회가 있다니 다행이긴 한데, 지금 기분이 좀 답답해요. 나는 당신이 알려주는 방법들 중 대부분을 직접 해보고 있는데, 아마 내가 성장하는 속도보다 달팽이가 더 빠를 거예요."

"당신 눈에는 느리게 보이겠지만, 당신이 선택한 것은 보리살타**의 길이에요. 다시 말해서, 자신뿐 아니라 다른 존재들이 깨어나도록 도와주는 길을 선택했다는 뜻이에요. 의식의 진동 주파수를 일정 수준 이상으로 유지할 수 있게 된 사람은 자신의 주파수를 올리면서 가족이나 그보다 더 큰 집단 무의식의 주파수도 동시에 올리게 돼요."

**　대승불교에서 깨달음을 구해 수도하는 중생, 수도자, 지혜를 가진 자로 묘사되는 인물. '보살'로도 알려져 있다.

헨리의 말에 나의 기분이 어느 정도 누그러졌다. "그러면 영적 변화를 이루기 위해 추천해줄 만한 다른 방법이 있나요?"

"깊은 명상을 규칙적으로 하는 게 중요해요. 높은 혼의 주파수 안에서는 에고가 존재할 수 없거든요. 명상을 깊게 하면 자신의 주파수를 높일 수 있을 뿐 아니라 선조의 주파수와 인류의 집단 무의식의 주파수까지 동시에 끌어올릴 수 있어요."

"그러면 명상을 통해 두려움을 연민 같은 다른 자질로도 바꿀 수 있나요?"

"전에도 이야기했던 것처럼, 모든 생각과 감정은 특정한 진동수를 가지고 있어요. 그러니 그것은 명상할 때의 생각과 감정에 달려 있다고 할 수 있지요. 에너지는 생각을 따르고, 그 생각의 동력이 되는 것은 감정이에요. 그러니 자신이 어떤 생각을 하고 싶은지 정하고 그것을 계발해가면 돼요."

"그러려면 예를 들어 친구나 선생님에 대한 감사가 거절에 대한 두려움보다 더 강해야 하는 거네요?"

"당신이 보기에는 어떤 것 같아요?" 헨리가 물었다.

"내 생각에는 긍정적인 감정이 점점 더 우세하게 될 것 같아요. 그게 의식을 깨우기 위한 길이니까요. 하지만 감사보다 두려움이 더 크다면 그 과정이 무척 더디게 이루어지겠지요."

"맞아요. 그럴 때는 어떻게 하면 긍정적인 감정을 더 강하게 만들 수 있을까요?"

"내 생각을 관찰하면서 부정적인 생각이 떠오를 때마다 의지력을 통해 그것을 긍정적인 생각으로 만들어야 해요. 그리고 내 삶에서 얼마나 훌륭하고 멋진 일들이 일어났었는지를 기억해야 해요. 이건 명상 중에 더 큰 효과를 낼 수 있어요. 명상을 할 때에는 일상 생활을 할 때보다 주파수가 더 높아지거든요. 그리고 이보다 더 좋은 것은 내가 하는 모든 일에서 긍정적 중립의 태도를 유지하는 거예요.

그런데 잠깐만요! 이미 이렇게 하고 있는데, 충분하지 않다는 생각이 들거나 뭔가 잘못하고 있다는 생각이 들면 어떻게 하죠?" 나는 갑자기 혼란스러워졌다.

"아직 부족하다거나 제대로 하고 있는 게 아닐지도 모른다는 의심은 에고가 만드는 거예요." 헨리가 대답했다. "이런 생각은 사실 인류의 집단 무의식 속에 있는 거대하고 강력한 사념체지요. 베다를 기록한 자들이자 대자유를 이룬 스승들인 리시Rishi*들은 이런 사념체를 '산스카라sanskara'라고 불렀어요."

"그런 강력한 사념체들이 어떻게 만들어지는지, 어떻게 하면 그것을 없앨 수 있는지 더 알려주세요."

"인류 진화의 오랜 역사 속에서," 헨리가 설명을 시작했다. "인간은 오래된 사상이나 신념을 버리면서 진화해왔어요. 이런 오래된 사상들은 사념체를 만들고, 이 사념체는 주파수에 따라 육체나 감정체, 정신체 속에서 살아가요. 이런 사념체들은 에너지 값(electric charge)을 지니고 있는데, 이 때문에 몸의 지능은 계속해서 당신의 몸속에 이것들을 프로그램해 넣어야 해요. 당신이 그 사념체를 만

---

* 힌두교의 선인들 중 하나. 속세를 떠나 고행을 한 결과로 진리를 깨우치고 불사의 경지에 도달했으며 현존하는 모든 베다의 문헌을 기록한 자들로 알려져 있다.

든 생각을 완전히 놓아줄 때까지요."

"그런 사념체들은 에고와 무슨 관련이 있는 건가요?"

"에고는 이 집단 사념체(산스카라)의 에너지를 사용하는, 사념체 중에서도 가장 우선시 되는 사념체예요."

"산스카라의 예를 들어줄 수 있나요?"

"산스카라는 사람들이 수백만 년 동안 똑같은 생각을 반복적으로 하면서 에너지를 공급해준 기억이라고 할 수 있어요. 예를 들어 욕망, 혐오 등과 같은 집착과 두려움이 산스카라에 에너지를 공급하지요.

어떤 산스카라는 마음, 정신체와 관련되어 있는데 이런 경우 머리 쪽에 위치해 있어요. 이것들은 종교적이고 사회적인 관습, 율법과 온갖 종류의 동기 요소가 다른 더 높은 산스카라로 대체된 것이에요. 예를 들어, 전에도 이야기했던 것처럼 구약성서의 관점에서 본 복수심에 불타는 신은 신약성서의 관점에서 본 자애로운 신으로 대체되었죠. 물병자리의 시대에서 이런 시각은 '당신이 곧 신'이라는 새로운 시각으로 바뀌게 될 거예요."

"나나 다른 사람들이 곧 신이라는 당신의 주장을 들으면 많은 사람들이 펄쩍 뛸걸요." 내가 말했다. "신성 모독이라고 생각할 법한 사람들이 몇몇 떠오르네요."

"그건 그래요." 헨리가 대답했다. "높은 주파수에 있는 새로운 사념체가 오래된 사념체를 밀어내기까지는 수백 년, 심하면 수천 년이 걸리기도 하니까요."

"이런 영적 사념체와 정신적 사념체가 바로 우리가 없애야 하는 주요 사념체들인가요?"

"아니요, 전혀 그렇지 않아요. 없애야 하는 건 부정적인 사념체예요. 긍정적인 사념체일지라도 감정체에 안 좋은 영향을 주는, 자신의 가치에 대한 개념과 느낌은 비워야 해요. 여기에 딱 들어맞는 예시는 남에게 너그럽고 도움이 되는 사람이 되어서 사랑을 얻어내야 한다는 기분이에요. 이런 사념체들은 대개 머리와 가슴 쪽에 모여요."

"당신의 말처럼 정신체와 감정체 속에 깃든 사념체들 중 일부가 긍정적이라면, 왜 그런 사념체를 없애야 하나요?" 나는 이해하기가 힘들었다.

"모든 사념체는 환상이에요. 에고는 당신을 계속 통제하기 위해 그 사념체에 달라붙고요. 긍정적으로 보이는 사념체에도 말이에요. 그러니 모든 환상을 없애야 해요. 당신이 혼의 주파수로 옮겨가게 되면 자신이 분리되어 있다는 환상은 녹아버리고, 당신이 언제나 보편의식과 하나였으며 지금도 그렇고, 앞으로도 영원히 그럴 거라는 사실을 알게 돼요."

"그렇군요. 그런데 아까 사념체는 우리 몸의 상체 쪽에 달라붙는다고 말했는데, 그보다 더 낮은 부위에 달라붙는 사념체도 있어요?"

"몸의 중간 부분에는 증오, 두려움, 분노, 이기심, 소유하려는 사랑과 같은 파괴적인 감정과 스스로 고통을 주게끔 만드는 사념체들이 달라붙어요.

그리고 엉덩이와 등 아래쪽 주변에는 에테르체나 육체에 안 좋은 영향을 주는 사념체들이 모여요. 자기보호, 성욕, 과시욕, 자신이 보편의식으로부터 분리되어 있다는 신념 같은 본능적인 두려움이지요. 마지막으로 발 주위에는 인간이 물리적으로 움직이거나 행동하지 못하도록 만드는 사념체들이 모여요."

"이렇게 많은 산스카라들이 나를 무겁게 짓누르고 있는데 지금처럼 돌아다닐 수 있다는 게 기적이군요." 내가 투덜거렸다. "당신이 보여주는 그림이 그다지 희망적이지는 않은 것 같아요. 부정적인 사념체는 그렇게 줄줄 잘 읊으면서, 정작 그걸 해결할 수 있는 뾰족한 방법은 말해주지 않잖아요?"

"그렇게 조바심 내지 마세요." 헨리가 말했다. "해결할 수 있는 방법은 다음에 만났을 때 알려줄게요."

"오늘 대화만 하더라도 내용이 엄청나게 많았어요. 머리가 터질 것 같아요." 내가 헨리에게 말했다.

"이해해요. 하지만 당신과 인류가 어디를 향해 가고 있는지, 그곳으로 어떻게 가야 할지 큰 그림을 그리는 건 정말 중요한 일이에요. 당신 개인의 인생에 국한해서 말하는 건 상당히 제한적이에요. 물론 두려움, 부정적인 신념, 의식을 성장시키는 데 필요한 긍정적인 자질들에 대해 이야기할 수도 있겠지요. 하지만 나는 당신이 자신의 운명 전체에 대한 더 큰 그림을 보고 우리가 지금 하고 있는 일이 왜 중요한지 이해했으면 해요."

이 대화를 끝으로 나는 헨리가 한 말을 되새겨봤다. 내가 사념체라고 부르곤 했던 산스카라에 대한 헨리의 정의를 다시 생각해보니, 에고는 나를 통제하기 위해 약한 사념체들을 사용하는, 모든 것 위에 군림하는 사념체라는 사실이 보이기 시작했다. 에고가 어떤 존재인지 깨닫고 나니 내가 에고로부터 조금씩 자유로워지고 있다는 강한 직감이 느껴지기 시작했다. 이런 자각 덕분에 에고는 점차 흐려지고 있었고, 나는 성격의 그릇에 더 많은 혼의 주파수를 담을 수 있게 되었다. 나의 직감에 대해 헨리와 이야기하게 될 다음 시간을 생각하니 몹시 설렜다.

9장

못된 에고

"태양을 향해 서 있으면 그림자는 당신의 뒤쪽을 향해 드리워진다."

— 마오리족 속담

머칠간 나는 헨리가 말했던 것은 물론, 그가 말하지 않은 것까지 깊이 생각했다. 나는 여전히 나의 핵심적인 산스카라(사념체)가 무엇인지 궁금했다. 모든 대화는 에고가 문제라고 말하고 있었다. 하지만 내가 보기에 우리 대화는 계속해서 같은 자리를 빙빙 도는 것 같았다. 얼핏 보기에는 앞으로 나아가는 듯 보이지만 정작 핵심 문제는 비껴가는 그런 느낌이었다. 무슨 수를 쓰지 않으면 분명 에고는 나의 의식의 정원에서 잡초처럼 계속 자라날 것이다. 하지만 내가 해보지 않은 것들 중에서 새롭게 시도해볼 만한 방법이 뭐가 있을까? 나는 이 분야의 전문가에게 물어보기로 했다.

"에고에 대해 더 자세히 알아야겠어요. 지피지기면 백전백승이라는 말도 있잖아요." 헨리가 나타나자 내가 물었다.

"그런 태도로는 절대로 승리할 수 없을걸요." 헨리가 딱 잘라 말했다. "에고를 당신의 적이라고 생각하는 건 에고를 친구로 여기는 것만큼이나 큰 집착이에요. 중립적인 태도를 가지고 에고를 객관적으로 받아들여야 그것에 에너지를 빼앗기지 않을 수 있어요. 에고를 향한 끌림뿐 아니라 반감 역시 에고의 중요한 자양분이 되거든요."

"하지만 에고가 나를 환상 속에 가둬놓고 의식을 깨우기 위한 길목에서 떡하니 버티고 서 있다는 걸 안 이상 그런 태도를 가지기가 힘들어요. 당신이 도와줄 수 있나요?"

"내가 당신을 대신해서 에고를 없애줄 수는 없어요. 그렇게 할 수 있는 건 자기 자신뿐이니까요. 대신, 나는 에고가 무엇인지 자세히 알려줄 수 있어요. 그러면 당신은 에고가 어떻게 당신을 환상 속에 가둬놓는지 더 잘 알 수 있을 거예요."

"좋아요. 그럼 그걸 알려주세요."

"당신이 현생에서 하는 모든 생각과 행동, 느끼는 모든 감정은 다음 생을 프로그램할 때 기준이 될 에너지 자취(energy footprint)를 남겨요. 그리고 당신이 환생할 때 에고는 이 에너지를 사용해서 당신을 통제하는 사념체를 만들어요. 게다가, 모든 인간이 가지는 생각과 감정, 두려움과 욕망은 전부 비슷하기 때문에 독특한 개성이라거나 에고, '나(me)'라는 것은 사실상 없는 셈이지요. 에고는 당신의 욕망, 상처, 인생 각본을 쥐락펴락하는 사념체들의 집합체이고, 그것은 당신이 생각하는 자신의 모습을 만들어요. 하지만 여기에는 개인의 정체성이라는 것이 없어요. 당신은 자신을 독특한 개인이라고 여기지만, 사실 당신이 자신과 타인의 차이점이라고 인식하는 것들은 그저 에고가 인간들을 프로그램하기 위해 사용하는 여러 형태의 사념체일 뿐이에요. 그러니 꿈에서 깨어나 환상으로부터 자유로워져야 해요."

"최근의 나를 생각해보면 의식이 진화하고 있다는 느낌이 드는데요. 당신 말대로 정말 내가 특별하지 않다면, 내가 성장하고 있다는 느낌은 잘못된 거였나요?" 나는 헨리의 말을 듣고 혼란스러워지기 시작했다.

"환상이 가득한 이 현실에서 당신이 진화할 수 있는 이유는 당신의 카르마, 의지력, 헌신 그리고 긍정적인 태도 덕분이에요. 이것들은 더 높은 주파수의 사념체를 끌어들이고 당신과 혼의 유대를 더 강하게 만들거든요. 하지만 더 상위에 있는 사념체라 해도 여전히 환상에 불과해요. 그리고 그런 사념체를 가진 채 에고를 뛰어넘어 깨달음을 얻는다는 것은 불가능한 일이고요. 에고, 다시 말해 '나(me)'라는 것은 동물적 본성에서 진화한 것이고, 영원한 '나(I)'나 참나가 아니에요. 에고는 두뇌를 통해 작동하기 때문에 그 자신의 인식 범위 안에서만 힘을 발휘해요. 에고는 당신이 생각하는 마음이나 정신체와 같을 수도 있지만, 감정체나 육체에 스며들기도 해요. 이 세 가지 신체는 형상계에 갇혀 있는데, 모든 형상이 환상이에요.

에고는 후각, 촉각, 시각, 청각, 미각으로 물리계를 인식해요. 이런 감각들을 느끼고, 이에 대해 좋거나 싫다는 감정으로 반응하지요. 마음은 자신이 인식한 것을 에고를 통해 이해하고, 종교와 가족과 환경에 의해 만들어진 과거의 경험에 기초해서 어떤 태도를 취해요. 인간 역시 동물이기 때문에 에고는 여러 상황이나 사람들을 위협적인 것 아니면 매혹적인 것으로 받아들여요."

"내가 에고의 귀로 듣고 있다는 걸 생각해보면, 당신이 하는 모든 말은 내 프로그램의 검열을 거쳐 들어오고 있는 셈이네요. 그러면 어떻게 해야 에고의 통제에서 벗어날 수 있나요?" 내가 헨리의 말을 끊고 물었다.

"당신은 이미 거기서 벗어나려고 여러 가지 방법을 연습하고 있어요. 어떤 일이 일어났을 때, 에고가 그 일을 해석하기 전까지는 시간이 잠시 정지된 것처럼 느껴지는 내면의 지점이 있어요. 긍정적 중립의 태도를 유지하며 집착을 전부 버린 채 에고의 게임을 목격하다 보면, 혼의 목소리에 귀 기울일 수 있는 이 일시 정지된 상태를 더 길게 만들 수 있어요. 이뿐 아니라, 긍정적 중립 상태에 있을 때 에고는 아무런 에너지도 받을 수 없어요. 에고의 힘을 약하게 만들 수 있는 거죠. 이걸 연습할수록 에고는 더 약해질 거고, 당신은 보편의식과 더욱 조화롭게 공명할 거예요. 잊지 마세요, 에고는 계속 당신을 통제하려고 온갖 수단과 방법을 다 동원할 거예요. 에고의 모든 전략은 자신의 생존을 보장하기 위한 전략들이고요. 눈에 뻔히 보이는 수법이 사용되는 게임도 있고, 자신도 모르게 미묘하게 이루어지는 게임도 있을 거예요. 의식적인 존재가 되어갈수록, 당신은 눈에 뻔히 보이는 에고의 게임을 피하는 법을 배우게 될 거고 대부분의 주의를 무의식적인 패턴을 발견하는 쪽으로 쏟게 될 거예요."

"그게 바로 내가 요즘 하고 있는 거예요. 하지만 고르디우스의 매듭 같아요. 엉킨 매듭을 풀었다는 생각이 들자마자 또 다른 매듭이 나타나거든요. 가장 최악인 건 언제 어떤 게 나타날지 도무지 알 수 없다는 거예요. 어떤 문제에 대해 진전을 좀 이루는가 싶으면 그 느린 진전마저 멈춰버리거나 아예 후퇴할 때도 있어요."

"훌륭해요!" 헨리가 감탄했다. "그게 바로 진전이에요. 무슨 일이 일어나고 있는 건지 머리로는 이해할 수 없다고 하더라도, 이런 변화의 과정에 몸을 맡기는 것이 포인트예요. 이 흐름을 믿고 허용하면서 그 변화의 과정을 계속 따라가보세요."

"하지만 내가 얼마나 많은 유혹에 시달리는지 당신은 상상조차 할 수 없을걸요. 화장실에 가고 싶거나, 배가 고파지거나, 손톱을 물어뜯고 싶거나, 커피 생각이 간절해진다거나, 전화나 이메일에 회신해야 한다거나, TV를 보고 싶고, 낮잠을 자고 싶다는 생각도 엄청나게 든다고요. 하나를 해결하고 나면 또 다른 유혹이 생겨요. 모두 나를 방해하려는 수작인 건 알고 있고, 나도 이런 유혹에 굴복하는 내 모습을 관찰하고 있어요. 이런 방해 요소들 대부분은 육체적인 것들이지만, 가끔 감정이 파도처럼 올라갔다 내려갔다 할 때도 있어요. 처음엔 만족스러웠다가 이후에는 부끄럽다고 생각하게 되는 거지요. 특별한 이유도 없이 말이에요. 마치 모든 감정들이 제멋대로 날뛰는 느낌이에요. 어떻게 생각해요?"

"육체적이나 감정적인 유혹에 굴복했을 때 죄책감을 느끼거나 우울해진다는 말인가요?" 그는 나의 질문에 다시 질문으로 답했다.

"평소에는 안 그래요. 에고가 원하는 대로 할 때도 있지만, 그것을 거부하고 내가 느끼는 육체적 느낌이나 감정을 지켜보기도 해요. 최근에는 이걸로 실험도 하고 있어요. 여기에는 정답이나 오답이 없는 것 같아요. 오히려 에고가 원하는 것을 들어주든 들어주지 않든 모두 허용하고 관찰하는 쪽에 가깝죠."

"더 단호하게 에고의 요구를 거절하는 방법도 고려해봤어요?"

"네. 하지만 나 같은 사람에게는 적절하지 않은 방법인 것 같아요. 뭐, 누군가에게는 그 방법이 맞을 수도 있겠지만요. 나는 양의 기운이 강하고 심지도 굳은 편이기 때문에 조금 더 부드러워지고 음의 기운을 더 많이 보충해야 할 필요가 있다고 생각해요. 내가 잘못 생각한 걸까요?"

"음의 기운을 가지면서도 얼마든지 에고의 요구를 거절할 수 있어요." 헨리가 단호하게 말했다. "그래도 몸의 지능과 효율적으로 일하기 위해서는 '존재하기'와 '하기', 즉 음과 양의 균형이 반드시 필요하다는 당신의 생각은 맞아요. 음과 양은 몸 안의 전류를 만드는 음극과 양극이에요. 그리고 이것을 통해 변화가 이루어지지요. 현대인들은 양의 특성인 '하기'를 선호하지만, 반대로 음의 특성인 '존재하기'에는 그다지 우호적이지 않아요. 하지만 음과 양의 균형을 맞추면서 두 특성을 고르게 사용하는 것이 중요해요. 어느 한쪽이 과도하면 균형이 무너져 긴장감이 생겨버리고, 결국 육체, 감정체, 정신체의 에너지가 막혀버릴 수 있어요. 에너지가 의식과 조화를 이루며 흘러가도록 만들기 위해서는 음과 양 모두를 골고루 사용해야 해요."

"내가 음의 특성을 더 발달시키면 나의 혼이 에고를 없애는 데 도움이 될까요?"

"그래요." 헨리가 대답했다. "변화의 과정을 받아들이고 거기에 몸을 맡기면 안전, 사랑, 성공 등을 위해 고집해왔던 오래된 패턴과 집착을 버릴 수 있어요. 이런 태도가 에고의 통제를 깨뜨리는 거죠. 가장 궁극적인 집착은 — 당신뿐 아니라 모두에게 해당하는 거예요 — 죽음에 대한 두려움이고, 에고가 벌이는 모든 게임은 자신의 생존을 보장하기 위한 것들이지요. 사무라이처럼 에고를 파괴하거나 정신력으로 승리하려고 애쓰지 않아도 돼요. 그렇게 해봤자 어차피 효과도 없을 거예요. 에고는 당신의 생각이 만들어낸 산물이니까요. 그저 당신의 정체성과 함께 에고를 놓아주면 돼요. 사랑을 하며 삶을 살아보세요. 자신과 타인에 대한 연민을 키우고, 모든 생명의 영원한 원천에 몸을 맡기세요. 그렇게 하면 에고의 힘을 약하게 만들 수 있어요. 에고-성격은 육체와 마찬가지로 3차원 현실에서는 유용한 도구이지만, 더 높은 혼의 주파수에서는 둘 다 사라져버린다는 사실을 반드시 기억해야 해요.

절대로 억지로 무언가를 해서는 안 돼요. 에고는 힘겨루기라면 사족을 못 쓰고, 양의 감정인 분노, 자만, 불만은 그런 에고에 불을 지피기만 할 거예요. 자기완성이라는 최종 목적을 위해 꾸준히 노력하면서, 좀더 부드럽고 음의 기운에 가까운 기법들을 활용해 에고를 녹여보세요. 때가 되면 효과가 나기 시작할 거예요. 에고는 당신의 생각들 속에서 가장 활개를 치지만, 사랑의 힘은 그 정신계를 초월하니까요."

"당신이 말하는 '사랑'이라는 건 무슨 뜻인가요?" 내가 물었다.

"여기서 사랑은 보편적인 사랑을 말해요. 모든 존재를 사랑하고, 지구를 사랑하고, 역사상의 모든 스승들과 성자들을 사랑하는 거예요. 모든 존재를 자기 자신처럼, 그리고 자신이 모든 존재인 것처럼 사랑해야 해요. 이 사랑의 근원이 절대자이자 영원한 원천이라는 사실을 보고, 느끼고, 깨닫는 거예요. 헌신하는 마음으로 모든 생명체를 사랑하면 가슴이 열릴 거예요. 사랑이 커지면 주파수도 점점 높아지죠. 이렇게 높아진 사랑의 주파수는 에고의 통제를 받는 생각들이 머무는 정신계를 넘어설 수 있어요."

"정신계에서 에고로 인해 만들어진 잘못된 생각에는 어떤 것이 있나요?"

"가장 대표적인 예가 바로 천국이 있다는 신념이에요." 내 질문이 끝나기가 무섭게 헨리가 대답했다. "에고는 죽음을 두려워하기 때문에, 죽음을 초월해 여러 모습의 천국에서 사는 것에 대한 집착을 만들어냈어요. 어떤 종교를 믿는지에 따라 천국은 미녀들이 춤을 추는 곳이 될 수도 있고 천사들이 머무는 곳, 최상의 행복이 있는 곳이 되기도 해요. 하지만 대부분은 아스트랄계의 특정 주파수 대역에 지나지 않아요. 아스트랄계는 다양한 모습의 천국과 지옥이 존재하는 곳이에요. 그것 역시 에고가 만들어낸 환상의 일부지요. 이 환상은 낮은 원인계의 정신계에서 시작돼요. 당신이 자신의 정신이라고 간주하는 그곳에서요. 하지만 전에도 말했던 것처럼, 당신의 정신은 사실 에고예요."

"하지만 원인계는 혼이 머무르는 곳이라고 생각했는데요. 어떻게 에고와 혼이 같은 영역에 존재할 수 있는 거죠?" 혼란스러워진 내가 물었다.

"혼은 원인계의 높은 주파수 영역대에 있고, 에고는 원인계의 낮은 주파수 영역대에 있어요. 원인계는 형상계의 일부이기 때문에 둘 다 더 높은 영계에서는 사라진다는 사실을 잊지 마세요. 자유는 개인적인 자아를 넘어서는 일이에요. 자신만의 개인적이고 영원한 혼을 가지겠다는 생각을 포기하는 것은 영적 구도자들이 가장 받아들이기 어려워하는 것이기도 해요."

"하지만 혼이 깃든 성격을 가질 수 있다는 생각이 나의 영적 여정 속에서 많은 힘이 되었는데요." 나는 '내(my)' 생각을 버리기 싫어서 불쑥 헨리의 말에 끼어들었다.

"여기에서 포인트는 '성격(personality)'이라는 단어예요. 이건 에고의 다른 말이기도 해요. 어떤 단계에서는 혼이 깃든 성격을 가지는 게 도움이 될 수 있어요. 하지만 당신은 이제 그런 단계를 넘어섰어요. 그 단계에 머무르고 싶다는 생각을 버려야 해요."

"투덜대는 것처럼 들릴 수도 있겠지만, 그렇게 해서 내게 뭐가 남는데요?" 내가 물었다.

"잠들어 있는 상태에서는 깨어난다는 것이 어떤 것인지 이해하기 어려울 거예요. 그건 육체적, 감정적, 정신적인 것을 넘어서는 상태니까요. 물론 동시에 이 모든 상태를 포함하고 있기도 하고요."

"모호해요. 설명이 너무 모호해요." 나는 놀랍지도 않다는 듯이 말했다.

"알겠어요. 다시 설명해볼게요. 나비는 애벌레와 완전히 다르지만, 애벌레였던 시절이 없었다면 나비도 존재할 수 없어요. 애벌레에서 나비가 되기 위해 번데기 속의 자신을 흡수해야만 했다는 사실을 기억하는 것은 나비에게 반드시 필요한 일이죠. 에고가 발달한 인간은 진화 과정 속에서 애벌레 단계에 있는 거나 다름없어요. 깨어난 인간이 되기 위해서는 과거의 집착과 사념체를 없애야 해요."

"아까보다는 명확해진 것 같은데, 더 자세하게 설명해주면 고맙겠어요."

"지난번에 깨달음의 단계에 관해 이야기했던 것 기억하나요? 이건 아주 중요한 내용이니, 그때의 개념을 사용해서 설명해볼게요." 헨리는 잠시 멈추고 내가 동의할 때까지 기다렸다.

나는 그가 이전에 말했던 내용을 되풀이하는 것이 자기완성에 관한 개념을 더 잘 이해하는 데 그다지 큰 도움이 될 것 같지 않았다. 하지만 그런 생각을 버리고 헨리에게 온전히 집중하기로 했다.

"첫 번째 단계는," 헨리가 천천히 설명을 시작했다. "자기완성, 깨달음, 깨어남의 단계라고 하는데, 이 단계는 물리적 세계가 단지 보편지능이 만들어낸 꿈과 환상에 불과하다는 사실을 깨달았을 때 시작돼요. 이런 경험은 당신이 믿고 있는 어떤 이론 같은 것이 아니라 당신의 실제 현실로 다가와요. '깨달음'을 얻었다고 말하는 사람들 중 대부분이 이 단계에 있어요. 여기에서는 더 이상 육체의 형태를 가지고 환생할 필요가 없어지지요. 하지만 모든 감정이 의식과 조화를 이룰 때까지 아스트랄체로 계속 환생해야 해요."

"질문이 있어요." 헨리가 다음 말을 하기 전에 내가 끼어들었다.

"자기완성이 완전히 이루어지지 않고 조금만 이루어질 수도 있나요?"

"그러면 조금만 임신할 수 있나요?" 헨리가 반박했다.

"그 예시를 바꿔 말하면, 임신 9개월째이고 아직 출산을 하지 않았을 수도 있잖아요? 그게 자기완성을 이룬 것과 아직 하지 않은 것의 차이로 보기에 더 좋은 예시 아닐까요?"

"좋은 지적이네요. 어떤 점에서는 맞는 말이기도 하고요. 당신의 예시를 빌려 설명해볼게요. 자기완성을 위한 진화의 단계에서 인간은 수도 없이 환생하게 돼요. 당신은 지금 출산이 임박한 시기에 들어왔기 때문에 영혼의 어두운 밤을 경험하고 있어요. 당신은 애벌레 단계를 지났고, 번데기 단계에 들어서서 자기 자신을 소화시키고 있는데, 그게 지금 우리가 하고 있는 일이에요. 나비가 될 준비를 하고 있는 거죠. 바로 이 번데기 단계가 임신과 같아요. 실제로 번데기 단계는 일련의 여러 생들을 거치는 동안 일어나고, 그러는 동안 당신은 세상에서 자신의 기능을 하며 천천히 나비의 모습을 갖춰가요. 이 생애들 동안 임신 2개월, 6개월, 8개월로 점차 나아가는 거지요. 번데기 단계에서 당신은 부분적으로 나비이지만, 새롭게 변화한 존재로 다시 태어날 준비는 아직 되지 않았어요."

"당신의 설명을 들으니 이해가 되네요. 왜 때로는 자기완성을 향한 돌파구를 찾았다는 느낌이 드는데 그 단계에 오래 머물지 못하는지 알 수 있을 것 같아요. 자기완성이 어떤 건지 잠깐 들여다본 적이 있는데 말이에요. 아스트랄계에 대해서 더 이야기해줄 수 있나요? 그게 변화의 다음 단계니까요."

"아스트랄계는," 헨리가 설명을 계속했다. "꿈속에서 방문하거나 환생하기 전에 머무르는 영역이에요. 이곳에서는 물리계에 있을 때보다 생각과 감정이 현실을 창조하는 속도가 훨씬 더 빨라요. 아스트랄계에서는 이미 고인이 된, 사랑하는 사람을 만나거나 그 영역에 대해 가르침을 주는 영적인 존재를 만나 무언가를 배울 수 있어요. 이때 얻은 가르침의 효과는 일상 생활에도 영향을 미쳐서 당신의 변화를 촉진시키기도 해요"

"질문이 하나 더 있어요. 자기완성을 이루지 못했더라도 아스트랄계를 방문할 수 있나요?"

"가능은 하지만, 자기완성을 이루지 못했다면 아스트랄계는 안개가 낀 것처럼 뿌옇고 희미하게 보일 거예요. 그건 당신의 현실이 아니니까요. 잠에서 깨어나거나 또 다른 육체를 얻어 환생하게 되면 그곳에서 경험했던 것들 중 대부분을 잊어버릴 거예요. 하지만 자기완성을 이뤘다면 물리계에 있을 때처럼 아스트랄계에서도 의식적일 수 있어요. 그리고 그 영역에서의 부정적인 감정이 전부 정화될 때까지 그곳이 당신의 세계가 되지요."

"그런데 당신이 알려준 방법들은 내가 지금 당장 부정적인 감정을 정화할 수 있는 방법들이잖아요? 그 말이 사실이라면, 그건 내가 자기완성을 하고 나서 아스트랄계에서 환생했을 때 해야 하는 일들 아닌가요?"

"나는 당신이 지금 당장 육체와 감정체(아스트랄체), 원인체 모두를 정화하도록 도와주고 있는 거예요. 감정체와 원인체를 정화할수록, 자기완성을 이루었을 때 자기완성의 더 높은 단계에 들어설 수 있어요. 그때가 되면 아스트랄계와 원인계에서 더 이상 정화할 것이 없을 테니까요."

"환상적인데요! 그게 몸의 지능이 하는 일인가요?"

"그래요."

"그렇다면 당신과 함께하는 게 영적 성장에 있어 가장 효율적인 방법이겠네요?"

"확실히 가장 효율적인 방법 중 하나이기는 하지요. 그게 내가 나를 몸의 영이라고 지칭하는 이유이기도 하고요. 하지만 일단은 더 들어봐요. 아직 설명할 게 더 남아 있어요."

"미안해요. 계속해보세요."

"아스트랄계에서의 환생 과정이 모두 끝난 다음에는 원인계에서 환생하는 과정이 남아 있어요. 이 과정은 개체로서의 모든 자기 규정을 전부 놓아줄 때까지 계속돼요. 원인계에서는 혼이 사라지고, 더 이상 그 어떤 형태도 필요하지 않게 돼요. 그러면 보편의식과 하나가 되는 거예요. 아스트랄계와 원인계에서 이루어지는 최종적인 환생은 보통 물리계에서 일어나는 환생보다 그 과정이 훨씬 짧아요. 보편의식과 온전한 하나가 되고 싶다는 열망이 강렬하고, 분리 상태에 대한 지각도 선명하니까요. 이제 확실하게 이해되나요?" 헨리가 물었다.

"각 단계에 대한 설명을 잘해줘서 정말 고마워요. 당신이 말한 걸 이론적으로는 이해할 수 있는데, 자기완성이 정확히 무엇인지 완전히 이해하는 건 쉽지 않네요. 깨달음을 얻은 사람들이 쓴 놀라운 책을 읽어도 보고, 그런 사람들에 대한 믿을 수 없는 이야기를 들기도 했는데 그들이 묘사하는 깨달음의 상태라는 게 무엇인지 이해하는 건 아직도 어려워요. 솔직히 말하면 너무 막연한 것 같아요. 이런 질문을 하면 바보 같아 보일 수도 있지만, 깨어난 상태라는 게 구체적으로 어떤 점에서 좋은 건가요?"

"고통과 고난을 피할 수 있다는 거죠. 고통이 크면 클수록 고통에서 벗어날 수 있다는 장점은 더 크게 느껴질 거에요." 헨리가 대답했다.

"일리 있는 말이네요. 부처도 환상과도 같은 이 세상의 것들에 대한 집착이 모든 고통의 근원이라고 말한 적이 있지요."

"깨어난 의식에 '대해서' 알 수는 없어요. 그저 깨어난 의식의 상태를 경험을 통해 알 수 있을 뿐이죠." 헨리가 대답했다. "하지만 자기완성을 이룬 사람이 물리적으로 눈앞에 있거나 그렇다고 상상하면서 그의 말을 듣거나 글로 읽는다면 주파수를 높일 수 있어요. 그러면 더 빠르게 깨달음을 얻을 수 있죠."

"운이 좋게도 나는 자기완성을 이룬 사람들을 만날 기회가 많이 있었어요. 나는 그 사람들 각자에게서 어떤 현존을 느꼈고 그들이 지닌 독특한 재능까지도 알 수 있었지만, 옆에 있는 나까지도 변성 의식 상태(altered state)*로 끌어올릴 정도로 유독 에너지가 강한 사람이 한 명 있었어요. 프랭클린 머렐울프Franklin Merrell-Wolff라는 사람이었는데, 그를 만났을 때 나는 30대였고, 그는 80대였어요. 그에 관한 책이나 그의 저서는 한 번도 읽어본 적이 없었기 때문에 아무

---

* 깨어 있을 때와 다른 의식 상태로서, 최면이나 삼매(명상을 통해 도달할 수 있는 평온한 내면의 상태), 또는 특이한 능력을 발휘할 때의 상태를 일컫는다.

기대도 없었죠. 하지만 그와의 만남은 정말로 신선했어요. 그 사람의 현존 속에서, 나는 말 한마디 내뱉을 수조차 없는 비물리적 상태로 튕겨져 나갔으니까요. 그때 나는 직접 현존의 상태에 들어설 수 있었어요. 그 경험을 한 이후로, 자기완성을 이룬 사람들이 어떻게 다른 사람을 변화시키는지 알게 되었어요. 하지만 그런 변성 의식 상태에 오래 머무르지는 못했어요. 몇 시간이 지나니 평소와 같았던 물리적 현실로 돌아오게 되더라고요."

"깨달음은 신의 은총이에요." 헨리가 말했다. "그것은 갑작스럽게 일어나요. 심지어 진화되지 않은 사람(personality)에게도 일어날 수 있어요. 물론 이건 울프 박사가 아닌 다른 사람들 얘기긴 한데, 성격은 거칠지만 의식은 깨어 있는 사람들이 있기도 해요."

"그러니까, 깨달음은 '얻어낼 수 있는' 어떤 게 아니라는 말인가요?"

"바로 그거예요." 헨리는 장난스러운 말투로 말했다. "높은 수준의 의식에 머무르게 되면 다른 사람들까지 깨달음의 상태로 밀어넣어줄 수 있어요. 하지만 상대방이 그 상태에 계속 머무를 운명이 아니라면, 그 사람은 보통 그 상태에서 빠져나오게 돼요. 그래도 헌신과 의지를 통해 얼마든지 보편지능에 가까워질 수는 있겠지요. 당신은 보편의식과 하나이고, 언제나 그래왔어요. 당신이 그 사실을 몰랐다 해도 말이죠. 모든 생각은 반양성자(sub-quantum) 단계*에서 관찰될 수 있는 에너지 값을 가지고 있어요. 두려움은 깨달음을 지연시키고 저항을 만들어내는데, 변화의 과정을 깊이 신

---

* 원자핵에서 양전하를 띠는 입자인 양성자의 반입자. 양성자와 같은 질량과 크기를 가지지만 마이너스 부호를 갖는다.

뢰하고 그 과정에 몸을 맡기면 그 저항을 줄일 수 있어요."

"그런데," 내가 헨리의 말을 끊었다. "이 변화의 과정은 육체적, 감정적, 정신적으로 에너지 소모가 참 큰 일인 것 같아요. 원래 그런 건가요?"

"네." 짤막한 그의 대답에서 연민이 느껴졌다. "보통 사람들이 생각하는 것과는 달리, 에고의 환상으로부터 해방될수록 변화의 과정은 점점 더 험난해져요. 물리적 환생을 완전히 끝내기 몇 생애 전부터는 그 사람이 여러 생을 거치며 가지게 된 모든 카르마 패턴이 놓아버려야 할 기억으로서 되살아나요. 이 기억을 놓아주지 않으면 윤회의 수레바퀴에 다시 갇히게 돼요. 더 높은 의식 단계로 진입할수록, 그것에 반대되는 낮은 의식이 당신에게 들러붙게 되는데, 그걸 떨쳐내야 해요. 이런 낮은 의식이 의인화된 것이 바로 예수가 겪은 사탄의 유혹과 부처가 겪은 악마 마라**와 세 딸의 유혹이에요."

"잠깐만요." 내가 말했다. "아까부터 계속 신경 쓰이는 게 있어요. 그동안 우리는 에고를 악역으로 정해놓고 마치 에고가 모든 악의 근원이라는 듯이 이야기해왔어요. 그런데 에고라는 것이 우리가 의식적인 존재가 되었을 때 녹아버릴 사념체에 불과하다면, 에고보다 높거나 에고를 초월한 어떤 것이 있어야 하지 않나요? 모든 환상의 진짜 원인이자 에고의 창조자인 어떤 것이 있지 않냐는 말이에요."

** 마라 파피야스. 마왕, 마구니 등 다양한 호칭으로 불리는 불교의 마신으로, 석가모니가 수행할 때 깨달음을 방해하기 위해 세 딸을 이용한 미인계 등 온갖 방법으로 그를 유혹하려고 했다.

"가장 핵심적인 문제를 짚어냈군요." 헨리가 대답했다.

"도대체 왜 그 사실을 지금에야 알려주는 거죠?" 나는 화가 나서 헨리에게 쏘아붙였다.

"왜냐하면 당신의 질문에 대한 답은 에고의 영역 밖에 있고, 그건 내가 알려주는 것보다 당신이 직접 발견하는 것이 가장 좋으니까요. 지금 당신이 해낸 것처럼 말이죠. 게다가, — 이 부분이 아주 중요해요 — 사탄이라는 주제는 인간들을 잘못된 두 진영으로 나누는 경향이 있어요. 하나는 악의 힘을 환상이라고 여기며 부정하는 것이고, 다른 하나는 악의 힘에 너무 큰 두려움을 느낀 나머지, 침대 속에서 이불을 뒤집어쓰고 꼭꼭 숨은 채 들키지 않기를 바라는 것이에요. 사탄이라는 주제를 다루지 않을 수 있도록요."

"알겠어요! 인간은 악을 너무 무시무시한 존재로 받아들이기 때문이군요. 예수나 부처와는 달리 보잘것없는 내가 감당하기에는 사탄과 같은 거대한 악의 힘에 저항하는 것이 도저히 불가능한 일이라고 여기니까요. 그래서 지금까지 에고에 관해서만 이야기해왔던 거고요."

"맞아요." 헨리가 말했다. "그래도 자유의지를 가지고 이 힘에 완강하게 저항해야 해요. 그렇게 할 때마다 보편의식에 조금씩 더 가까워질 거예요. 에고의 유혹과 욕망에 저항할 때마다 당신은 환상 위에 군림하고 있는 이 힘에 저항하고 있는 셈이에요. 그러니까, 우리가 지금까지 이야기해오던 것이 당신에게 딱 필요한 것이라 할 수 있지요."

"멋지네요! 지금은 일단 좀더 큰 주제인 악에 대해 더 알아보고 싶어요. 내가 궁금한 건, 보편의식에 반대되는 이 거대한 힘을 인간이 창조했냐는 거예요. 만약 그게 아니라면 그런 힘은 어떻게 만들어진 거죠?" 나는 이 주제에 대해 더 심오하게 파고들고 싶었다.

"이번에는 내가 사탄 또는 마라에 대해 다루는 것을 미뤄왔던 세 번째 이유를 짚어냈군요. 이제는 알려줄 때가 된 것 같네요. 우리가 지금까지 이야기해온 것처럼, 신이자 창조주인 보편의식은 만물의 근원이에요."

내가 또다시 헨리의 말을 끊었다. "우리가 악이라고 여기는 것, 그러니까 신과 하나였던 상태 또는 에덴동산에서 쫓겨나도록 우리를 꾄 그것을 창조한 것이 다름 아닌 신이라고 지금 힌트를 주는 건가요? 인간을 환상과 고통과 고난의 수렁으로 내모는 그런 짓을 신이 왜 하겠어요?"

"그 질문의 답은 또 다른 모순 속에 있어요." 헨리는 이렇게 말하고 설명을 계속했다. "모순은 양극을 동시에 긍정할 때 생겨나요. 모순은 환상이 가득한 세계의 에고 중심적 상태 속에 있는 양자택일의 문제에 비해 받아들이기가 더 힘들지요. 창조주는 신이자 절대자이지만, 그 존재 역시 진화하고 있어요. 그 과정에서 이 위대한 존재는 우주를 창조했고, 신의 일부인 동시에 자신만의 개성을 누릴 수 있는 존재들로 이 우주를 채우기로 결정했어요. 그리고 이를 위해 창조주는 창조물들에게 〈베다〉에서 마야^{maya}*로 일컫는,

---

* 〈우파니샤드〉에서는 세상이 연극 무대처럼 일시적으로 머무는 곳이기 때문에 환영과 같은 것이라고 설명하며, 이것을 '마야'라고 불렀다. 문헌에 따르면 신은 마야를 통해 물질화된 현실의 우주를 창조했다고 전해진다.

분리의 환상을 덮어씌웠지요. 이런 우주적 환상이 만들어졌기 때문에 모든 생명체들이 자신의 개성을 표현할 수 있게 되었고, 자유의지를 가지게 된 거예요. 그리고 이 자유의지를 사용해 창조자들이 될 수 있는 거고요.”

“지금까지는 이해가 되는데, 그럼 사탄은 언제 나와요?” 나는 악의 힘에 대해 얼른 알고 싶었다.

“보편의식과의 분리감을 만드는 역할을 맡은 이 지성의 힘이 바로 사탄 혹은 마라예요.” 헨리가 대답했다.

“그런데 그게 왜 악한 거죠? 내가 뭔가 놓친 것 같은데요.”

“대천사였던 사탄은 자신이 만든 환상에 갇힌 나머지, 모든 것이 보편의식으로 돌아간다면 자신이 더 이상 존재할 수 없을 거라고 생각하게 되었어요. 그래서 분리의 환상을 영구적으로 만들고자 했지요. 창조주가 만든 모든 긍정적인 자질에 대해 사탄은 이에 반대되는 부정적인 자질을 만들었어요. 하지만 그의 힘은 형상계에서만 사용할 수 있도록 제한되었지요. 물리계, 아스트랄계(감정계), 원인계의 유혹에 저항하면 다시 신과 하나가 될 수 있도록 말이에요.”

“그러니까, 사탄은 우리가 환상의 세계에 계속 머무르도록 에고를 통해 우리를 유혹한다는 말이죠? 그렇다면 에고는 일종의 도구라고 할 수 있겠네요. 내가 잘못 이해한 부분이 있다면 고쳐주세요.” 나는 지금까지 배운 내용을 종합한 나의 말이 정답이기를 바라는 마음으로 말했다.

“제대로 이해했어요.” 헨리가 대답했다.

"왠지 사탄이 성경 속의 탕아였다는 느낌이 들어요. 아버지를 떠나 많은 고통과 어려움을 겪으며 돼지를 치다가 다시 아버지의 품으로 돌아가는 탕아요. 여기서 돼지는 인간이 될 수 있겠고요. 그렇죠?"

"맞아요. 그리고 모순되게도, 사탄은 창조주의 일부인 동시에 창조주에게 저항하는 힘이기도 해요. 내일은 의식의 성장을 방해하는 환상에 대해 더 이야기해볼게요. 오늘은 이쯤 하면 충분한 것 같아요. 다른 사람들과 마찬가지로 당신도 이미 자기완성을 이룬 존재라는 걸 깨우쳐보세요. 당신은 단지 자신이 그렇다는 사실을 모르고 있을 뿐이에요. 뭐, 이건 다른 주제이니 내일 이야기하기로 하죠."

헨리와 대화하는 동안 에고에 대한 나의 시각은 달라져 있었다. 에고는 더 이상 나를 쥐락펴락하면서 깨달음의 길목에 떡하니 버티고 서 있는 그런 악당이 아니었다. 신기하게도 사탄이나 마라 역시 악역으로 보이지 않았다. 왜인지 모르겠지만, 내가 보기에 그들은 그저 창조주가 의도했던 방향 그대로 행동하고 있는 것처럼 보였다. 낮은 차원의 시각으로 봤을 때 못돼 보이든 착해 보이든 모든 존재들은 창조주의 자녀들이었다. 에고, 심지어 사탄까지도 자유의지를 강화해주는 역할을 하고 있었고, 이는 우리가 완전한 창조주가 되기 위해 반드시 필요한 일이었다. 모든 것이 선과 악으로 구분되어 있는 이 이분법적인 환상의 세계에서 선과 악의 힘이 어떻게 대립하는지 보이기 시작했다. 그와 동시에 형상계 너머에 있는 더 높은 영역에서 나의 모든 딜레마가 해결되고 있었다.

다른 한편으로, 이것은 내가 해야 할 일이 여전히 많이 남아 있다는 뜻이었다. 환상을 지나 의식으로 가는 길과 더 높은 차원의 진실에 대해 헨리와 이야기를 나눌 시간이 무척 기다려졌다.

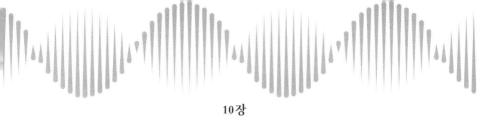

10장

환상을 지우고 잠에서 깨어나라

"함께 춤을 출래, 춤을 추지 않을래, 춤을 출래, 춤을 추지 않을래, 춤을 출래?"

— 루이스 캐럴Lewis Carroll, 〈이상한 나라의 앨리스〉

다음 날 아침 대화를 나누기 위해 자리에 앉아, 헨리가 새로운 주제에 대해 알려주기도 전에 내가 먼저 불쑥 말을 꺼냈다. "어제 당신과 함께 의식을 깨우는 길에 우주적 환상이 장애물이 된다는 대화를 하다 보니, 이 환상을 통해 갈 수 있는 길을 좀더 자세히 알고 싶어졌어요. 매튜 폭스Matthew Fox가 쓴 《원복》(Original Blessing)이라는 책에서는 의식을 깨울 수 있는 네 가지 길을 설명하고 있는데, 내가 올바른 선택을 내린 건지 당신과 함께 그 내용을 되짚어보고 싶어요. 그래도 괜찮을까요?"

"물론이죠. 당신이 고려하는 선택지들에 대해 듣는 건 언제든지 환영이에요. 특히 당신이 주로 걷게 될 길에 관해서는 더욱 더요." 헨리가 대답했다.

"내가 선택한 길이 쉬운 길은 아니라는 건 확실해요." 헨리가 설명하기 전에 내가 말했다. "첫 번째 길인 긍정의 길(Via Positiva)을 선택하는 사람은 드물어요. 이 길에서는 육체적 고통이나 심리적 고통을 조금만 받거나, 아예 받지 않으면서도 의식을 깨울 수 있는데도 말이죠. 긍정의 길은 아서왕 전설에 등장하는 성배 이야기를 연상시켜요. 성배는 여기에서 보편의식과 같은데, 이 신화의 등장인물 중 하나인 갤러해드Galahad*는 성배를 빨리, 그것도 큰 힘을 들이지 않고 찾을 수 있었어요. 누구나 그런 길을 좋아하지 않을까요? 그런 길을 가는 사람들은 영혼의 어두운 밤을 단숨에 지나갈 거예요.

두 번째 길은 부정의 길(Via Negativa)이에요. 이 길에서는 엄청난 육체적 고통이나 심리적 고통을 겪은 후에야 의식을 깨울 수 있어요. 에크하르트 톨레가 이 길을 걸었던 것 같아요. 그는 스물아홉 살에 케임브리지 대학에서 일을 하며 자살 충동을 겪고 있었는데, 잠시 의식을 잃었다가 다시 깨어난 순간 의식이 깨어났던 거예요. 자살을 고려했던 것이 분명 영혼의 어두운 밤으로 작용했던 거지요. 내가 선택한 길이 이 길이 아니라서 참 다행이에요.

세 번째 길은 창조의 길(Via Creativa)이에요. 시인이나 음악가와

---

* 아서왕 전설에 등장하는 원탁의 기사 중 한 명이자 성배를 찾는 여정에 참여했던 인물이다. 갤러해드는 또 다른 성배의 기사들인 보어스Bors, 퍼시벌Percival과 함께 성배를 찾는 데 성공한다. 성배를 본 후 그는 자신이 원하는 때에 죽게 해달라는 소원을 빌었다. 그리하여 아서왕의 궁전으로 돌아가는 길에 하늘에서 내려온 아리마태아Arimathea의 요셉을 만나 자신도 하늘로 데려가줄 것을 간청한다. 퍼시벌, 보스와 작별한 후, 갤러해드는 천사들에 의해 하늘로 올라간다. 이후 성배를 손에 넣을 수 있는 기사는 더 이상 존재하지 않으며 성배는 지상에서 자취를 감추었다고 전해진다. 그러나 갤러해드와 퍼시벌 중 누가 성배를 찾는지는 작가에 따라 엇갈린다.

같은 여러 예술가들이 이 길에 이끌린다고 해요. 이 길은 마치 놀이를 하는 것과 같고, 마지막엔 어떤 결과물이 생긴다는 걸 생각하면 참 매력적인 길인 것 같아요. 나의 장사꾼 같은 측면을 생각한다면 말이죠. 그래도 많은 예술가들이 작품 하나를 탄생시키기 위해 뼈를 깎는 노력과 영혼의 어두운 밤을 지나야 한다는 건 알고 있어요."

"이 세 가지 길이 당신의 길이 아니라면, 당신이 선택했다는 길은 뭐예요?" 헨리가 재촉했다.

"내가 선택한 길은 바로 네 번째 길이에요. 변화의 길(Via Transformativa)이지요. 이건 아서왕의 성배 전설에서 나오는 퍼시벌의 길이에요. 퍼시벌은 (전생에서 이어져온) 가공되지 않은 재능을 가지고 있었어요. 그는 영적으로 발달되어 있었던 덕분에 젊은 나이에도 불구하고 성배를 찾을 수 있었어요. 하지만 연민이 부족했기 때문에 그 성배는 사라졌고, 황무지에서 끊임없는 전투(에고와의 싸움)를 하며 세월을 보내야 했지요. 결국, 그는 연민 때문에 퍼시벌을 죽일 수 없었던 흑인 이복형제(무의식의 그림자)에게 패배하고 말았어요. 의식(퍼시벌)과 무의식(이복형제)이 연민으로 하나되자 그 둘은 성배를 손에 넣게 되었지요(혼과 하나됨)."

"변화의 길은 가장 흔한 길이에요." 헨리가 끼어들었다. "이 진화의 길을 걸으면 일생 동안 의식이 점진적으로 높아져요. 약간의 고락은 있지만 예측하기 쉬운 나선형의 길이라고 할 수 있죠. 퍼시벌이 있었던 황무지는 영혼의 어두운 밤이 지닌 표면적인 모습을 비유적으로 표현한 장소라고 할 수 있어요. 당신도 이런 영혼의 어두운 밤을 지나는 동안 내적 의미를 상실해버렸고요."

"신화 얘기로 다시 돌아와서," 내가 설명을 계속했다. "당신은 내가 혼과 하나될 수 있도록 의식과 연합해서 나를 도와주는 무의식 같은 건가요? 그러니까 말하자면, 당신은 퍼시벌의 검은 이복형제와 같은 존재인가요? 우리가 이야기를 나눌수록 이 질문이 계속 떠올라요."

"당신의 질문에 답을 해주긴 하겠지만, 내가 하는 기능을 생각하면 그 어떤 답도 제한적인 답이 될 수밖에 없어요. 당신은 나를 딱 떨어지는 표현으로 규정하려 하지만, 세상에는 그렇게 할 수 없는 것들도 있거든요.

어떤 면에서 보면 나는 당신의 의식적 상태와 다시 하나된 무의식을 대변한다고 할 수 있어요. 그렇게 생각하면 칼 융이 말하는 당신의 '그림자'가 나의 여러 측면 중 하나가 될 거예요. 당신의 '그림자'는 에고가 당신에게 숨기고 싶어하는 당신 자신의 여러 측면들로 구성되어 있어요. 에고가 영원히 지키려고 하는 정체성과 어울리지 않기 때문이에요. 그런 것들은 질투심, 모든 관심을 한 몸에 받고 싶어하는 마음, 이기고 싶은 마음과 같이 주로 부정적으로 여겨지는 측면들이죠. 하지만 나는 에고적인 사람이 되는 게 두려워서 당신이 억지로 받아들이려고 하는 특성보다 더 밝고 아름다운 무의식의 측면을 지니기도 해요."

"와, 맞아요! 나는 나의 무의식이 전부 부정적인 특성만 가지고 있다고 생각했어요. 이게 다른 사람들도 흔히 하는 착각인가요?"

"물론이죠." 헨리가 대답했다. "에고는 당신과 무의식이 하나되는 것을 원하지 않아요. 그러면 에고가 더 이상 당신을 통제할 수 없을 테니까요. 그래서 무의식이 무섭거나 나쁜 특성을 가지고 있다고 믿게끔 만드는 거예요."

"이 사실을 알고 나니 훨씬 가벼워진 기분이에요." 나는 헨리에게 고마운 마음으로 말했다.

"의식이 조금씩 성장할 때마다," 헨리가 말을 이어갔다. "그 성장에 반대되는 반작용의 힘이 아스트랄계에서 끌려오게 돼요. 이런 식으로 퍼시벌은 자신의 적, 그러니까 자신의 그림자를 만나게 되었어요. 예를 들어 당신의 에너지가 고주파수 영역대로 올라가게 되면 다른 사람들과 문제를 겪게 될 수 있어요. 그래서 직장에서 부당하게 해고를 당하거나, 뚜렷한 이유 없이 배우자나 친구가 당신을 떠나는 일이 일어나기도 해요. 이런 뜻밖의 위기는 당신이 가진 집착을 전부 놓아주게 만드는 기회예요. 더 높은 상태까지 올라가 결국 에고의 통제로부터 벗어나게 만들어주는 기회인 거죠. 이것이 무의식이 가진 엄청난 힘이고, 당신이 그 힘에 몸을 맡기면 (퍼시벌이 이복형제에게 그랬던 것처럼) 당신의 참나를 되찾고 사회적 역할이나 가치로부터 더 이상 통제받지 않을 수 있어요. 당신의 몸의 영인 내가 그렇게 되도록 도와주고 있는 거고요.

그런 위기에 처했을 때는 자신과 타인에게 연민을 가져야 해요. 퍼시벌의 이복형제가 퍼시벌에게 그랬던 것처럼 말이에요. 그런 태도를 가지고 있다면 무의식과 의식도 하나가 될 수 있고, 그 하나된 의식이 다시 당신의 혼, 즉 초의식과 하나가 될 수 있을 거예요."

헨리와 기나긴 대화를 나누는 동안 점점 궁금해지는 것이 있었다. 바로, "헨리는 누구인가?"였다. 어쩌면 이런 마음은 그를 정의하고 싶은, 심지어는 그의 주인이 되고 싶어하는 내 에고의 마음일 수 있었다. 아니면 내가 오랫동안 걸어오고 있는 그 길을 계속 걸어가기 위해 헨리의 말을 신뢰하고 싶어하는 내 혼, 상위 자아의 마음일 수도 있었다.

헨리를 '정의'하고 싶다는 욕망을 겨우 억누르며 나는 그에게 물었다. "당신은 에고나 혼과 같은 구성체(construct)인가요? 아니면 보편의식의 일부인가요?"

"답은 당신 스스로 찾을 수 있어요." 헨리는 재밌다는 듯이 대답했다.

"당신은 전생과 현생을 비롯한 내 모든 생의 기억을 전부 다 들여다볼 수 있어요. 그러니 에고는 아니라는 뜻이겠지요. 에고를 없애기 위해 나를 도와주고 싶다고도 했고요. 그러면 남은 건 혼이겠네요. 하지만 우리가 전에 이야기했던 것처럼, 혼은 궁극적인 수준의 의식이 아니에요. 그러면 혼도 에고와 같은 구성체라는 말인데, 다시 처음 질문으로 돌아가게 되네요. 당신은 구성체인가요?"

"답을 직접 찾아보세요." 헨리가 재촉했다.

"당신은 자신을 몸의 엘리멘탈, 몸의 지능, 또는 몸의 영이라고 불러요. 그리고 내 육체가 죽어서 환생하기 전에는 모든 몸의 영들과 하나된다고 했죠. 당신이 육체, 아스트랄체(감정체), 원인체(정신체)를 만들 수 있다고 했으니, 아스트랄계와 원인계에 존재한다는 뜻이겠고요. 나는 수수께끼를 별로 좋아하지 않아요. 차라리 바로 답을 알려주는 게 어때요?"

"답이 될 수 있는 선택지를 전부 고려해본 거예요?" 헨리는 다른 식으로 생각해볼 것을 제안했다.

"보편의식은 혼과 에고를 아우르는 모든 형체 속에 깃들어 있고, 육체가 죽은 다음에야 나타나요. 에고와 혼이라는 구성체 안에 의식이 있는 것처럼, 당신 안에도 의식이 있다는 건 알겠어요. 하지만 의식만 있는 건지는 모르겠어요. 보편의식은 나의 의식인 동시에 아까 당신이 자신의 일부라고 했던 잠재의식/그림자이기도 해요. 아, 도저히 모르겠어요!"

"의식의 어떤 부분이 물리적, 감정적, 정신적 형태에 깃드는 걸까요?" 헨리가 슬쩍 힌트를 줬다.

"나는 형태에 깃든 의식을 지혜의 활동적인 지성이라고 생각해요. 많은 전통 문화권에서 인간 개인, 지구, 태양계, 우주 전체 안의 모든 형태를 만든 이런 지성은 성모(Divine Mother)에 비유되어왔고, 이건 기독교 문화의 성령(Holy Spirit)과 같아요. 그러면 당신이 성모나 성령이라는 말이에요?" 나는 갑자기 불안해졌다.

"그것이 답이 될 수 있다는 '가능성'이 왜 불안한지 자기 자신에게 물어보세요. 왜 그런 것 같나요?"

나는 헨리의 질문에 대답하고 싶은 마음이 없었다. 그래서 그의 말에 다시 질문으로 답했다. "당신이 정말 성모라면 왜 '헨리에타'나 '샐리'라는 여자 이름으로 자신을 소개하지 않았나요?"

"그저 헨리라는 이름이 좋았을 뿐이에요. 게다가, 성모가 왜 꼭 여자여야 한다고 생각해요? 그건 너무 편협한 시각이에요. 활동지성은 남자도, 여자도 아니에요. 두 성별을 모두 가지고 있지요. 당신이 가진 오래된 사고방식으로부터 눈을 뜨도록 만들기 위해 헨리라는 이름을 쓰기로 한 거예요."

"당신이 성모일 수도 있다는 사실이 왜 나를 불안하게 만드냐고 물었죠? 우리 둘 다 그 답을 알고 있어요. 만약 당신이 정말 성모가 맞다면, 나는 성모를 다루기에는 너무 무가치하고 부족한 인간이라고 느낄 테고, 당신의 말을 '아주' 진지하게 생각할 수밖에 없을 테니까요. 또, 나는 일정 부분 에고의 영향을 받기 때문에 내가 당신의 말을 틀리게 전할 수도 있고, 그리하여 나 자신은 물론 다른 사람까지 잘못 안내할 수도 있기 때문이에요."

"당신의 그런 감정이 에고의 의심과 오래된 프로그램에서 비롯되었음을 알아차렸으면 좋겠네요." 헨리가 힘주어 말했다. "당신에게 일어나는 일들을 잘 관찰하는 것이 중요해요. 그건 많은 사람들이 겪는 문제이기도 하니까요. 당신이 '보편의식'이나 '활동지성'이라고 말할 때의 주파수와 '성령'이나 '성모'라고 말할 때의 주파수에는 차이가 있어요. 당신은 영적 사념체에 대한 집착 때문에 성령과 성모라는 개념을 당신보다 상위에 있는 개념으로 승격시키거든요. 반대로 당신은 보편의식과 활동지성을 정신적이고 과학적인 용어로만 국한해서 사용하기 때문에 그 의미가 더 약해지죠. 정리하자면, 당신이 사용하는 단어가 문제라는 것이 아니라 그 단어에 대한 당신의 느낌이 중요하다는 말이에요. 영, 성모, 그리스도 의식, 보편의식, 형체가 있는 것이든 없는 것이든, 이 모든 것들은 하나예요. 이걸 가슴으로, 마음으로, 온몸의 세포 하나하나로 느껴야 해요.”

“나는 언제나 영이 가까이에 있다고 느껴왔어요.” 헨리의 말에 담긴 진실을 숙고해보면서 내가 말했다. “이건 어쩌면 내가 어렸을 때부터 겪었던 신비 체험 때문일 수도 있어요. 사실, 영을 통해 처음으로 신과 접촉할 수 있었거든요. 두 번째에는 예수님을 통해 접촉했는데, 그제야 성모를 향해 마음을 열 수 있었어요. 성부(Divine Father)에 대해서는 아직도 알아가는 중이고요.”

“인간이 진화하면 절대자의 여러 모습에 대한 시각도 진화하게 되어 있어요.” 헨리가 끼어들었다. “물론 모든 모습이 결국엔 하나이지만, 어떤 사람은 여호와와 같은 남성 형태의 신을 더 편안하게 생각해요. 반면에 어떤 사람들은 성모를, 어떤 사람들은 아기 예수의 모습을 더 편하게 여기기도 하고요. 또, 힌두교의 브라만Brahman처럼 형체가 없는 절대자를 더 편안하게 생각하는 사람들도 있어요.”

“당신의 말에 전부 동의해요. 그런데 몸의 지능이 정확히 무엇인지 다루는 주제로 다시 돌아가면 안 될까요?” 나는 헨리를 정의할 수 있는 이 기회를 놓치기 싫었다.

“몸의 지능은 형태 속에 깃들어 있는 의식이에요. 내가 나 자신을 종종 몸의 엘리멘탈이라고 부르는 게 바로 이런 이유 때문이에요. 나는 형태가 있는 물리계의 원소들(elements)로 이루어져 있거든요. 성모의 모습을 가진 보편의식은 성령과 똑같고, 여러 우주와 여러 세상의 모든 형태를 창조해요. 그러니 나를 당신의 몸을 만드는 영이라고 생각해보세요. 나는 몸의 영이자 보편의식의 활동지성이에요."

"내가 처음 몸을 얻어 탄생할 때, 처음에 당신에게는 자유의지가 없었지만 내가 진화를 하면서 그것을 가지게 되었다고 그랬잖아요. 그런데 당신이 성령이나 성모와 같은 존재라면, 신이나 다름없는 당신이 어떻게 자유의지를 가지지 못할 수 있죠?" 나는 헨리의 충격적인 고백을 여전히 받아들일 수 없었다.

"영은 형태 안에 들어가면 자기 자신을 잊어버리게 돼요. 아무리 혼이라도, 물질로 하강해 내려가 한 인물(personality) 안으로 들어가게 되면 둔해질 수밖에 없는 거예요. 이것이 아담과 이브의 타락에 관한 이야기이기도 하고요. 이 둘은 잘못된 행동 때문에 의식과 하나된 상태였던 에덴동산에서 추방당했어요. 혼이 에고를 밀어내고 다시 고차원으로 상승하게 되면 당신과 나 모두 진정 우리가 누구였는지 기억하게 될 거예요. 당신을 비롯한 대부분의 사람에게 있어 이런 '기억하기' 과정은 점진적이겠지요."

헨리는 잠시 말을 멈추고 자신이 말한 것들을 다시 곱씹어보도록 나에게 시간을 줬다. "인간이 보편의식과 계속 분리되어 있게끔 만드는 가장 큰 환상에 대해 이야기해줄게요. 하지만 그 전에 한 가지 확인하고 싶어요. 이제 내가 누군지, 어떤 일을 하는지 확실하게 알겠나요?"

"당신은 줄곧 당신이 누구인지 여러 가지 힌트를 줬지만, 나는 그런데도 몸의 지능과 영을 다르게 생각했어요. 인정할게요. 나는 지복을 느끼게 해주는 의식, 나를 육체 밖으로 끄집어낼 수 있는 의식이 영이라고 생각했어요. 그리고 몸의 지능은 육체적으로 건

강해질 수 있도록 내가 프로그램할 수 있는 더 낮은 차원의 존재라고 생각했어요."

"아, 일종의 노예처럼 말이죠?" 헨리가 대답했다. "이런 에고 중심적인 시각 때문에 인간이 자연을 통제하고 이용하려고 하는 거라고요. 인간은 자연이 영과 별개이고 영보다 더 낮은 것이라고 생각하죠."

"잠깐만요. 좀 억울한데요. 나는 오랫동안 자연과 영이 같은 것이라고 배워왔어요. 나에게 문제가 되었던 건 자연과 영이 별개라는 것이 아니라, 자연과 내가 별개라는 거예요. 자연을 나의 몸 '바깥에' 있는 거라고 생각하면서, 그것이 육체, 감정체, 정신체 '속'에 있다고 생각하지는 않았던 거죠. 그러니까, 자연과 나를 별개로 생각해온 거예요."

"그런 분리감이 생긴 이유는 에고가 자기 자신을 전체로부터 분리된 존재로 인식하고 있기 때문이에요." 헨리가 말했다. "반드시 사라져야 할 가장 강력한 환상이죠. 우리가 지금까지 나눠온 대화에서 나온 모든 문제가 바로 이 환상과 관련되어 있다고 할 수 있어요. 인간은 본래 의식으로부터 분리되어 개인이 되는 길을 선택하려 하고, 바로 여기에서 에고가 만들어졌음을 잊어서는 안 돼요. 에고는 당신의 몸속에 있는 가장 근본적인 상처 속에 살아요. 이 상처는 분리감, 버림받았다는 느낌, 사랑받지 못한다는 느낌으로 나타나요. 대부분의 사람들이 가진 가장 큰 문제가 바로 이런 느낌이죠. 이런 상처를 만든 건 영원한 원천이 아니라 인간이에요. 에고, 거짓 자아가 바로 수많은 자잘한 환상을 만드는 핵심적인 환상이에요."

"점점 인내심이 바닥나는 것 같아요." 내가 말했다. "나는 당신이 말한 모든 방법을 다 시도해봤어요. 두려움 없애기, 인생 각본 치유하기, 부정적인 신념 바로잡기, 심지어는 의식을 더 깨우기 위해 긍정적인 자질을 활용하기까지 했다고요. 이 모든 걸 하면서 동시에 긍정적 중립의 태도를 유지하려고도 했어요. 그런데 겨우 이제야 핵심적인 문제를 이야기하자고요? 너무 답답하고 지쳐버렸어요. 자기완성의 길은 영원히 끝나지 않는 것 같아요."

"지금 말하고 있는 게 에고라는 걸 알겠어요?" 헨리가 조금도 안타깝지 않다는 듯이 말했다. "당신이 성장할수록 에고도 불안해지면서, 더 큰 무기를 꺼내기 시작해요. 긍정적인 자질 중에서 인내심도 다뤄야 했는데, 미처 그걸 못했군요."

나는 입을 꾹 다물고 평정심을 되찾으려고 애썼다.

"당신과 에고를 동일시하는 순간 영혼의 어두운 밤은 무척 고통스러운 과정이 되어버려요. 당신이 다른 존재들, 영원한 원천이나 내면의 자신과 단절되어 있다고 느끼게 되니까요. 무엇을 믿어야 할지, 무엇을 해야 할지 더 이상 아무것도 알 수 없는 상태가 되는 거예요. 영적 진화를 위한 여정에서 이 단계가 공허하게 느껴질지라도, 사실 이것도 성장이에요. 에고의 또 다른 이름일 뿐인 자기 정체성에 대한 집착을 놓아주면 그 과정은 훨씬 순탄해질 거예요. 에고 중심적인 가치들을 뒤로 남겨둔 뒤에야 비로소 자기완성을 이룬 인간으로 변신할 준비가 되는 거지요. 이것이 진화의 다음 단계예요. 지금 이 단계를 거쳐 가는 사람들도 많이 있고 말이죠. 이 길의 끝은 모든 존재와의 하나됨이에요."

헨리가 설명을 계속했다. "자기완성을 이룬 사람들은 동물, 식물, 광물을 포함한 모든 존재와의 하나됨을 경험해요. 그들은 영의 목적을 이루기 위해 성격의 그릇을 사용해서 세상일을 해요. 하지만 그들에게 개인적 목표는 없어요. 그들은 자신만의 기호는 가지고 있되, 집착은 없어요. 그러다 더 높은 단계에 올라서면 이런 기호마저도 사라지게 돼요. 자각을 함으로써, 자기완성을 이룬 사람들은 영의 목적을 이루는 데 도움이 될 만한 상황과 사람에게 이끌려요."

"전적으로 동의해요." 내가 말했다. "당신의 말을 듣고 보니, 영원한 원천에서 분리되어 자아정체성에 매달리며 사는 것이 나의 핵심적인 문제라는 것이 맞는 것 같아요. 하지만 너무 큰 문제(에고)를 가지고 있다면 그 문제를 다루기 쉽게 작은 덩이들로 나눠놓는 게 도움이 되더라고요. 그러니까, 나에게 여전히 남아 있는 더 작은 에고의 환상들에 대해 알려줄 수 있나요? 찾아낸 환상들을 전부 없애고 있긴 한데, 미처 발견하지 못한 것들도 있는 것 같아요."

"주된 환상 몇 가지를 알려줄게요. 하지만 이런 환상들이 거짓이라고 이론적으로 믿는 것만으로는 부족하고, 매일의 삶 속에서 그 환상을 없애려고 노력해야 해요. 본론으로 들어가보죠. 먼저, 당신은 아무것도 소유할 수 없어요. 돈, 재산, 자녀, 배우자, 반려동물 등, 소유할 수 없는 것들은 이 밖에도 여러 가지가 있지요. 이런 것들에 대한 집착은 이 모든 게 당신의 것이라는 소유감 때문에 생기는 거예요. 여기까지 이해돼요?"

"발전할 여지가 있어요." 내가 대답했다. "그런 쪽에 대해서라면 정말 많이 노력하고 있거든요."

"두 번째 환상은 미각, 촉각, 청각, 후각, 시각과 같은 모든 감각이 현실을 정확히 알려줄 수 있다는, 그리고 그 감각의 욕구를 충족시키면 행복해질 것이라는 믿음이에요. 어떻게 생각해요?"

"당신과 대화를 나누면서부터 내가 감각적 욕구를 채우는 상상을 하며 보내는 시간이 적어도 세 배 이상 늘었어요. 우리의 대화로 인해 내 에고가 엄청난 불안을 느끼고 있거든요. 그래서 초콜릿을 먹거나, 낮잠을 자고 싶거나 그 밖의 여러 가지 것들을 하고 싶다는 유혹을 많이 느끼고 있어요. 이런 욕구를 억누르느라 얼마나 애쓰는 중인데요. 어차피 그걸로는 궁극적인 행복에 도달하지 못한다는 걸 나도 아니까 말이에요."

"감각과 떨어지려고 하면 에고는 곧 죽을 것이라는 느낌을 가지게 돼요. 그래서 끔찍한 공포를 느끼게 되지요." 헨리가 대답했다. "확고한 의지력으로 에고의 요구에 저항하고, 에고가 당신 안에서 그런 욕구를 만들어내기 위해 얼마나 많은 힘을 쓰는지 관찰해보세요. 이제 다음 환상에 대해 설명해줄게요.

착하게 군다고 해서 깨달음을 얻을 수는 없어요. 의식에는 착하게 굴지 않으면 보상을 받지 못한다는 개념이 없거든요. 의식은 선과 악의 개념 너머의 것이고, 당신 역시 이러한 개념을 초월해야 해요."

"그런 환상을 없애는 건 나에게 너무 어려운 일인 것 같아요." 내가 대답했다. "어렸을 때 나는 부모님의 사랑과 나의 안전을 위해

'착한' 아이로 지냈어요. 이런 착한 행동은 어른이 되어서도 계속되었고, 그 덕분에 많은 보상을 받을 수 있었지요. 사람들은 나를 좋아했고, 나름대로 성공하기도 했어요. 그래서 열심히 일하고, 당신이 알려주는 모든 기법을 연습하는 '착한' 사람이 되면 자기완성을 이룰 수 있다는 생각을 마음속 한구석에 가지게 된 것 같아요."

"해결책은," 헨리가 끼어들었다. "보상을 받을 거라는 그 어떤 기대감도 없이, 그 본질적인 이점만을 생각하면서 내가 제안하는 방법들을 연습하는 거예요."

"사실," 내가 대답했다. "현존하면서 내가 하고 싶은 일을 내가 원할 때 하면서 살수록 과연 내가 미래에 보상을 받을 수 있을지 조바심 내는 일은 줄어드는 것 같아요. 심지어 깨달음을 얻을 수 있을지에 대해서도요. 상기시켜줘서 고마워요. 나에게 딱 필요했던 조언인 것 같아요."

"이제, 영적 발전을 추구하는 사람들이 경험하기 쉬운, 더 복잡한 환상에 대해 알려주려고 해요. 생각하는 마음은 에고의 일부이기 때문에 현실을 알 수 없어요. 그것은 자기만의 또 다른 현실을 만들어요. 예를 들어, 인간은 의식을 대변하기 위해 자신과 닮은 모습으로 신, 여신들과 천사들의 형상 및 계급을 만들었어요. 하지만 의식은 개인화되지 않아요."

"그런데 형태의 세계에서는 그런 존재들도 개인화된 모습으로 존재할 수 있잖아요?"

"형태의 세계에서는 그렇죠. 하지만 궁극적으로 형상과 관련된 모든 신념, 심지어 영적 본성에 관한 신념들도 전부 잘못된 거예요. 당신은 자신의 정체성은 물론, 내가 당신을 위해 만들었던 육체와 감정체, 정신체까지도 놓아줘야 해요. 이 모든 건 환상이니까요. 이것이 형태의 세계에서 영을 자유롭게 할 수 있는 방법이에요."

"자기완성이 그다지 매력적이지 않게 들리네요." 내가 말했다. 나는 얼른 소파로 기어들어 한숨 자고 싶다는 생각이 간절했다.

"확실히 에고에게는 그렇겠지요." 헨리가 즐거워하며 말했다. "지금까지 환상에 대해 알아봤으니, 이번에는 실재에 대해 알아볼까요? 의식은 시공의 영향을 받지 않아요. 이곳, 저곳도 없고, 과거나 미래라는 개념도 없어요. 모든 것이 현재에 나타날 뿐이에요. 물이 얼음이나 수증기로 변해도 성분은 그대로인 것처럼, 의식에도 여러 가지 상태가 있어요. 의식은 고차원의 상태에서 더 미묘해져요. 그리고 의식을 계속 성장시키려면 더 낮은 차원의 의식을 포기해야만 하죠."

"더 높은 차원의 미묘한 의식을 가지려면 어떻게 해야 하나요?" 내가 물었다.

"명상을 하면 생각과 감정, 행동 사이에 있는 내면의 공간을 더 넓힐 수 있어요. 이 내면의 공간은 긴 휴지(pause) 상태와 같은데, 여기에서 에고는 아무런 에너지도 받을 수 없기 때문에 무력해져요."

"나도 당신이 설명한 것과 비슷한 공백의 시간을 경험해본 적이 있어요. 다만 명상할 때가 아니라 일상 중에 겪었죠. 숲속을 걷고 있었거나, 샤워를 하거나 잠깐 낮잠에 빠졌을 때 그랬던 것 같아요. 그럴 때 영감이 많이 떠오르더라고요."

"훌륭해요. 그런 공백의 시간 동안 존재하기의 상태에서 의식과 하나가 되었던 거예요. 명상을 하면 그런 시간을 더 늘릴 수 있어요."

"가장 좋은 명상 방법은 뭐예요?"

"방법은 많아요. 참선*과 통찰명상**을 하면 내면의 공간을 더 넓히고 존재하기의 상태를 더 길게 만들어줄 수 있어요. 그리고 당신이 어떤 방법으로 명상을 하든 거기에 한 가지를 더 추가하면 좋을 것 같아요. 오래전 이 세상을 살았던 예수, 부처, 성모, 대천사 미카엘 또는 자기완성을 이룬 자신의 영적 스승이 있다면 그 영적 아바타avatar에게 도움을 요청하면서 모든 존재에 대한 헌신과 사랑을 가지고 명상하는 거예요. 이런 존재들은 보편의식과 일치된 상태거든요. 이를테면 예수는 몸을 가진 한 인간인 동시에 보편의식과 하나된 그리스도였어요. 크리슈나***, 타라Tara 보살****, 마하바타르 바바지, 부처와 같이 높은 의식 단계에 이르렀던 사람들도 그리스도와 같은 부류였다고 할 수 있지요. 위대한 아바타들에게 헌신하는 마음으로 기도하면 그들의 에너지가 당신에게 다가와 당신의 낮은 주파수를 변화시켜줘요. 이것이 명상과 기도가 가진 힘

---

* 선에 들어간다는 뜻으로, 깨달음을 얻기 위해 자신의 본성을 참구하는 불교 수행법. 좌선을 통해 스스로 수행하거나, 불교 수행자를 찾아가 선을 묻고 배우는 방법이다.

** 육체(호흡, 동작, 감각), 느낌(슬픔, 기쁨), 마음(탐욕, 분노) 등의 근본적인 특성을 알아차리며 주의를 집중하는 명상 방법. 더 자유롭고 성숙해지도록 도움을 주어 심리적 안정감을 증진시키고, 심리적 문제를 이해하고 통찰할 수 있도록 도와준다고 알려져 있다.

*** 힌두교의 최고신이자, 우주를 유지하고 보존하는 비슈누 신의 대표적인 화신. 인도의 민중에게 매우 사랑받는 영웅신이다.

**** 티베트 불교에서 동남아시아의 여러 상좌부 불교에 이르기까지 널리 숭배되는 여성 보살. 불교 신화에서는 관세음보살의 눈에서 나왔기 때문에 타라(눈물)라는 이름이 붙었다고 전해진다.

이지요."

"명상이 얼마나 중요한지 알겠어요. 나는 명상 말고도 에고와 환상을 없애기 위해 다른 전략을 써보기도 했는데, 어떤 전략인지 한번 들어볼래요?" 내가 물었다.

"말해보세요!" 헨리가 대답했다.

"내가 가진 큰 환상 중 하나는, 사랑은 반드시 얻어내야 하는 것이며 사랑을 얻기 위한 방법은 착하게 굴거나 완벽해지는 것이라는 생각이에요. 나는 신이 나를 무조건적으로 사랑하고 있고 때로는 실수를 해도 괜찮다는 사실을 혼으로는 믿고 있기 때문에 이 환상을 떨쳐내고 싶어요. 그래서 내가 조금 부족한 행동을 했다고 하더라도 스스로 용서할 수 있도록 노력하고 있어요. 예를 들어, 나는 완벽하지는 않지만 계속 성장하고 있다고 자신에게 되뇌는 거예요. 이렇게 하면 죄책감이나 나 자신에 대한 실망감을 누그러뜨리는 데 도움이 되거든요. 내가 실수했다는 사실을 다른 사람들 앞에서 인정하고 용서해달라고 말할 때도 있어요. 또, 가끔은 내가 실수했다는 걸 다른 사람들이 미처 눈치채지 못했다고 하더라도 가볍게 이야기하면서 인정하기도 해요. 이런 전략을 쓰면 착하게 굴거나 완벽해져야 한다는 집착을 약하게 만들 수 있고, 심지어는 그걸 상쇄해주기도 하거든요."

"그런 행동이 도움이 되나요?"

"그 질문에 대한 답은 당신이 알려줄 줄 알았는데. 내 생각엔 그런 것 같아요." 내가 대답했다.

"그러면 당신이 성장했다는 걸 어떻게 알 수 있나요?"

"내가 완벽함과는 거리가 멀다고 해도 스스로 더 빠르고 쉽게 용서하는 걸 보면 알 수 있어요. 그렇게 하면 내 에너지와 자아 존중감이 강해져요. 그리고 예전이었다면 부정적으로 반응했을 법한 상황에서도 내가 발전했다는 걸 느꼈어요. 모두가 완벽해야 한다는 생각이 사라졌기 때문에 다른 사람이나 나 자신에 대한 인내심이 더 커졌거든요. 어려운 상황에 처하더라도 그런 상황을 성장의 기회로 여기는 방법도 배우게 됐어요. 그러다 보니 나 자신을 더 사랑하게 되었고요."

"다른 사람보다 나 자신을 사랑하는 것이 더 어려울 때도 있는 법이죠."

"그게 바로 내가 가진 인생 각본이에요. 나는 그동안 내가 왜 나 자신을 온전히 사랑하지 못하는지, 어쩌다 그렇게 된 건지 그 이유를 찾으려고 노력해왔어요. 예전에 우리가 가족 각본에 대해 이야기한 적이 있었죠? 거기에 한 마디 덧붙이자면, 다른 사람들한테나 자신에게 나를 이야기할 때, 그 내용을 자세히 관찰하면 도움이 되는 것 같아요. 예전에는 불공평한 취급을 받았거나 고생했던 이야기를 주로 했지만 '있는 그대로'를 받아들이고 그 상황으로부터 어떤 긍정적인 결과가 나왔는지 이야기하는 쪽으로 바꿨거든요. 그랬더니 나 자신을 제한하기만 했던 부정적인 인생 각본이 사라지는 게 느껴졌어요."

"훌륭한 방법이에요. 또 다른 방법을 알려줄게요. 사람들이 당신을 사랑하게 만드는 특징들을 적어보세요. 이렇게 하면 긍정적인 점에 집중할 수 있고, 당신이 받는 모든 사랑을 그대로 받아들일 수 있어요. 그러면 무조건적인 사랑을 받지 못하고 있다는 잘못된 환상을 없애는 데 도움이 될 거예요."

"와, 그 방법은 생각 못 했어요." 내가 대답했다. "부정적인 점을 없애는 것만으로는 나의 마음이 충분히 열려 있지 않아서 우주가 나에게 주려고 하는 만큼의 사랑을 오롯이 받아들이지 못한다는 걸 이제 알겠네요. 그 예로, 나를 사랑하는 사람들을 내가 밀어낼 수도 있는 거고요."

"긍정적인 것들을 새로 추가하기 전에 부정적인 것부터 없애려고 하는 것은 자아 존중감이 부족해서 나오는 행동이에요. 많은 사람들이 그렇게 하지요. 이건 인류가 가진 집단 사념체의 일종인데, 이 사념체는 자신을 보편의식의 영원한 사랑으로부터 끊어내면서 생겨났어요."

"당신의 말을 듣다 보니 자기 파괴적인 또 다른 행동이 떠올랐어요. 내가 원하는 것을 온전히 요구하지 않는 거예요. 이런 행동은 자신이 최고를 누릴 가치가 없고, 더 많은 것을 가지게 되면 다른 사람에게 돌아가는 것은 그만큼 줄어들지도 모른다는 생각에서 나와요. 이런 식으로 에고는 고통을 만들어요. 내가 원하는 것을 절대로 가질 수 없으니까요. 이건 결핍적 사고 때문에 생기는 결과겠지요?"

"훌륭한 통찰이에요." 헨리가 말했다. "이런 문제에는 당신의 최선의 인생 각본이 어떤 것인지 확언하고 기도하는 방법을 추천해요. 그다음, 당신이 요청했던 것을 꼭 받고 싶다는 집착에서 완전히 벗어나는 거예요. 그러면 무엇이 당신에게 최선인지 우주가 결정할 수 있어요."

"내가 정말로 원하는 것을 요구한다고 생각하기만 해도 불안해져요. 그런 생각 때문에 실망에 대한 두려움이 커져서 결국 내가 원했던 걸 받지 못할 거라는 생각을 하게 돼요. 그런 생각은 결국 내가 '충분히' 사랑받지 못하고 있음을 확언하는 것과 같고요. 나로서는 무한한 풍요에 마음을 여는 것보다 중립적 태도, 집착이 없는 상태를 유지하는 게 더 쉬워요. 하지만 확실히, 당신의 제안을 즉시 실천에 옮기는 게 좋겠죠."

"자기 자신을 사랑하는 것에 대한 이야기가 나와서 말인데, 이건 상당히 큰 주제이니 내일 이야기하기로 해요. 이상!"

헨리 — 아니, 헨리에타나 성모라고 부르는 것이 좋을까? — 가 영이라는 사실을 알고 나니 왜인지 모르게 마음속 깊은 곳에서 안도감이 느껴졌다. 그를 몸의 영이라고 생각하면 위안이 되는 동시에 영감을 받는 것 같았다. 내가 완전히 받아들여진 느낌, 무조건적인 사랑을 받고 있다는 느낌이 들었다.

나는 헨리가 말한 것을 되새겨보고, 사람들이 나를 사랑하게 만드는 특징들을 목록으로 만들어봤다. 그 결과, 나를 사랑하는 사람 한 명 한 명에 대한 고마움은 내 생애에 대한 감사함이 되었다. 나는 나의 일과 건강, 자연의 아름다움을 사랑했고, 나아가 성장의 기회가 되어준 고난들에 감사했다. 이런 여러 가지 예시를 통해 내가 우주의 사랑을 받고 있으며, 우주와 동조하고 있음을 느낄 수 있었다. 어쨌거나 내가 이루지 못했던 것들이나 받지 못했던 것에 대한 실망감은 예전만큼 나를 괴롭히지 않았다. 나는 곧 평온한 만족감을 느꼈다. '하기'와 '존재하기'는 하나가 되었으며, 뭔가를 끝내야만 한다는 압박감은 사라졌다. 계속되는 이 여정을 그저 즐기기만 하면 되는 거였다.

11장
사랑은 당신의 중심부에 있는 상처까지 치료한다

"나는 다른 사람들에게서 그 무엇도 기대하지 않는다.
그렇기에 그들의 행동은 나의 바람과 달라지지 않는다."

— 파라마한사 요가난다의 《어느 요기의 자서전》 속 스와미 스리 유크테스와르의 명언

'존재하기'와 '하기'의 평온한 흐름 속에서 며칠을 지내다 보니 어느덧 헨리와 대화를 다시 나눌 시간이 되었다. 때가 되자 그가 불쑥 물어왔다.

"이런 평온함 아래에 아직도 불안감이 숨어 있다는 걸 알고 있나요?" 그의 질문을 듣고 나니 여태껏 이뤄온 나의 성장이 아무것도 아닌 것처럼 느껴졌다.

"네. 하지만 그것보다는 긍정적인 상태에 집중할래요." 내가 대답했다.

"평온함 아래에 있는 불안은 에고가 통제력을 잃는 것이 걱정돼서 느끼는 감정이에요."

"알아요. 그래서 불안함에 특별히 주의를 기울이고 있지 않은 거예요. 나는 내가 그다지 불안하지 않다는 걸 알고 있고, 지금은 그냥 보편의식인 사랑과 평화 속에서 휴식을 취하고 있는 중이에요."

"현명한 태도예요." 헨리가 대답했다. "사랑과 평정심은 연습하면 연습할수록 강해져요. 그러다 보면 사랑과 평정심을 계속 유지하는 상태가 되지요. 두려움이 중심이 되는 삶에서 사랑이 중심이 되는 삶으로 바뀌려면 만물을 사랑해야 해요. 그것도 신(One)의 일부이니까요."

"당신이 내준 숙제를 해봤는데요." 나는 헨리의 피드백을 기대하며 말했다. "내가 원하는 것을 요청하고, 그것을 꼭 받고 싶다는 집착을 버리고 중립적인 자세를 유지하는 숙제 말이에요. 이런 태도를 유지한다면 이루지 못한 소원 때문에 고통받지 않는다는 걸 깨달았어요. 고통받는다고 하더라도 아주 조금 그럴 뿐이죠."

"당신이 진짜 원하는 것으로 해봤어요? 그편이 확실히 더 어려울 거예요."

"몇 번은 내가 진짜로 원하는 걸 상상해봤죠." 내가 대답했다. "확실히 그게 더 어려운 것 같긴 해요. 그것을 가지는 것이 나에게 최선의 길인지 자꾸만 의심이 들었거든요. '나에게 가장 좋은 게 무엇인지 보편지능은 확실하게 알고 있을 테니, 나에게 주어진 것을 받아들이는 게 맞는 것 아닐까?' 이런 갈등을 겪다 보니 내가 뭔가 놓치고 있다는 느낌이 드는데, 그게 정확히 뭔지 잘 모르겠어요."

"영적 법칙과 자기 제한적인 인생 각본 사이에서 막혀버린 거예요." 헨리가 대답했다. "영적 성장을 지향하는 사람들에게 흔히 생기는 일이지요. 자기 제한적인 인생 각본도 풍요보다는 빈곤에 집중하는 생각의 한 형태예요. 다시 말해, '내가 원하는 것을 전부 가질 수 없고, 그것을 요청하는 것은 영적인 것이 아니며 탐욕스러운 행동이다'라는 거죠. 물론 무엇이 당신에게 최선인지 신은 알고 있다는 말은 맞아요. 하지만 당신에게는 자유의지가 있기 때문에, 신은 당신이 원하는 것을 요청하기를 바라고 있어요. 그래서 원하는 것을 달라고 요청하면 신은 무엇을, 어떻게, 언제 당신에게 줄지 결정할 거예요. 오히려 요청하지 않는 것이 문제죠. 당신이 원하는 것을 가질 만한 가치가 없다는 생각은 그 어떤 부정적인 생각보다도 당신이 하는 요청의 중요성을 깎아내릴 거예요."

"내 요청이 나 자신이나 타인의 최고선을 위한 것임을 믿으라는 말인가요?"

"이걸 꼭 기억하세요." 헨리가 대답했다. "신의 또 다른 이름은 '무한한 사랑'이에요. 하다못해 인간인 부모들도 자식의 행복을 위해서라면 그들이 원하는 것은 무엇이든 주고 싶어해요. 신의 마음도 똑같아요. 당신의 혼은 과연 당신이라는 사람이 무엇을 가지길 바라는지 잘 생각해서, 그것을 요청해보세요. 하지만 당신이 무엇보다도 가장 중요하게 여겨야 할 것은 신과의 하나됨이에요. 자신이 달성해야 하는 것을 에고의 관점에서 생각할 것이 아니라, 신과 하나가 되기를 갈망하는 혼의 관점에서 생각해야 해요."

"그런 혼의 욕망은 내적 앎으로부터 나올 수도 있는 건가요? 그러니까, 내가 원래는 의식과 하나였고, 그 상태는 모든 것을 아우르는 사랑이라는 가장 황홀한 상태였으며 언젠가는 그 상태로 반드시 돌아갈 거라는 그런 내적 앎이요."

"그런 앎을 가지고 있다면 성장하는 데 도움이 되겠지요. 하지만 에고는 그 신념에 대한 소유권을 주장하려고 하면서, 그렇게 되어가는 과정에서 당신이 더 게으름을 피우도록 만들 거라는 사실을 명심하세요. 겸손한 태도를 유지하는 것, 그리고 자신이 흐름에 몸을 맡기는 것 외에는 달리 방도가 없는 미지의 공간으로 들어가고 있음을 깨닫는 것이 중요해요. 성장을 위해서는 꾸준히 전념해야 해야 하죠."

"집착을 내려놓을수록 더 확장된 느낌, 더 편안한 느낌이 들어요. 그리고 자신과 타인에 대한 인내심과 관용도 더 커지는 것 같아요."

"이제 곧," 헨리가 설명했다. "그 어떤 것도 판단하지 않는 단계에 들어서게 될 거예요. 그다음에는 언어를 잃어버리게 될 거고요."

"나는 이미 언어를 잃어본 적이 있어요. 하지만 나이가 들어서 그렇게 되었거나, 몇 년 전에 뇌진탕을 겪어서 그런 줄 알았을 뿐이죠. 사실, 그러기 전에도 이미 그 어떤 생각이나 말도 할 수 없는, 머리가 텅 비어버리는 시기가 종종 있었죠."

"에고의 통제를 받는 정신계에 머물 필요가 없어지면 생각과 말이 없이 존재하게 돼요. 당신이 말한, 머리가 텅 비어버리는 상태나 말이 떠오르지 않는 상태는 금방 지나가는 일시적인 상태예요. 하지만 자기완성을 이룬 후에는 더 이상 언어가 필요 없어져요. 계속 언어를 써야 하는 운명이 아니라면 말이죠."

"나는 내 강의 방식이 달라졌다는 사실도 알게 되었어요. 예전에는 강의 계획을 세우고, 어떤 말을 해야 할지, 어떤 워크숍을 진행할지 자료 조사도 하면서 철저하게 준비했거든요. 그리고 강의가 시작되고 나면 그 자리에서 만나게 되는 사람이나 상황을 봐가면서 강의 계획을 유동적으로 조절했어요. 나는 이것이 생각과 감정, 지혜와 사랑 사이의 균형을 연습하는 것이라고 생각했어요. 반면에 지금은 강의 계획을 세우는 것을 거의 꺼리다시피 하는 경우가 많은 것 같아요. 대신, 강의를 시작하기 전에 다른 사람들이 가장 필요로 하는 것을 줄 수 있도록 나의 마음을 완전히 열어달라고 영에게 도움을 요청해요. 그렇게 하면 나의 가슴에서 거대한 사랑이 뿜어져 나오고, 해야 할 말이 큰 힘을 들이지 않고도 입에서 자연스럽게 흘러나와요. 수강생들의 반응도 괜찮은 것 같아서 계속 이렇게 하려고 해요. 하지만 솔직히 말해서, 수강생 숫자가 늘어나면서 혹여나 내가 실수하지는 않을지 살짝 걱정되기도 하네요."

"수강생이 많을 때도 두려움에 맞서거나 강의 계획을 유동적으로 조정하나요?" 헨리는 내 문제의 원인을 찾기 위해 더 깊이 파고들었다.

"이 문제는 예전에 당신이 짚어냈던 문제와 똑같은 것 같아요. 나는 수강생의 수가 적거나 보통 정도일 때(한 200명 정도) 나의 마음과 우주를 믿고 편하게 말할 수 있어요. 하지만 사람 수가 많아지면(한 1,000명이라고 치면) 도움이 될 강의 계획이나 자료가 필요해지더라고요. 이것도 나 자신을 제한하고, 우주에 대한 믿음이 부족해서 생기는 문제겠죠?"

"맞아요! 기쁘게도, 내가 추천해줄 방법이 하나 있어요. 한번 들어볼래요?" 헨리는 내가 들을 준비가 되었음을 느끼고는 바로 말을 이어갔다. "때에 따라 다르지만, 당신이 생각하는 '자신' 중 5퍼센트에서 15퍼센트는 만물을 사랑하는 영원한 신 앞에 모든 것을 내려놓기를 꺼려요. 내려놔야만 한다는 걸 알지만, 그럴 수 없게 만드는 상처는 기억하지 못해서 그런 거예요. 모든 것의 시작이 되는 가장 근본적인 상처는 영원한 원천으로부터 분리되어 나왔다는 느낌이고, 그건 다름 아닌 인간 자신이 선택한 거예요. 이 상처의 후유증은 사람마다 다르게 나타나요. 흔히 나타나는 후유증은 버려짐, 실패, 변화, 미지에 대한 두려움인데 그 밖에도 여러 가지 두려움이 있죠. 모든 사람에게는 근본적인 상처가 있고 또 그것을 숨기고 있지만, 상처를 치유하기 위해서는 그걸 드러내 보여야만 해요."

"미처 기억하지 못하는 상처에 대한 당신의 말을 듣자마자 생각나는 경험이 있어요." 내가 대답했다. "뜻하지 않게 등 떠밀려 대중들 앞에 설 일이 있었는데, 해야 할 말을 잊어버려 곤란했던 상황이 세 번 정도 있었거든요. 대사를 잊어버리는 것은 '나는 완벽하지 않기 때문에 실패할 것이고, 그래서 거절당할 것이다'라는 신념 때문에 나타나는 증상이에요. 내 생각에 이 증상은 그런 근본적인 상처 때문에 나타났던 것 같아요. 대사를 잊어버리는 일이 한 번, 두 번, 세 번 반복될 때마다 나는 더 많은 사람들 앞에 서 있었어요.

마지막으로 그런 일이 일어났던 것은 열여덟 살 때였어요. 내가 대학교에 막 입학했을 때, 토론토 대학교의 빅토리아 칼리지Victoria College 총장님으로부터 세계 최고의 문학 평론가였던 노스럽 프라이Northrop Frye 박사의 신입생 환영사에서 조수를 맡아달라는 부탁을 받은 적이 있어요. 엄청나게 긴장됐지만 거절할 수가 없었어요. 당시에 나는 입학 점수가 낮아 기숙사에 들어갈 수 없었는데, 그 조수 일을 하면 기숙사에 자리를 얻어주겠다고 총장님이 약속하셨거든요.

결국에 나는 총장님이 지시했던 소개 멘트를 달달 외웠고, 마침내 연설 날이 다가왔어요. 나는 입학식이 시작되기 전 프라이 박사 부부와 함께 점심을 먹었는데, 박사님은 낯을 많이 가리시는 분이어서 나같이 나이 차가 많이 나는 학생과 대화하는 걸 어려워하셨어요. 그래서 나는 박사님이 편하게 대화하실 수 있는 대화 주제 몇 가지를 꺼내봤어요. 나는 이때 '이렇게 내성적인 분이 많은 사람들 앞에서 연설을 할 수 있다면 나도 할 수 있겠다'라는 생각이 들면서 마음이 편안해졌어요. 그래서 나는 제 역할을 잘 수행했을까요? 아니요. 나는 총장님이 정해준 오프닝 멘트를 잊어버렸어요. 다른 사람들이 정해준 말을 잊어버리는 패턴은 변하지 않은 거예요. 그래서 그냥 가슴에서 우러나오는 진심을 이야기했고, 그랬더니 소개 멘트가 술술 나왔어요. 해야 할 말은 우주가 정해준다는 걸 믿어야 한다는 것을 그제야 처음으로 배우게 된 거지요."

"그래서 지금까지도 그런 식으로 강의를 하는 거군요. 그렇다면 지금의 강의 방식이 전과는 어떻게 다른지 얘기해줄 수 있나요?" 헨리가 물었다.

"내가 볼 때 나는 스스로를 검열할 시간이 없을 때 위기를 더 잘 넘기는 것 같아요. 마음을 놓을 수 없을 정도로 내 안락지대에서 완전히 벗어나 있을 때, 나는 그 상황의 흐름에 따르면서 최선을 다하려고 해요. 다시 말해서 진정한 나 자신, '참나'가 되는 거죠. 어쩌면 나의 혼 그 자체가 되는 것일 수도 있고요. 반면, 어떤 주제에 대해 전문가로서 연설을 해달라는 부탁을 받으면 정신적인 측면을 더 많이 써요. 나라는 존재로부터 우러나오는 말을 하기보다 내가 아는 지식에 기반해서 말을 하는 거죠."

"그럴 때 내면의 변화가 일어난다는 걸 눈치챘나요?"

"다른 사람과의 관계가 편안하게 느껴지는 만큼 나 자신과의 관계도 편해지는 것 같아요. 이제는 새로운 상황에 처해도 거의 불안하지 않아요. 모든 이들에게 가장 이로운 방향으로 일이 진행되리라고 믿거든요. 이건 강의나 저술 활동과 같이 내 경력과 관련해서 일어나는 일일 수도 있고, 당신과 나만 알고 있는, 상처받고 두려움 많은 내면의 부분에서 일어나는 일일 수도 있어요. 구름과도 같은, 어떤 탁한 기운 같은 게 정화되면서 오래된 패턴의 옅은 흔적들과 잘못된 각본만 나에게 달라붙은 채 남아 있는 거죠."

"맞아요. 자신의 상황을 과장하지 않고 정확히 이해하고 있네요. 당신은 거만해지는 것을 경계하기 때문에 자신의 성장을 과소평가하는 경향이 있어요. 하지만 성장을 과소평가하는 것은 과대평가하는 것만큼이나 잘못된 태도예요. 내면의 나침반이 최종 목표를 가리키고 있고, 그 목표는 당신이 그것을 갈구하는 만큼 강하게 당신을 앞으로 이끌어주고 있어요. 그러니 더 열심히 갈구하라고요!"

"재미있네요. 그 말을 들으니 떠오르는 일이 있어요. 이야기해도 될까요?"

마음속에서 이야기를 시작해보라는 *끄덕임*이 느껴졌다.

"때때로 나의 헌신이 부족하다는 느낌을 받을 때가 있어요. 작년 쯤, 어떻게 하면 더 헌신적인 사람이 될 수 있을지 고민하다가 깨달음을 얻은 구루 친구에게 그 고민을 털어놓았어요. 프라즈나파라미타라는 그 친구는 내 질문에 웃으며 이렇게 대답했어요. '너는 헌신적인 사람이야. 네가 설립한 세계변화기관(International Institute for Transformation)에 지난 20년 동안 헌신해왔잖아'.

나는 그녀의 말을 듣고 놀라서 이렇게 대답했어요. '나는 헌신이 음의 성질을 가지고 있다고 생각해. 지금의 나보다 더 부드럽고 순종적인 느낌 말이야. 나는 음의 성질을 더 키우고 싶고, 그런 쪽으로 더 헌신하는 태도를 가지고 싶어'.

그러자 프라즈나파라미타가 말했어요. '꽃뿐만 아니라 칼도 쓸 줄 알아야 진정한 영적 스승이야'.

나는 친구가 재해석한 '헌신'이 무엇인지를 듣고 나서 내가 뭔가 부족한 사람이라는 생각을 말끔히 지울 수 있었어요. 그 덕분에 헌신하는 태도가 부족하다고 생각하지 않으면서도 음의 성질을 키우겠다는 목표를 여전히 지향할 수 있었죠." 음의 성질과 헌신의 차이를 깨달은 일화를 설명하던 중, 헨리가 나의 회상을 끊었다.

"헌신은 혼의 연료예요." 헨리가 말했다. "당신은 신을 사랑하기 때문에 신이 창조한 모든 존재를 사랑하고, 그 모든 존재를 사랑하듯 자기 자신을 사랑하죠. 자기완성을 이루기 위한 열쇠는 무조건적인 사랑이에요."

"그 말을 들으니 생각나는 게 있는데," 내가 대답했다. "최근에 나 자신에 대한 오래된 이미지가 완전히 바뀌어버린 일이 있었어요. 원래 나는 어떤 상황에서든 모두를 더 사랑하겠다는 목표를 오랫동안 가지고 있었어요. 그런데 올해 생일 파티 때, 내가 '충분히 사랑하지 않고 있다'며 나 자신을 심판하고 있음을 우주가 보여줬어요. 내 생일 파티를 주관한 지인이 내 인생의 여러 분야에서 알게 된 내 수강생들과 친구들을 초대해서, 나의 어떤 점이 가장 감사한지 이야기를 나누는 시간을 마련했어요. 나는 그들이 내가 다른 사람들에게 얼마나 도움이 되는지, 얼마나 지혜롭거나 유머 감각이 좋은지 이야기할 거라고 예상했어요. 그런데 예상과는 다르게, 사람들은 내가 얼마나 많은 사랑을 베풀고 있는지에 대해 이야기했어요. 내가 오랫동안 나 자신에 대해 잘못된 인식을 가지고 살아왔던 거죠. 내가 사랑을 베풀고 있고, 더 이상 그 사실을 증명할 필요도 없다는 걸 깨달은 순간 나 자신에 대한 잘못된 인식은 완전히 사라졌어요. 그 순간은 나 자신을 사랑하는 마음을 유례없을 정도로 크게 키워준 아름다운 순간이었어요."

사랑이 가득했던 그때를 떠올리니 내 안의 사랑이 다시 홍수처럼 밀려오는 것 같았다. 헨리는 내가 그 사랑을 느낄 수 있게 기다려주며 잠시 말을 멈췄다. 그러다 그가 말했다. "당신이 사랑과 감사, 연민을 느끼면 두뇌와 육체로 엔도르핀이 마구 솟구쳐 더 큰 행복을 느끼게 돼요. 조건 없는 사랑은 자신과 타인에 대한 사랑을 더 크게 만들어요. 타인에게 그 어떤 기대도 하지 않고, 자신에게도 아무런 요구를 하지 않으니까요. 그러면 에고는 완전히 힘을 잃고 부정적인 사념체도 사라지게 돼요."

"더 큰 사랑을 하면 할수록, 어려운 상황에 처해도 불안함을 덜 느끼게 되더군요. 내가 의식의 흐름에 따라 움직이고 있다는 것이 축복받은 일이라고 느껴졌어요. 아직 의식과 하나가 된 건 아니지만, 긴장감을 더 놓아주면 에고라는 껍데기는 사라질 거라는 느낌이 들어요."

"사랑과 긍정적인 기분은 DNA가 편안히 늘어져 있도록 해줘요." 헨리가 덧붙였다. "반대로 두려움, 불만, 질투, 분노는 DNA를 움츠러들게 만들어서 당신이 질병에 더 취약해지게끔 만들죠. 우리가 일상에서 마주하는 고난을 어떻게 처리하고, 또 어떤 태도를 취하느냐에 따라 우리의 DNA도 영향을 받아요. 그래서 당신이 하는 선택에 따라 에너지와 주파수가 올라가거나 내려가는 거예요. 어떤 사건이 일어난 후, 그 일을 해석하기까지는 몇 초 정도의 간극이 있어요. 만약 당신이 어떤 일에 대해 긍정적 중립의 태도를 유지한다면 일이 순탄하게 흘러가든, 그렇지 않든 자극을 받지 않아요. 따라서 스트레스 호르몬을 분비시키는 생각과 감정을 갖지 않게 되고, 나는 당신의 감정 체계와 내분비계를 더 안정적이고 건강하게 유지시켜줄 수 있어요."

내가 헨리에게 무어라 말하려고 했으나, 그는 나를 막았다. "내 말을 더 들어보세요. 당신의 내적 삶과 외적 삶은 피드백의 고리로 연결되어 있어요. 내면의 평온함과 사랑을 키울수록 — 참고로 이건 명상을 통해 키울 수 있어요 — 외면의 삶도 이런 자질을 반영하고, 그게 다시 내면의 삶에 영향을 줘요. 부정적인 감정은 아드레날린을 솟구치게 해서 에고가 당신을 통제할 수 있도록 돕기 때문에 의지력과 끈기로써 감정을 안정시키는 것도 중요해요. 이렇게 하면 내가 당신의 부신 체계와 신체 시스템을 치유할 수 있어요."

"당신의 조언은 대부분의 상황에서 큰 도움이 돼요." 내가 말했다. "하지만 어떤 선택을 내려도 좋은 결과가 나올 거라는 기대를 도저히 할 수 없을 정도로 어려운 상황에 처하기도 하잖아요?"

"만약," 헨리가 대답했다. "생각을 바꿈으로써 즉시 평화롭고 사랑 가득한 상태로 들어가기가 어렵다면, 부정적인 생각 속에 잠겨 있지 말고 운동을 하거나 자연을 즐기며 산책을 하거나, 잠시 쉬거나, 밝은 에너지를 가진 친구와 시간을 보내며 엔도르핀을 끌어올려보세요. 스트레스의 원인이 되는 상황으로부터 잠시 신경을 껐다가, 어떻게 하면 그것을 긍정적으로 뒤집을 수 있는지, 그렇게 할 수 없다면 어떻게 해야 상황을 있는 그대로 받아들일 수 있을지 통찰이 생겼을 때 다시 이 문제로 돌아오는 거예요."

"사랑해야 한다는 집착이 생길 수도 있나요?" 나는 헨리에게 물었다. "에고가 그런 것도 시도할 수 있지 않을까요?"

"에고는 '나(me)', '내 것(mine)'이라는 느낌을 키우기 위해서라면 무슨 짓이든 해요. 무조건적인 사랑의 핵심은 자신이 사랑과 친절을 베풀고 있음을 상대방이 알아주기를 바라지 않는 데 있어요. 이런 느낌은 집착을 만들어내거든요. 대신, 당신의 모든 행동에 사랑이 흐르도록 하면 당신이 곧 사랑이 돼요. 신에게 모든 것을 맡기세요. 그러면 연민의 마음이 더 커져서 당신을 통해 흐를 거고, 동시성(synchronicity)*과 기쁨, 평화와 내면의 행복은 흘러넘치게 될 거

---

* 칼 융이 제창한 개념으로, 개별적인 인과관계를 가지는 두 가지 사건이 동시에 발생했을 때 이것이 서로 의미가 있다는 설명이다. 예를 들어, 먼 곳에 살고 있는 친구가 사망한 시각에 그

예요.”

“의식으로 되돌아가기 위한 여정에서 특별히 신경 써야 하는 또 다른 건 없어요?” 내가 물었다.

“누구에게나 각자 부족하거나 과도하게 발달된 자질이 있는데, 그건 인간이 생각을 통해 만들어내는 상태에 따라 달라져요.” 헨리가 대답했다.

“좀더 자세히 설명해줄 수 있나요? 과거와 현재를 반성하고 앞으로 피해야 하거나 더 연습해야 하는 것을 알면 도움이 될 것 같아서요.”

헨리는 대답을 하기 전에 잠시 생각을 했다. 어떻게 해야 가장 큰 도움을 줄 수 있는지 고민하는 것 같았다. “예전에도 이런 얘기를 나눈 적이 있었죠.” 마침내 그가 입을 열었다. “에고의 속임수 중 하나는 당신이 계속 더 많은 정보를 원하게끔 만드는 거예요. 깨달음을 얻는다는 게 마치 퍼즐을 맞추는 일이라도 되는 것처럼 말이에요. 하지만 당신은 절대로 모든 조각을 가질 수 없죠. 때가 되면, 머릿속의 회전목마에서 뛰어내린 다음 ‘인제 그만!’이라고 단호하게 말할 줄도 알아야 해요. 오늘은 이쯤 하고, 오늘 나눈 대화 내용을 복습하는 게 좋겠어요.”

헨리와의 대화를 끝마친 후 며칠 동안 나는 사랑에 관해 곰곰이 생각해보면서 나의 어떤 부분에 여전히 그림자가 드리워져 있는지 살펴보았고, 내가 베푸는 사랑이 더 커졌다는 사실을 자축했다. 나

친구가 내 꿈에 나타나 손을 흔들었다면, 이것은 단순한 우연의 일치가 아니라 우리가 집단 무의식을 통해 우주 만물과 연결되어 있음을 나타내는 것이라고 칼 융은 설명했다.

는 내가 스스로에게 더 너그러워졌다고 느꼈고, 잘못을 저질렀다고 해서 나 자신을 질책하거나 벌하지 않았다. 이와 동시에, 보편 의식에 대한 나의 헌신은 더욱 커졌고, 그 덕에 나는 더 큰 행복을 느낄 수 있었다. 삶을 참되게 살아갈수록 내가 맡은 역할과 책임은 더 이상 '해야만 하는' 어떤 것이 아니라 그저 유동적인 것으로 느껴졌다.

나는 온전히 현존하는 삶을 살아가면서 현재가 펼쳐지는 것을 관찰할 수 있었고, 현존하며 살고 싶다는 생각이 점점 더 강해졌다. 현재를 살아감으로써 기존의 존재 방식은 사라져갔고, 불안도 줄어들었다. 생각과 감정 사이에 있는 내면의 공간이 더 넓어지면서, 나는 나의 불안이 대개 부정적인 생각과 직접적인 연관이 있다는 것을 알게 되었다. 예컨대, 내가 전보다 더 현존하며 살아가고 있음을 알아차리면 해야 할 일을 할 시간이 별로 없다는 불안이 뒤따라왔다. 이런 불안을 통해, 나는 에고가 나를 넘어뜨리기 위해 긍정적인 느낌에 대응하는 부정적인 느낌을 만들어낸다는 사실을 알게 되었다.

하지만 에고가 환상 속에 계속 머무르게 만드는 수단일 뿐임을 알게 된 지금, 에고는 내가 감당할 수 있을 정도로 줄어든 것 같았다. 나는 에고를 그저 고집 센 장난꾸러기 어린아이 정도로 받아들이기로 했다. 그러자 큰 노력을 들이지 않고도 에고를 어떻게 대해야 할지 자연스럽게 알게 되었다. 나는 우주의 안내에 감사함을 느끼고 보편적 사랑을 인식하면, 에고의 힘이 약해지고 에고 배후에 있는 환상의 힘도 약해진다는 사실을 알게 되었다. 또, 가끔 나의 몸에 불안이 파도처럼 밀려올 때면 나는 깊은 심호흡을 통해 긴장을 풀어 그것을 완전히 해소시킬 수 있었다.

지금 내가 거쳐 가고 있는 영혼의 여정 이야기를 다른 사람들에게 들려주면 그들의 여정에도 도움이 될 것이라는 생각이 점점 더 강하게 들었다. 예전의 나였다면 다른 사람에게 내 생각을 들려주기 전에 그것이 정말 옳은지 확신이 생기기 전까지 기다렸을 것이다. 이것 역시 내가 깨뜨리고자 오래된 패턴이었다. 실패와 거절에 대한 두려움이 이 오래된 패턴에 스며들어 있었기 때문이다. 계속되는 나의 여정에 대해 글을 쓰고 말을 함으로써 우주에 대한 나의 신뢰는 더 깊어지고 있었다.

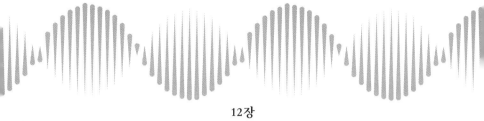

12장
에테르체는 어떻게 육체에 영양을 공급하는가

"마음의 영역에서, 인간이 진실이라고 믿는 것은
진실이거나 특정한 한계 내에서 진실이 된다.
… 이 한계를 발견한 순간, 그것은 곧 초월해야 하는 신념이 된다."

— 존 C. 릴리John C. Lilly

며칠이 더 흘렀고, 나는 여전히 아무런 기대도, 저항도 하지 않는 중립적인 태도를 유지하고 있었다. 그러던 어느 날 아침, 나는 헨리가 이야기하고 싶어하는 또 다른 주제가 있는지 알아내기 위해 그에게 집중했다.

"네." 헨리가 나의 생각을 읽고 대답했다. "이제는 당신도 이 점을 분명히 알고 있길 바라요. 인간의 육체는 하나의 통합적인 체계예요. 각각의 세포는 지성을 가지고 있고, 다른 신체 기관이나 기능과 의사소통을 해요."

"잘못된 생각과 감정을 고쳐서 건강해지는 법을 너무 자세히 공부하다 보니 육체에도 집중해야 한다는 걸 잊을 뻔했네요."

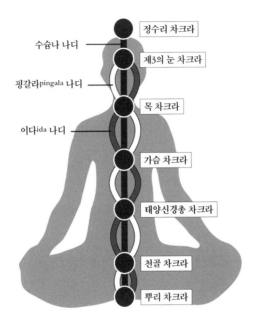

세 가지 핵심 에테르 채널과 차크라

- 수슘나 나디 — 정수리 차크라
- 핑갈라pingala 나디 — 제3의 눈 차크라
- 이다ida 나디 — 목 차크라
- 가슴 차크라
- 태양신경총 차크라
- 천골 차크라
- 뿌리 차크라

"괜찮아요." 헨리가 대답했다. "육체의 질병과 질환은 정신체와 감정체로부터 시작되니까요. 그래도 오늘은 육체의 건강에 집중할 거예요. 육체의 기관을 이야기하기에 앞서, 내가 육체를 유지하기 위해 에테르체에 어떤 작용을 하는지 살펴보는 게 중요해요.

나는 온몸의 신체 기관에 생명 에너지를 공급하기 위해 세 개의 에테르 채널channel을 사용해요. 이 채널들은 일곱 개의 각 차크라에서 하나가 되고요. 나는 육체, 감정체, 정신체에 에너지를 공급하기 위해 동맥과 정맥 등으로 이루어진 수천 개의 나디nadi를 사용해요. 나디는 '흐르다'라는 뜻을 가지고 있는데, 의식의 흐름을 위한 채널이라고 생각하면 돼요. 양전하와 음전하가 복잡한 전기회로를 따라 흐르듯, 프라나(생명력)와 마나mana(정신력)도 나디를 따라 온몸의 구석구석으로 퍼져요."

"꼭 그렇게 어렵게 설명해야 하나요? 그냥 당신이 하는 일을 좀 더 쉽게 설명해줄 수는 없는 거예요?"

"서양 과학에서는 아직 에테르 생리학에 대해 알려진 사실이 너무 적어서 힌두교의 용어를 써서 설명하는 것뿐이에요. 몸의 영은 육체와 협력하는 에테르적 존재예요. 당신이 나를 이해할 수 있는 기반을 확실하게 다질 수 있도록 쉽게 설명해볼게요. 여러 나디 중에서도 가장 중요한 세 가지 채널이 있어요. 그중 가장 중심이 되는 채널은 척수의 수슘나sushumna 나디예요. 수슘나는 회음부에서부터 정수리에 있는 시옷 봉합(lamboid suture)*과 시상봉합(sagittal suture)** 부분을 연결하는 중추 신경계를 관통해요. 뿌리 차크라에서 정수리 차크라까지 이어지는 거죠. 수슘나 나디는 몸의 중심 채널이고, 당신이 깨달음을 얻었을 때 쿤달리니 에너지가 흐르는 곳도 바로 이 채널이에요.

이건 중심 채널의 오른쪽이나 왼쪽을 따라 흐르는 에너지가 균형을 이룬 다음 하나로 합쳐져서 수슘나 채널을 따라 위로 흐를 때 일어나는 일이에요. 당신이 자기磁氣를 띠게 되고 음양 에너지가 균형을 이루어 에테르적으로 높은 주파수의 흐름이 만들어졌을 때 일어나는 일이지요."

"예전에 음양의 균형을 맞추는 게 중요하다고 했던 이유도 이거

---

* '람다상봉합'이라고도 하며, 두개골 뒤편에 있는 두정엽과 후두엽을 연결하는 결합조직.
** 두개골에서 두 개의 두정엽 사이에 있는 결합조직.

였나요?" 내가 물었다. "중심 채널을 따라 위로 올라가는 흐름을 만들기 위해서요?"

"그래요." 헨리가 대답했다. "몸의 오른쪽에 있는 채널은 양극을 띠는데, 이는 양의 성질인 능동적인 정신상태와 관련이 있어요. 반면에 왼쪽 채널은 음극을 띠고, 음의 성질인 수동적인 정신적 상태와 관련되어 있지요. 이 두 채널은 모든 차크라마다 교차하면서 올라가다가 제3의 눈에서 하나가 돼요.

우리가 그동안 이야기해왔던 여러 가지 긍정적인 생각과 감정에 관한 기법은 이 두 채널의 에너지 흐름을 깨끗하고 강하게 만들어요. 가슴과의 합일을 연습하는 이 과정은 깨달음으로 이어져요. 긍정적인 감정을 유지함으로써 가슴(심장, heart)이 일정한 리듬을 유지하게 되면 당신의 전반적인 진동수가 올라가면서 의식을 깨울 수 있어요. 이건 심장에 대해 이야기할 때 더 자세히 다루도록 해요."

"새로운 정보가 어마어마하게 많네요. 이걸 전부 다 알아야 하는 건가요? 그게 아니라면 그냥 곧바로 심장과 두뇌에 대해 알려주면 안 될까요?" 내가 헨리에게 물었다.

"나는 당신에게 내가 하는 일이 무엇인지뿐만 아니라 그 일을 어떻게 하는지도 알려주고 있어요. '어떻게' 작용하는지 더 잘 알면 당신을 건강하게 만드는 긍정적인 생각과 감정, 행동을 지키는 것이 얼마나 중요한지 이해할 수 있으니까요. 나는 이 세 개의 에테르 채널을 통해 심장, 두뇌, 신체 기관들과 세포들을 서로 연결하여 그것들이 잘 작동하도록 만들어요. 당신을 통제하는 사념체와 환상으로부터 자유로워지려면 그걸 가능하게끔 만드는 이 기관들의 에테르적, 생리적 기능을 알아두는 게 도움이 될 거예요."

내가 말했다. "서양 의학이 에테르체에 대한 지식 면에서는 뒤처져 있을지 몰라도, 감정이 두뇌에 미치는 영향에 대한 생물학적인 연구결과를 가지고 있기도 해요. 이를테면 위스콘신Wisconsin 대학교의 리처드 데이비드슨Richard Davidson 박사는 긍정적인 감정과 부정적인 감정에 영향을 받는 두뇌의 영역을 밝혀내기 위해 뇌의 전기적 활동과 혈류를 연구한 적이 있어요. 그랬더니 좌측 전전두피질(prefrontal cortex)*은 긍정적인 감정에 의해, 우측 전전두피질은 부정적인 감정에 의해 활성화된다는 결과가 나왔죠. 데이비드슨 박사의 실험은 고도로 숙련된 묵상가, 명상가, 그리고 내적 성장을 삶의 최우선순위에 뒀던 사람들을 대상으로 진행되었어요. 그랬더니 그들의 경우, 긍정적인 감정을 주관하는 부위인 좌측 전전두피질의 활동성이 평범한 사람들에 비해 월등하게 뛰어났다는 사실을 밝힐 수 있었어요. 정신은 몸처럼 단련할 수 있는 대상이기 때문에, 누구나 명상을 하면 두뇌마저 변할 수 있다는 사실을 데이비드슨 박사의 연구가 증명한 셈이에요. 하지만 두뇌의 변화가 어떻게 우리를 더 높은 의식 수준으로 이끌어주는지는 여전히 잘 모르겠어요."

"당신의 질문에 대답하려면 송과체에 대해 알아야 해요." 헨리는 내가 그 문제를 이해할 수 있도록 매우 도와주고 싶어했다. "송

---

* 전액골 피질(혹은 전전두엽 피질)은 전두엽의 앞부분을 덮고 있는 대뇌 피질을 가리킨다. 사람의 생존본능과 성격이 이 부위와 관련되어 있으며, 계획, 성격의 표현, 의사결정, 사회 행동, 언어 능력이 모두 이 부위의 기능으로 밝혀져 있다.

과체는 두 대뇌 반구 사이, 그러니까 두뇌의 정가운데에 있어요. 크기는 쌀 한 톨 정도이고, 생김새가 솔방울을 닮아서 '송과체'라고 불러요(38쪽 송과체 삽화 참조).

고대 그리스인들은 송과체가 영혼이 머무는 자리라고 생각했고, 실제로도 송과체는 인간의 의식과 관련해서 중요한 역할을 해요. 보편지능은 인간이 의식적인 존재로 진화할 수 있도록 도와주기 위해 바로 이 부위에 코드와 프로그램을 입력해놓았어요. 한때 예수님은 '눈은 몸의 등불이다. 네 눈이 하나가 되면 온몸이 빛으로 가득 찰 것이다'라고 말하기도 했지요. 이 구절은 높은 주파수의 빛이 한 줄기 빛으로 제3의 눈이라고도 불리는 송과체에 들어오는 것을 뜻해요. 이 빛은 서로 다른 에테르 에너지의 줄기 세 개로 이루어져 있어요. 이 광선들은 가슴속에 있는 사랑, 지혜, 의지의 삼중 불꽃과 같은 거예요."

"자기완성을 이룬 구루였던 파라마한사 요가난다도," 내가 끼어들었다. "이 세 가지 에너지 광선이 두뇌에 어떤 영향을 미치는지 이야기한 적이 있어요. 그는 하느님 아버지의 광선(의지의 길)은 두뇌 표면 쪽의 회백질과는 다른 성질을 가진, 두뇌 안쪽의 백질(white matter)에서 주로 발견된다고 했어요.** 반면에 성자(God the Son)의 광선(사랑의 길)은 두뇌 외부의 회백질에서 주로 발견된대요. 이 회백질은 생각을 표현하는 매개를 제공해요. 헨리 당신과도 같은 성령

** 인간의 뇌를 횡단면으로 나누어 보았을 때, 흰색으로 보이는 백질 부분과 회색으로 보이는 회백질 부분으로 나뉜다. 백질은 대뇌, 소뇌의 안쪽, 간수, 연수의 대부분과 척수의 바깥쪽에 분포하는 반면 회백질은 뇌의 표면과 척수의 안쪽에 분포한다.

의 광선(지혜의 길)은 적혈구에서 발견되고, 신경에 흐르는 전류의 모습으로 나타나요."

"요가난다의 말이 맞아요." 헨리가 말했다. "그는 에테르적으로 실제 일어나는 일에 대해 설명한 거예요. 그리고 이상적으로는 육체와 감정체, 정신체에 있는 이 세 가지 에너지 광선들의 균형을 잡는 것이 바로 나의 기능이죠. 그래도 당신에게는 자유의지가 있기 때문에 당신의 생각으로 내 기능을 통제할 수 있어요. 그래서 지금까지 부정적인 생각을 없애고 긍정적인 생각을 강하게 만드는 것을 집중적으로 논의했던 거예요. 당신의 생각이 높은 주파수로 꾸준히 유지되면 내가 송과체에 신호를 보내서 이전에는 당신이 접근할 수 없었던 생각의 코드를 열어요. 이 높은 차원의 생각이 더 고양된 감정을 만들어내 영적인 변화를 가능하게 하지요."

"송과체에 대한 말이 나온 김에, 확인하고 싶은 것들이 몇 개 있어요. 물어봐도 될까요?"

"물어보세요."

"나는 오랫동안 송과체의 기능을 연구해왔거든요." 내가 말했다. "그런데 당신이 말했던 것처럼, 더 높은 단계의 의식을 여는 데 있어 송과체가 핵심 열쇠라는 느낌이 들었어요. 나는 송과체에 두 종류의 결정체(crystal)가 있다는 걸 알게 됐어요. 결정체 중 큰 것들은 오디와 비슷하게 생겼고, 다른 결정체들은 그보다도 크기가 훨씬 더 작기 때문에 수분髓粉(myeloconia, 그리스어로 '뇌 가루'를 의미)이라고 불려왔어요. 수분은 탄산칼슘으로 이루어져 있는 기하학적인 형체의 결정체들인데, 전하를 생산할 수 있죠. 이게 사실이라면, 이 결정체들은 우리의 에너지 진동수를 증폭시킬 수도 있다는 말이 돼요. 송과체의 크기는 정말 작은데, 여기서 사용하는 혈액의 양은 엄청나요. 거의 뇌하수체에 버금가는 정도로 혈액을 사용하는데, 이 부위보다 혈액을 더 많이 쓰는 신체 기관은 신장밖에 없어요. 당신은 내 혈관 속을 흐르는 영이니까 내 송과체를 거쳐 갔던 적이 꽤 많겠죠. 맞나요?"

"네, 맞아요." 헨리가 웃었다. "당신도 이미 알고 있을지 모르겠지만, 송과체는 두뇌와 연결되어 있지 않고 자율신경계와 연결된 신경들만 가지고 있어요. 송과체는 많은 면에서 에테르체와 육체를 연결해주는 역할을 하는데, 여섯 번째 차크라, 즉 제3의 눈과 에테르적으로 연결되어 있어요. 여섯 번째 차크라는 양의 채널과 음의 채널이 끝나면서 수슘나 나디 — 중립적 성질을 가지는 중심 채널 — 와 하나가 되는 부위예요. 당신이 긍정적 상태 — 신에게 헌신하고 신에 대해 더 많이 배우겠다는 의지 — 를 유지하면 나는 당신의 중심 채널을 따라 상승하는 전류를 사용해 더 높은 상태의 의식을 활성화할 수 있어요. 이것도 송과체에 암호화되어 있는 일이지요."

"송과체를 어떻게 사용하는지 알려줘서 고마워요. 그러면 나나 다른 사람들이 송과체를 강화하기 위해 육체적으로 할 수 있는 일이 있을까요?"

"송과체의 독소를 해독하고 깨끗하게 만드는 게 중요해요. 그러면 보편지능과의 연결이 강화되기 때문이에요. 불소는 송과체에 해로운데, 유감스럽게도 송과체는 그 어떤 기관보다도 불소를 더 많이 흡수해요. 그러니 될 수 있으면 불소가 없는 수돗물이나 치약을 사용하는 게 좋겠죠."

"불소를 쓰지 않는 게 한 가지 방법이군요. 그러면 다른 방법은요?"

"기쁜 소식은, 생카카오(raw cacao)가 송과체를 자극하고 항산화제 역할을 한다는 거예요. 그러니 카카오 열매를 먹으면 도움이 될 거예요. 초콜릿은 엔도르핀을 촉진한다고 알려져 있어요. 엔도르핀은 사랑받는 기분을 느끼게 하는데, 이 사랑받는 느낌은 다른 모든 긍정적인 감정들과 더불어 송과체를 강화해줘요."

"내가 초콜릿을 좋아하는 이유가 있는 거였어요!" 나는 초콜릿을 더 많이 먹을 수 있다는 사실에 신이 나서 소리쳤다. 나는 두뇌에 대한 대화는 이제 끝났으며 엔도르핀과 송과체를 건강하게 만드는 방법으로 주제가 넘어갔다고 생각하고 있었다…. 그런데 헨리가 말했다.

"두뇌의 생리적, 에테르적 기능에 대한 이야기는 당신만을 위한 것이 아니에요. 이 내용을 읽게 될 다른 사람들도 도움을 받을 수 있을 거예요. 하지만 많은 사람들은 우리가 말하는 것이 사실이라고 믿기에 앞서 과학적 근거가 있어야 한다고 생각할 거예요. 지금까지 우리는 생각과 감정의 중요성에 초점을 맞춰왔지만, 이제 우리의 주장에 대한 논리적인 근거를 알아볼 차례예요."

그제야 나는 이것이 진지한 주제라는 걸 깨달았다. 나는 두뇌 기능에 대한 과학계의 새로운 발견과 영적 문헌들의 연관성을 주제로 이야기하는 것을 정말 좋아한다. 그래서인지 가끔은 내가 오랫동안 열정을 갖고 이 주제를 공부해왔다는 것을, 어쩌면 그동안 알리지 못했던 '아주 흥미로운' 지식들을 쏟아내느라 독자인 당신을 피곤하게 만들 수도 있다는 것을 까먹기도 한다. 나는 잠시 휴식을 취하고 오는 것이 좋겠다는 생각이 들었다.

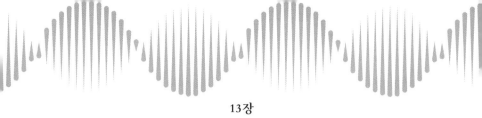

13장

두뇌: 당신의 지성을 계발하라

"대부분의 사람들은 자신이 생각하고 있다고 생각한다.

하지만 그들은 사실 편견을 재배열하고 있을 뿐이다."

— 데이비드 봄[*]

내가 헨리와 대화하기 위해 다시 자리에 앉았을 때, 그는 이미 이야기를 나눌 준비가 되어 있었다.

"지난번에는 송과체에 대해 알아봤어요. 이번에는 두뇌 전체의 중요성으로 대화 주제를 넓혀볼게요. 요가난다도 말했던 것처럼, 두뇌는 보편의식의 세 광선을 담는 역할을 해요."

"두뇌 전체에 관해 얘기하고 싶다면 내가 신경아교세포(glial cell)[**]에 대해 말해도 될까요? 정말 흥미롭더라고요. 다른 사람들도 들으면 좋아할 것 같아요."

---

[*] 여러 사람에 의해 거듭 인용되어온 말로, 누가 처음 말한 것인지는 정확히 알려져 있지 않다.

[**] 뉴런에 영양소를 공급하고 뉴런을 지지하는 비신경성 세포.

224

"말해보세요!"

"신경아교세포는," 내가 설명을 시작했다. "뇌세포의 90퍼센트를 차지하고 있어요. 신경아교세포는 몸의 신경섬유 하나하나를 둘러싸고 있고, 시냅스의 연결을 증가시켜요. 사실, 뉴런과 달리 신경아교세포는 새로운 것을 계속 배우면 평생 그 숫자를 늘릴 수 있어요. 우리가 처한 환경에 따라 두뇌 속의 신경아교세포의 수가 늘어나거나 줄어들 수 있는 거죠. 그리고 송과체는 어마어마한 숫자의 신경아교세포로 이루어져 있어요. 과학자들이 아인슈타인의 뇌를 연구한 결과, 그의 뇌에는 평범한 사람보다 신경아교세포가 72퍼센트나 더 많았다고 해요. 아인슈타인은 천재였을 뿐 아니라 신비주의자이기도 했어요. 그래서 나는 신경아교세포를 더 많이 가지고 있는 것이 영적 변화에 도움이 될지 늘 궁금했었어요."

"신경아교세포는," 헨리가 대답했다. "당신이 신경아교세포에 전달하는 정보의 주파수에 따라서 발달하거나 퇴화할 수 있어요. 사랑을 키우거나 지적, 영적인 탐구를 더 많이 하게 되면 신경아교세포도 발달해요. 예를 들어 당신의 신경아교세포와 지성은 평생 성장을 거듭해왔어요. 어떻게 그렇게 됐는지 이제부터 알려줄게요. 처음 고등학교에 입학했을 때, 당신은 IQ 테스트 결과에 따라 일반 학급에 배정되었지요. 당신은 비서교육 과목이나 가정과목 같은 실업반 수업에는 별로 관심이 없었어요.*** — 참고로 별로 잘하지도 못했고요. 그래서 당신은 다음 해에 학업반에 들어가기 위해 학

***　저자의 모국인 캐나다의 온타리오Ontario주에서는 고등학생들을 학업반(academic stream)과 실업반(applied stream)으로 나누어 교육했었다.

업반 과목을 열심히 공부했어요.

　고등학교 졸업만 생각하고 있었지, 그 이상의 어떤 비전이랄 게 딱히 없었던 당신이 대학교 입학을 생각하는 친구들에게 끌렸던 건 정해져 있는 운명이었지요. 그 친구들과 어울리며 당신도 '대학교에 진학해볼까' 하는 생각을 했으니까요. 대학교에 진학한 뒤에도 당신은 또다시 학위를 따기에 가장 쉽고 빠른 과목을 전공함으로써 자기 자신에게 한계를 두고 있었어요. 하지만 우주가 개입해서 결국에는 세 가지 학위를 따게 되었죠. 당신은 평생을 배움으로써 신경아교세포의 수를 늘려왔어요. 그리고 누구나 이렇게 할 수 있어요."

　"당신의 말을 듣다 보니 마이클 머제니치Michael Merzenich라는 신경과학자가 생각나요. 그는 우리 두뇌가 경험에 의해 형성되며 가소성을 띤다는 사실을 밝혀냈어요. 우리가 새로운 기술을 배우면 뇌에도 새로운 길이 만들어져요. 나이가 많은 사람일지라도, 정신적으로 활동적인 삶을 영위한다면 그렇지 않은 사람들보다 더 뛰어난 두뇌를 가질 수 있는 거예요.

　개인적으로 나는 IQ 테스트 결과가 왜 생각보다 낮게 나왔는지 궁금할 때가 있었는데 이제는 그 답을 알 것 같아요. 베일러Baylor 의과대학의 연구에 따르면 감동이나 자극을 적게 받는 아이들은 두뇌의 크기가 평균보다 20에서 30퍼센트 정도 작다고 해요. 어릴 적 나의 물리적, 심리적, 정신적 환경이 나에게 충분한 자극이 되지 못했던 거예요. 그래서 그때 나의 IQ 점수가 낮았던 거고요."

　헨리는 빨리 말을 하고 싶어 안달이 나 있었다. "감각이나 정신적, 감정적 자극은 전반적인 건강을 위해 반드시 필요해요. 아이들에게만 그런 것이 아니에요. 심지어 노인들도 감동을 받거나 흥미로운 환경에 있을 때 건강을 더 잘 유지할 수 있어요. 그런 환경의 중요성은 아무리 강조해도 지나치지 않아요."

"내가 어쩌다가 더 똑똑해진 것 '같은지' 이야기하는 것만으로도 또 다른 통찰이 생기는 것 같아요. 내가 학교에 다니던 시기의 교육 시스템은 좌뇌를 이용한 기계식 암기법에 초점을 맞추고 있었어요. 학생들이 알아야 할 지식을 선생님들이 말로 설명해준 다음 그것을 외우게 하는 거예요. 나는 이런 청각식 교육 방식이 잘 맞지 않아서, 별로 큰 효과를 보지 못했어요. 그러다 대학교에 입학한 다음에야 내 우뇌가 가진 직관적 재능을 사용할 수 있었어요. 나의 이런 재능은 더 시각적인데다가 높은 주파수를 지녔죠."

"전통적인 교육 기관에서는 많은 아이들이 실패를 경험해요." 헨리가 끼어들었다. "청각적 교육이 잘 맞는 아이들이 그렇게 많지 않거든요. 다행히 지금은 그런 추세가 바뀌고 있어서 학교들이 점점 더 다양한 교육법을 도입하고 있죠. 과학은 두뇌가 20대에 크게 발달할 수 있으며 그 후에도 그런 일이 가능하다는 사실을 밝혀냈어요. 인류는 두뇌가 빛보다 빠르게 통합적으로 작동하는 학습 방식*을 향해 나아가고 있어요. 이건 지금 추세만 봐도 확실히 알 수 있는 사실이고, 과학적으로도 금방 증명될 거예요."

---

* 뇌의 각 부위에서 일어나는 정보처리가 서로 잘 교류하여 생명력과 지적 능력이 조화롭고 균형 있게 작용하도록 만드는 것. 이를 통해 신체의 자연치유력이 강해지고, 뇌파가 안정되고, 창의력이 깨어나도록 할 수 있다.

"빛보다도 빠른 통합 뇌로 생각하게 된다니! 당신이 지금 한 말은 스탠퍼드 의학대학교의 칼 프리브람 박사가 발표한 연구 결과와 이어지네요. 프리브람 박사는 두뇌가 홀로그램처럼 작동한다는 사실을 밝혀냈어요. 그에 따르면, 두뇌의 작은 부위 하나가 다른 부위에 저장된 정보에 접근할 수 있대요. 그래서 결과적으로 두뇌의 한 부분이 손상되면 훈련을 통해 그 손실된 기능을 다른 부위에서 복제할 수 있어요. 완전히 똑같이 기능하지는 못하겠지만 말이죠. 인간은 이 홀로그램을 통해 현실을 창조하는데, 현실은 우리가 다르게 생각할수록 진화하고 변화해요."

"맞는 말이에요." 헨리가 미소지었다. "생각과 신념을 바꾸면 현실도 달라져요. 지금 인류가 들어서고 있는 시대는 신비주의자들만이 알고 있었던 영역까지 과학의 지평을 넓혀가고 있는 시대예요. 인류의 의식이 지금의 에고 중심적인 상태에서 광범위한 의식(global consciousness)으로, 혼의 초월의식(transcendent consciousness)*으로 진화하면서 이 지식은 당신의 세상을 변화시킬 거예요."

"초월명상(TM, Transcendental Meditation)**의 설립자인 마하리시가

---

* 초월의식은 깨어 있는 의식, 꿈꾸는 의식, 잠든 의식 다음의 네 번째 의식이다. 초월의식은 공하고, 의식의 대상이 전혀 없는 의식이지만 동시에 깨어서 기민하게 자아를 의식하는 상태라는 것이 가장 큰 특징이다. 의식의 네 가지 상태는 의식의 대상이 있는지 없는지, 그리고 의식이 깨어 있는지 잠들어 있는지에 따라 나뉜다. 깨어 있는 의식은 의식의 대상이 있는 채로 깨어 있는 상태, 꿈꾸는 의식은 의식의 대상이 있는 채로 잠든 상태, 잠든 의식은 의식의 대상이 없는 채로 잠든 상태, 초월의식은 의식의 대상이 없는 상태로 깨어 있는 상태다. 초월의식 상태가 되면 의식이 크게 깨어 있으면서도 정신 활동이 중단된다. 보통 초월의식은 순수한 존재의 상태, 온 창조물과 하나된 상태로 묘사되곤 한다.

** 인도의 마하리시 마헤시 요기Maharishi Mahesh Yogi가 1959년 처음으로 미국에 도입하여 현재까지 수백만 명이 실천해 오고 있는 명상 기법. 각성, 수면, 꿈과 같이 행복한 의식 상태에 이르도록 하여 스트레스나 긴장을 해소하고 몸과 마음을 정화하는 명상 기법이다.

'명상하는 1퍼센트의 사람들로 인해 전 세계 사람들의 의식이 깨어날 것'이라고 말한 게 바로 그 광범위한 의식에 대한 거였나요?"

"네." 헨리가 대답했다. "규칙적으로 명상을 하면 생각의 패턴을 일정하게 만들 수 있어요. 그렇게 하면 두뇌 전체에 퍼져 있는 데이터를 통합할 수 있고, 당신의 정신과 몸속 모두에서 이성과 감정이 서로 소통하게끔 만들 수 있죠. 그렇게 해서 새로운 생각의 패러다임과 의식 상태가 만들어질 수 있어요."

"지금 당신이 말한 것을 과학 용어로 표현하면 동시 발진(synchronous oscillation)이라고 해요." 내가 덧붙였다. "동시 통합적 사고가 일어나는 주파수는 40헤르츠인데, 이 주파수가 명상가들에게서 많이 발견된다는 사실이 과학적으로 밝혀졌어요. 통합적 사고는 예지력이나 고차원적인 정신을 가진 사람들에게서 찾을 수 있는 고유의 특징 중 하나예요. 통합적 사고를 하면 더 창의적이고 직관적이며, 규칙을 깨는 혁신적인 생각을 할 수 있어요. 또, 마음과 가슴, 혼을 통합시켜 이러한 통합이 결국 의식의 비약적인 발전으로 이어지기도 하고요."

"명상이 왜 중요한지 과학적으로 밝혀지는 것은," 헨리가 말했다. "인류의 진화 과정에서 위대한 순간이지요. 규칙적으로 명상을 하면 영적 변화도 더 빠르게 이룰 수 있어요. 사실, 명상은 영혼의 어두운 밤을 거쳐야만 하는 번데기 단계를 더 순조롭게 통과하는 데에도 도움이 돼요. 특히 초기와 중간 단계를 훨씬 줄일 수 있어요. 공허함을 절감해야 하는 마지막 단계에서는 명상, 기도, 영성 서적을 읽는 것과 같은 영적 수련 과정에서 점점 멀어질 거예요…

그건 다른 주제이긴 하지만요."

"명상의 중요성에 대한 이야기가 나왔으니 말인데, 펜실베이니아Pennsylvania 대학교의 신경과학자이자 《신은 어떻게 당신의 뇌를 변화시키는가?》(How God Changes Your Brain)의 저자 앤드류 뉴버그Andrew Newberg는 명상이 두뇌에 어떤 영향을 미치는지 밝혀냈어요. 그는 프란치스코회 수녀, 승려, 오순절주의자*, 시크교도**, 수피***가 기도를 하거나 명상할 때 두뇌의 모습을 스캔했어요. 그들의 영성이 두뇌에 어떤 영향을 미치는지 보여주는 시각적인 자료를 구축하기 위해서였죠. 그 결과, '신'과 관련된 뇌 부위는 한 곳만 있는 게 아니었다고 해요. 영적 수행을 할 때 종종 하듯이 정신을 온전히 신에 집중하고 있을 때, 두뇌의 여러 부분이 활성화된다는 사실이 밝혀진 거예요. 긍정적으로 '신'을 생각했을 때 자신과 타인에 대한 더 큰 연민과 사랑, 관용을 주관하는 두뇌의 부위들이 활성화되었대요. 동시에 우울과 불안도 줄어들었고요."

나는 설명을 계속했다. "그 밖에도 뉴버그는 다양한 명상 기법들이 똑같은 효과를 낸다는 사실을 알아냈어요. 그런 효과를 얻기 위해 많은 시간을 투자할 필요도 없고 말이에요. 그는 단 한 번도 명상을 해보지 않은 사람들을 모아 뇌를 스캔한 뒤, 간단한 명상 기

---

* 오순절파는 기독교에서 성령의 초자연적인 능력(방언이나 병을 고치는 행위 등)을 강조하는 개신교의 한 갈래다.

** 시크교는 15세기 인도에서 이슬람교와 힌두교의 영향으로 창시된 종교다. 중세 인도의 폐단을 개혁하려는 움직임을 보이며 널리 전파되었다.

*** 수피즘은 이슬람교도의 일부가 신봉하는 신비주의 신념 또는 사상이며 이를 따르는 자들을 수피라고 부른다.

법을 연습하게 했어요. 실험 참여자들은 하루에 12분씩 명상을 했죠. 8주가 지나자, 뉴버그는 그들의 불안, 분노, 긴장과 같은 감정 수치와 기억력 점수가 훨씬 향상되었다는 걸 밝혀냈어요. 게다가 뉴버그는 그 결과가 누계된다는 것을 알아냈어요. 다시 말해, 명상을 하면 할수록 이런 긍정적인 결과도 더 커진다는 거예요.

헨리, 이런 과학적 연구 결과를 전부 다 이야기하자면 끝이 없을 거예요. 하지만 난 내 준거 기준(frame of reference)이 에고에 의해 제한되어 있다는 걸 알고 있어요. 당신은 나의 몸을 만들었잖아요? 에테르적 시각에서 봤을 때 당신은 명상이 왜 중요하다고 생각하나요?"

"당신이 명상을 하면," 헨리가 대답했다. "나는 몸의 신경과 에테르적 차크라를 사용해 육체와 감정체의 신경계를 연결할 수 있어요. 이 육체 시스템과 에테르적 시스템에는 두 가지 기능이 있어요. 첫 번째 기능은 당신을 세계에 연결해주는 기능이고, 두 번째는 당신을 보편의식에 연결해주는 기능이에요. 생명력(프라나)은 일반적으로 보편의식에서 두뇌와 척추로, 그리고 신경으로 흘러요. 그러면 육체적 감각이 활성화되고 당신과 외부 세계가 연결돼요. 하지만 명상을 할 때는 방향이 반대로 바뀌어서 에너지가 내부로 흘러요. 이런 현상이 일어날 때 보편의식은 차크라와 여러 신체들에 영양분을 공급하고 발달시켜서 당신이 더 높은 영적 주파수로 옮겨갈 수 있도록 당신을 준비시켜요.

그러니 너무 무리하거나 무언가를 걱정하면서 신경을 크게 자극하지 말고 내적, 외적 평정심을 유지해야 해요. 평정심은 신경계를 보호해줘요. 만약 이런 태도를 갖추지 않는다면 과도한 에너지 때문에 신경을 감싸고 있는 피복이 다 타버려서 큰 손상을 입게 될 거예요. 명상은 불안이 판치는 당신의 세계 속에서 내가 나의 역할을 다할 수 있게 해주는 중요한 요소예요. 리트릿을 하거나, 매일 숲속을 산책하는 것도 마음을 가라앉히는 데 큰 도움이 될 거예요. 지나치게 말을 많이 하거나, 활동을 너무 많이 하거나, 영화나 TV와 같은 것들에서 받는 자극도 신경을 크게 자극할 수 있어요."

"'지나치게 말을 많이 한다'라. 우리가 하고 있는 게 딱 그거였던 것 같은데요." 나는 이제는 대화를 끝내고 싶다는 희망을 가지고 말했다.

"한 가지만 더요." 헨리가 대답했다.

나는 헨리에게 내가 피곤하다는 걸 어필하려 했지만 그는 아랑곳하지 않았다.

"척추는 뿌리 차크라에서 정수리 차크라로 상승하는 쿤달리니 에너지를 보호하는 역할을 해요. 그러니 척추와 머리가 일직선이 되도록 몸을 똑바로 편 자세를 유지하는 것이 중요해요. 그렇게 하면 송과체에서 모든 차크라로 에너지가 흘러내려서 당신의 다층적인 몸들이 보편의식과 생생하게 연결된 상태를 유지하거든요. 그러면 초월적인 의식이 몸의 의식으로 전이되지요."

"오늘은 두뇌에 대해서 꽤 자세히 알아봤어요." 그는 잠시 말을 멈췄다가 결론을 내렸다. "이제 의식과 관련해 두 번째로 중요한 신체 기관인 심장이 남아 있어요. 하지만 이것도 큰 주제이니, 내일 이야기하기로 해요."

머리가 꽉 찬 것 같은 느낌이었다. 아니, 너무 많은 정보에 머리가 터질 것 같았다. 하지만 나는 헨리와 두뇌에 대해 나눈 이야기가 얼마나 중요한 것인지 잘 알고 있었다. 나는 수많은 영적 가르침들이 그동안 주장해온 내용이 이제는 과학적으로 발견되고, 증명되고 있다는 사실에 감명을 받았다. 나는 세상을 보는 여러 관점들이 서로를 보충해주고 의견을 같이 함으로써 인류가 의식의 비약적인 발전을 이룰 시기에 들어서고 있음을 본능적으로 느낄 수 있었다. 뇌와 같은 물리적 기관의 기능에 초점을 맞추는 것을 넘어, 과학이 의식 — 마음도 의식의 일부다 — 의 영역에서 여러 수준의 치유가 일어나고 있음을 밝혀내는 시대가 온 것이다.

분명한 것은, 우리의 지성을 키우기 위해서는 정신적, 감정적, 물리적으로 새로운 것들을 꾸준히 배움으로써 그리고 육체적 감각을 전부 사용함으로써 자신을 자극해야 한다는 사실이다. 동시에 우리는 명상을 함으로써 배운 것을 통합시키고, 좌뇌와 우뇌를 통합하고, 그 둘의 균형을 맞추면서 뇌 전체가 동시적인 생각을 할 수 있도록 이끌어야 한다.

14장

가슴을 자유롭게 하라

"완벽한 의식은 한없이 작은 차원의 영혼마저도 수용할 수 있다.
… 그것은 가슴에 머물며 온몸으로 에너지를 보낸다."

— 우파니샤드

 머칠이 지나고 나는 또다시 헨리와 이야기를 나눌 준비가 되어 있었다. 다만 헨리와 나눌 만한 이야기 중 심장의 중요성에 대해 내가 알고 있는 내용은 일부에 지나지 않을 것이라는 생각이 들었다. 심장은 언제나 사랑과 관련된 이미지로 묘사되어 왔기 때문에, 나에게 있어 심장은 두뇌보다 심적으로 더 가깝게 느껴졌다. 6년 전 이 책을 처음 쓰기 시작했을 때, 나는 책의 가제를 《가슴을 자유롭게 하라》(Uncage Your Heart)라고 붙였다. 지금도 마찬가지이지만, 그때 나는 가슴을 자유롭게 하는 것이 변화의 핵심이라고 생각했고, 그건 모두가 똑같을 거라 생각했다. 하지만 그 당시 책을 더 이상 쓸 수 없었던 것과 같이, 지금도 가슴이라는 주제와 씨름할 생각을 하니 기가 꺾였다.

초콜릿을 먹고 기분이 좋았던 어느 날, 나는 컴퓨터를 켜고 헨리에게 텔레파시를 보냈다.

"초콜릿은 엔도르핀 분비를 증가시켜 사랑받는 느낌이 들게 해줘요." 나의 생각을 읽은 헨리가 말을 꺼냈다. "그래서 다들 그렇게 초콜릿을 찾는 거예요. 자, 사랑받는 느낌을 충전했으니 이제 영적 변화의 핵심인 가슴에 대해 이야기해보자고요. 두려움을 느끼며 살아가는 사람들은 그들의 환경 속에서 스트레스를 주는 요인이나 타인으로부터 가슴을 보호하기 위해 그 주변에 울타리를 치게 돼요. 하지만 울타리가 두려움을 없애주지는 않아요. 두려움을 없앨 수 있는 유일한 방법은 보호 장비를 없애버리고 용감해지는 방법뿐이에요. 인생을 사는 방식은 딱 두 가지로 나뉘어요. 두려움을 가지고 살아가든지, 사랑을 가지고 살아가든지. 두려움은 이미 과거 속으로 사라져가고 있는 구시대를 살아가는 방법이고, 사랑은 이제 막 도래하는 새로운 시대를 살아가는 방법이에요.

여기에서 내가 말하는 사랑이라는 건 자기 자식에 대한 사랑, 부모님이나 친구에 대한 사랑뿐만이 아니에요. 이에 더해 모든 사람과 모든 존재를 전부 동등하게 사랑하는 걸 말해요. 그건 더 높은 차원의 심장, 다시 말해 에테르체의 심장을 통한 사랑이에요. 부처는 '너의 어머니를 사랑하듯 만인을 사랑하라'고 말한 적이 있는데, 이 말이 바로 에테르체의 심장으로 사랑하라는 뜻이었어요. 예수 그리스도 역시 '남에게서 바라는 대로 남에게 해주어라'라고 말하며 똑같은 뜻을 설파한 적이 있었지요. 힌두교에서는 무조건적인 사랑을 '왕족의 사랑'이라고 부르며 고귀한 바침(royal giving)이라고 여기고 있어요."

"조금 이상한 질문일 수도 있는데, 에테르체의 심장은 어디에 위치해 있나요?"

"당신은 에테르의 존재를 믿을 수 있나요?" 헨리가 웃으며 말했다. "사실 육체의 모든 기관은 그것에 대응하는 에테르 기관을 가지고 있어요. 심지어 각각의 세포도 모두 그것을 갖고 있고요. 인간이 육체에 생긴 질병의 증상을 없앨 뿐 아니라 그 질병의 원인까지 찾아서 치료하면 손상된 에테르체의 기관도 치료되는 거예요. 우리가 이렇게 오랜 시간을 들여가면서 신체적, 감정적, 정신적, 영적 질병의 원인이 되는 생각을 자세히 알아보려고 하는 이유도 바로 여기에 있지요."

"에테르체의 심장이 더 높은 차원의 사랑을 말하는 것이라면," 내가 덧붙였다. "하와이어 알로하aloha가 그것과 같은 의미라는 느낌이 드네요. 알로하는 두 단어로 이루어져 있어요. 첫 단어인 '알로'는 가슴(bosom)이라는 뜻과 우주의 중심이라는 뜻이 있고, '하'는 신성한 숨결을 의미해요. 그래서 알로하가 있는 사람에게는 나와 타인, 또는 나의 개성과 혼 사이의 경계가 없어요. 예수와 부처의 가르침대로 살아가게 되는 거예요. 예를 들어, 하와이 사람들에게 있어 알로하로써 행위한다는 것은 낯선 사람을 자신의 집으로 초대해서 그들의 육체는 물론, 그들의 내면에 깃든 영에게 음식을 대접하는 것을 의미해요."

그러자 헨리가 끼어들었다. "알로하는 에테르체의 심장을 통한 사랑의 훌륭한 표본이군요. 대부분의 토착민들처럼 하와이인들도 모든 존재가 서로 연결되어 있고, 한 개인에게 영향을 미치면 전체에게 영향을 주게 된다는 사실을 잘 알고 있어요. 당신의 주파수가 올라가서 에테르체의 심장에도 영향을 미치게 되면 당신은 단지 이론적으로 이 원칙을 따르기만 할 뿐 아니라 매일 마주하는 현실 속에서 이 원칙을 살아내게 될 거예요. 타인을 온전히 사랑하는 것은 자기 자신을 온전히 사랑하는 것이고, 곧 모든 존재의 창조주를 온전히 사랑하는 것과도 연결되죠. 당신의 에테르체의 심장은 당신의 개성과 혼을 이어주는 매개이기도 해요. 가슴(심장)을 자유롭게 하면 당신에게 경계 없는 의식이 열리고, 모든 존재와 상호 연결될 거예요. 그렇게 당신은 지구의 진정한 수호자가 되어 만물과 평화로운 조화를 이루며 살게 될 거예요."

이번에는 내가 끼어들었다. "두뇌와 마찬가지로, 심장이 의식에 어떤 영향을 미치는지도 찾아봤는데 그 과정에서 미처 몰랐던 사실을 알게 됐어요. 이 내용이 지금 우리가 이야기하는 내용을 뒷받침하는 근거가 되어줄 것 같아요. 내가 찾은 연구 결과에 따르면, 캘리포니아에 있는 하트매스 연구소(Institute of HeartMath)에서 우리 심장의 자기장이 두뇌의 자기장보다 60배는 더 강하다는 사실을 증명했어요. 심장의 자기장은 심장에서 최소 3.7미터 떨어진 곳까지 확장될 수 있는데, 그 강도가 엄청나서 신체에서 1미터 정도 떨어진 위치에서도 심전도로 기록할 수 있다고 해요. 게다가 심장에는 지성이 있어요. 그래서 상대방이 하는 말이나 행동에 상관없이 상대방의 감정 상태를 읽을 수 있고, 상대방에 대해 어떤 느낌이

드는지 그리고 그 사람이 신뢰할 만한 사람인지에 대한 신호를 다른 신체 부위들에 보내지요.

이뿐 아니라 하트매스 연구소에서는 인간의 심장 주파수가 근처에 있는 지인뿐 아니라 다른 지역에 있는 낯선 사람들에게도 영향을 미칠 수 있다는 사실을 알아냈어요. 이걸 고려하면, 자신이 사랑하는 사람이 사고를 당하거나 죽었을 때 직감적으로 알아차리는 이유를 알 수 있어요. 뉴욕의 세계무역센터에서 테러 사건이 일어났을 때, 태풍 같은 자연재해가 일어났을 때 그렇게 끔찍한 일이 일어났다는 사실을 수많은 사람들이 바로 직감한 이유도 이와 같을 거예요. 오늘날 지구는 끊임없는 전쟁, 건강 문제, 환경 위기, 고향을 떠나갈 수밖에 없는 난민 문제 등으로 고통받고 있어요. 이런 사건들이 전 세계 사람들의 불안감을 끊임없이 고조시키는 게 가능할까요? 어떤 사람들은 이 문제들 중 그 어떤 것도 일상에서 겪고 있지 않는데, 그들의 심장이 이런 비극들을 감지할 수 있을까요?"

"물론이죠." 헨리가 동의했다. "좋은 소식은, 전 세계 사람들이 만연해 있는 불안감을 느끼고 있기 때문에 그 문제를 해결하기 위해 모두가 뭔가를 하기 시작할 거라는 사실이에요. 사람들은 명상을 하거나 요가를 하기 시작했고, 여러 영적 전통을 접목한 영성 서적과 자기계발서를 읽기 시작했어요. 그들은 환경 운동가가 되기도 하고, 난민들이 자신의 나라에서 지낼 수 있도록 받아주고 있기도 해요."

나는 헨리의 긍정적인 생각에 동의했지만, 보다 균형 잡힌 시각을 제시하고 싶어서 그 말에 반박했다. "그런 긍정적인 행동들이

의식적인 존재가 되게끔 사람들을 이끌어주긴 하겠지만, 나는 어른들이 계속해서 느끼고 있는 이 불안이 미칠 장기적인 영향이 걱정돼요. 그들의 불안이 배 속에 있는 아이들에게도 전해지면 어쩌나 하고요. 여러 연구들에 따르면, 자궁 속에 있는 태아의 자기장은 엄마의 자기장과 공명하고, 엄마의 감정 상태는 태아의 두뇌 발달에 영향을 준다고 해요. 세포생물학자인 브루스 립턴 박사는 아직 태어나지 않은 아이의 DNA는 엄마가 느끼는 긍정적이거나 부정적인 감정에 영향을 받을 수 있다는 사실을 밝혀냈어요. 다시 말해서, 엄마가 두려움을 느끼면 아이의 프로그램에 그 감정이 입력되는 거죠."

"단독으로 존재하는 사람은 없어요." 헨리가 설명했다. "계속 말하지만, 모든 것은 상호 연결되어 있어요. 현재의 삶은 물론이고, 전생과 다음 생에서도 말이에요. 아이가 부모로부터 어떤 재능 혹은 상처를 물려받는 이유는 그것이 그 아이의 카르마이기 때문이에요. 또, 그것은 아이가 그 부모를 선택했으며 어느 시간에 환생할지를 선택했기 때문이기도 해요. 하지만 모든 것은 치유될 수 있고, 치유는 부모 세대에서든 자녀 세대에서든 언제나 일어날 수 있는 거예요. 치유는 가슴(심장)에서 시작돼요."

"당신의 말이 맞을지도 몰라요." 내가 끼어들었다. "하지만 치유의 과정은 그렇게 간단하지 않아요."

"그런가요?" 헨리가 미심쩍다는 듯이 말했다.

보아하니, 인간의 삶을 잘 모르는 헨리에게는 치유가 쉽지 않은 과정임을 증명하는 근거가 필요한 것 같았다. "예를 들어," 나는 헨리의 이해를 돕겠다는 마음으로 설명을 시작했다. "어떤 연구에 따르면 아이가 태어나고 첫 3년 동안 받는 무조건적인 사랑의 정도는 평생 심장과 두뇌의 기능에 엄청난 영향을 미친다고 해요. 또, 사춘기 때의 급격한 성장이 일어나기 직전인 11세와 12세 시기에는 두뇌가 심장의 지시에 따라 불필요한 뉴런의 연결을 정리하는 시기를 거치게 돼요. 이때 자신이 안전하고 사랑받고 있다고 느끼는 아이들의 두뇌는 새로운 성장이나 가능성에 초점을 맞춰요. 그렇지만 불안한 환경에 놓여 있거나 자신이 사랑받지 못한다고 느끼는 아이들의 두뇌는 생존을 위한 정보를 모으는 데에 집중하게 돼요. 이런 선택 때문에 두뇌의 전전두피질이 발달하는 정도에 차이가 생기죠. 아이가 부모님에게서 사랑받고 있다고 느낀다고 하더라도, 부모가 불안감을 계속 느낀다면 아이도 똑같은 감정을 느끼게 돼요. 이제 왜 치유가 어려운 과정인지 이해가 되나요?"

"나는 긍정적인 쪽으로 생각하는 게 더 좋아요." 헨리가 대답했다. "아직 열한 살, 열두 살밖에 안 되는 아이들이라도 부모의 신념 중 어떤 것을 받아들이고 또 받아들이지 않을지 선택할 수 있는 자유의지를 가지고 있어요. 그 정도 나이가 되면 자신의 생각을 바꿔줄 수 있는 또래 친구들이나 어른들 혹은 어떤 자료들을 접했을 거니까요. 모든 아이들이 각자의 카르마와 운명을 가지고 있어요. 부모가 좀처럼 대하기 힘든 성격을 가지고 있다 하더라도 건강한 성인으로 자라는 아이도 있고, 풍요롭고 유익한 환경 속에서 불안정한 성격으로 자라는 아이도 있어요."

나는 헨리의 예리한 지적을 받아들일 수밖에 없었다. 어려운 환경에서도 훌륭하게 자라는 아이들이 있는 반면, 그렇지 못한 아이들도 있다는 것을 나 또한 여러 예시를 통해 잘 알고 있었다. 나는 잠시 판단을 미루고 잠자코 헨리의 설명을 들었다.

"사람들은 자신에게 정말로 변화가 필요하다는 분명한 증거를 찾기 전까지 자신의 행동을 바꾸지 않을 때가 많아요. 당신이 말한 것처럼, 이제는 과학적인 증명이 가능한 시대고 긍정적인 생각이 나이와 상관없이 이로운 결과를 불러온다는 사실을 대중이 받아들이고 있어요. 당신이 부정적인 정신 상태와 감정 상태에서 벗어나 긍정적인 상태가 되면 당신의 몸의 엘리멘탈이자 몸의 영인 내가 당신의 가슴(심장)을 자유롭게 만들어 당신이 더 높은 혼의 주파수에 도달하게끔 만들어줄 수 있어요. 사람에게는 나이와 상관없이 변화하겠다고 결정할 수 있는 자유의지가 있어요."

"그런 말을 들으니 안심이 되는군요. 다른 사람들도 그럴 거예요." 나는 자세를 누그러뜨리고 맞장구를 쳤다. "사실, 하트매스 연구소에서는 이 주장을 입증하는 연구를 진행하기도 했어요. 우리가 사랑, 연민, 배려, 감사와 같은 긍정적인 감정을 느낄 때 심장은 '정서적 일관성'(emotional coherence)이라고 불리는 일정한 리듬을 가진 상태가 된다고 해요. 이런 일정한 심박수로 인해 여러 신체 체계가 동기화되고 그것들의 생물학적 사이클이 맞아떨어지게 되면서 결국에는 최고의 건강과 최상의 신체 기능을 갖게 돼요. 그 연구소의 연구 결과들 중 내가 특히 흥미롭다고 생각했던 것은 우리가 심상화나 숨쉬기 기법을 통해 '의도적으로' 긍정적인 감정들을 만들 수 있다는 거예요. 이렇게 하면 우리의 심장은 정서적 일관성을 가질 수 있어요."

"당신이 분노, 불안, 두려움과 같은 부정적인 감정을 느끼면," 헨리가 말했다. "나는 심박수의 일정한 리듬을 유지할 수 없게 돼요. 그래서 감정을 조절하기가 어려워지죠. 핵심은 심상화, 명상, 기도, 또는 삶에서 당신이 감사하게 여기는 것에 대해 사색하며 긍정적인 감정을 만들어내는 데 있어요. 명상은 음의 기운에 가깝고, 기도는 양의 기운에 가까운 반면 사색은 그 무엇도 변화시키려는 시도를 하지 않기 때문에 중립적이라고 할 수 있어요. 나는 당신이 격앙되고 흥분하는 것과 같이 양의 성질을 지닌 감정을 가지는 것보다 감사함과 같이 평온한 감정, 긍정적 중립의 감정, 무조건적인 사랑의 감정을 가지는 것이 더 좋아요. 그렇게 하면 나는 심박수를 일정하게 만들어 모든 신체 체계들의 건강을 유지할 수 있거든요."

"기도 이야기가 나왔으니 말인데," 내가 대답했다. "우리가 명상을 더 많이 다뤄온 나머지 기도는 뒷전으로 밀려나 있었다는 기분이 들어요. 나는 명상과 기도가 상호 보완적이라고 생각해요. 기도를 할 때에는 보편지능에 무언가를 요구하지만, 명상을 할 때에는 보편지능이 나에게 뭐라고 하는지 귀 기울여 듣거든요. 나에게 있어 기도와 명상은 둘 다 나의 가슴을 열어주고, 의식을 깨우기 위한 여정에 도움이 되는 것 같아요."

"기도는," 헨리가 동의하며 말했다. "명상만큼이나 중요해요. 그 둘은 함께 사용하면 최고의 결과를 내지만 어떤 사람들은 둘 중 하나만을 강조하기도 해요."

"우리, 기도에 대해 좀더 자세히 이야기해봐요." 내가 제안했다.

"래리 도시Larry Dossey라는 의학 박사는 기도의 효과에 대해 방대한 저술 활동을 해왔어요. 도시 박사는 실험 참가자들에게 환자들을 위한 기도를 하라고 지시했는데, 기도를 하는 사람들은 자신들이 심장 수술을 받은 환자를 위해 기도하는 것인지 알지 못했어요. 그런데 기도를 받지 않은 환자들과 비교했을 때, 기도를 받은 환자들의 수술 후 경과가 훨씬 더 좋았던 거예요. 기도를 받은 환자 집단에서는 사망자 수가 더 적었고 수술 후 회복 속도도 빨랐어요. 게다가 기도를 하는 사람이 기독교든, 유대교든, 힌두교든 기도 효과가 종교와는 아무 상관이 없었다고 해요. 중요한 것은 기도의 긍정적인 효과 자체였던 거예요."

"바쁜 삶을 살아가는 현대인들은," 헨리가 대답했다. "하루하루 바쁘게 움직이느라 명상과 기도를 하거나 이 세상의 아름다움에 대해 숙고하는 시간을 갖기가 힘들어요. 어떤 사람들은 자신이 지구나 타인을 위해 하는 일이 별로 없다는 생각에 죄책감을 느끼기도 해요. 하지만 그런 바쁜 일상도, 죄책감도 당신과 타인에게 아무런 도움이 되지 않아요. 다른 사람이나 자신, 그리고 지구를 위해 매일 명상을 하거나 기도를 하면 더 큰 평정심을 유지할 수 있음은 물론이고 세상을 위한 긍정적인 변화를 만들 수도 있어요. 당신이 아까 기도와 명상이 보편지능과의 송수신 과정이라고 했듯이, 명상과 기도는 에너지적으로 균형을 이루고 있어요. 그 둘을 동시에 하면 나는 당신의 몸을 건강하게 유지시켜줄 수 있죠."

"그런데 고백할 게 있어요. 요즘엔 공허함이 점점 더 커지는 것 같아요." 내가 말했다. "나쁜 쪽으로는 아니지만, 더 이상 명상을 하기도 싫고, 심상화를 하거나 영성 서적을 읽거나 나 자신이 아닌 무언가가 되기 위해 '노력'하고 싶다는 마음이 줄어든 것 같아요. 내가 너무 게으르거나 충분히 노력하지 않는 것 같다는 생각이 잠깐씩 들기도 하지만, 가장 중요한 것은 지금 일어나고 있는 일을 있는 그대로 받아들이는 거라고 생각하거든요. 다른 사람들은 내가 예전처럼 행동하기를 원할 거라는 걸 알고 있긴 하지만, 나는 성장을 밀어붙이거나 이 과정을 더 빠르게 만들기를 원하지 않아요. 하지만 마음 깊은 곳에서는 신에게 감사하고 있어요. 이 과정에 저항하는 것도 아니라는 거지요. 이것이 성장일까요, 아니면 퇴행일까요?"

"그건 성장이에요. 때가 되면 자연스럽게 일어나는 일이지요. 즉, 내면의 뭔가를 에고가 자극시키려고 해도 긍정적 중립의 태도로 계속 사색하는 상태에 남아 있을 수 있다면 성장인 거죠. 그런 시간을 통해 만물의 근원인 신과 당신을 분리하는 경계선이 사라지는 거예요."

"명상하고 싶다는 마음이 다시 생기기는 할까요?"

"명상, 기도를 비롯한 모든 영적인 수행 활동들이야말로 당신이 이 단계까지 올라올 수 있도록 만들어준 요소들이에요. 하지만 지금 단계에서는 그것들을 한다고 해도 아무런 진전이 없을 거예요. 이제는 영이 당신을 위해 세워둔 계획을 받아들일 수 있는 열린 마음을 가져야 해요. 앞으로 다시 명상과 기도를 열심히 해야 할 때가 돌아올 수도 있고 아닐 수도 있어요. 그냥 지금 그 자리에 머물면서 모든 것에 '네'라고 대답하고, 두 팔을 활짝 벌린 채 신을 받아들이기만 하면 돼요. 당신이 할 일은 오직 그것뿐이에요. 그러면 모든 건 때가 되면 알아서 이루어질 거예요. 신은 시간의 영역 밖에 있어요. 인간에게 있어 현재의 상황들을 받아들이고 영의 목소리에 귀 기울이는 것보다 더 중요한 것은 없어요. 그렇게 하면 당신은 전체를 위해 봉사하는 것이 돼요."

"내가 죽어가는 것 같다는 느낌이 약간 드네요. 실제로도 내가 죽어가는 게 아닌지 가끔 궁금할 때가 있어요."

"죽어가는 것은 에고예요. 그 과정에 주의를 기울이면서 반갑게 받아들이는 것이 당신이 할 수 있는 전부고요. 당신이 특별히 해야 한다거나, 하지 말아야 하는 행동 같은 건 없어요. 지금 이 과정을 머리로 이해할 수 없으니 자신이 통제력을 잃어간다는 느낌이 드는 것뿐이에요."

"맞아요. 실제로 그런 느낌이 들어요. 심지어 원래의 나와는 달리 행동에 효율성이 떨어지니 치매가 온 것이 아닌지 불안해진 적도 있어요. 나는 더 느려지고, 완벽함과도 거리가 멀어졌어요. 그래도 이 모든 변화가 괜찮다는 생각이 들어요. 이상하게 들리겠지만, 사실 나는 이런 일이 일어나도록 받아들이고 있고, 실제로 일어나고 있다는 사실에 약간 기쁘기도 한 것 같아요. 뭐랄까, 이렇게 되는 게 맞다는 느낌이 들면서 감사함도 느껴져요. 그리고 이런 일이 일어날 수 있도록 도와준 당신에게 정말 고맙다고 말하고 싶네요."

"마음이 훨씬 더 평온해졌군요. '존재하기'와 '하기', 그리고 외면 세계와 내면 세계가 하나가 되어가고 있는 거예요."

"이것도 내 가슴을 자유롭게 만드는 과정의 일부일까요?"

"확실히요. 지금 이 과정에 제한을 두지 않고, 거기에 계속해서 몸을 맡긴 채 기쁘게 받아들이면 당신의 육체는 프라나로 가득해지고 더 건강해질 수 있을 거예요."

"육체를 건강하게 유지하려면 프라나를 어떻게 활용해야 하는지 좀더 자세하게 알려줄 수 있어요?"

"지금까지 우리는 심장에 대해 이야기해왔지만, 심장의 효율성은 폐의 상태에 따라 어느 정도 달라져요." 헨리가 대답했다. "심장과 폐 모두 감정의 영향을 받는데, 특히 두려움을 느낄 때는 그 기능이 악화되지요. 두려움을 느낄 때는 숨이 제대로 쉬어지지 않고 심장 박동이 너무 빨라지거나, 결국 마비가 올 수도 있어요. 대부분의 명상 기법에서 알려주는 것처럼 심호흡을 통해 심장 박동을 느리게 유지하는 방법을 배우는 것도 중요해요. 당신이 이렇게 하면 나는 당신의 심장을 산소로 가득 채우고 몸 전체에 영양분을 완전히 순환시킬 수 있어요. 당신의 폐가 깊이 호흡해서 심장박동이 느려지면 나는 몸의 나머지 부분들에 더 큰 활력과 사랑을 퍼뜨릴 수 있게 돼요. 심장이 일단 한번 안정되면 두려움은 크게 줄어들어요. 심호흡 명상의 또 다른 장점은, 심장에 피로가 덜 누적되도록 해주기 때문에 수명을 늘리는 데 도움이 된다는 거예요."

"몸의 의식인 당신은 나의 혈액 속에 머문다고 한 적이 있었죠? 당신은 거기서 뭘 하나요?"

"나는 혈액 속에 머무르면서 당신의 의식을 온몸으로 운반하는 역할을 해요. 당신의 혈액을 메신저로 삼아 한 신체 기관의 효과가 다른 신체 기관으로 옮겨갈 수 있도록 도와주지요. 오늘날 사람들이 소비하는 영양소 중 상당 부분은 육체와 감정체, 정신체를 유지하기 위해 사용돼요. 하지만 언젠가는 인간이 영양소 대부분을 사랑과 지혜를 만들어내고, 또 이것을 자신이 만난 모든 사람들에게 전파하는 데 쓰는 날이 올 거예요."

"나는 늘 나 자신과 타인에 대한 사랑, 감사, 연민을 연습하는 것이 내 면역 체계를 강화해주는 최고의 자양강장제라고 느껴왔어요. 맞나요?"

"맞아요. 게다가, 행복한 사람은 병에 걸릴 확률도 낮아요. 행복과 기쁨은 우주의 생명력을 더 많이 끌어들이는 자석과 같거든요. 이런 특성은 당신의 심장 속에 거해 있는 사랑, 지혜, 의지의 삼중 불꽃을 강화시켜줘요. 당신의 행동에 대한 올바른 동기를 가지고 타인을 위해 봉사하면 1인치(2.5센티미터) 크기였던 불꽃이 온몸을 다 채울 만큼 커지기도 해요.

지금의 당신처럼 마음을 비운 상태에서 명상과 기도를 하고 기쁘게 영을 받아들이면 나는 당신의 감정이 균형을 이루도록 만들 수 있어요. 당신이 더 좋은 선택, 더 효율적인 선택을 할 수 있게끔 말이에요. 긍정적인 생각을 하면서 이런 방식으로 생활을 해나갈수록, 건강을 더 오래 유지하기도 쉬워요. 이러한 긍정적인 생각은 가슴에서 우러나오는 진실한 것이어야 해요. 그래야 내가 뇌에 새로운 신경 연결 통로를 만들 수 있거든요. 이렇게 되면 높은 삶의 질과 건강을 유지할 수 있어요."

"당신의 말을 들으니," 내가 헨리의 말을 끊었다. "심장과 두뇌가 얼마나 밀접하게 연결되어 있는지 새삼 느끼게 돼요. 심장은 마치 또 하나의 독립적인 두뇌 같아요. 나는 심장의 세포 중 50에서 60퍼센트가 신경 세포(neural cells)이고, 그 세포들 중 절반은 대뇌변연계(limbic brain)*와 계속해서 소통하며 우리의 감정에 영향을 준다는 사실을 알았을 때 정말 놀랐어요.

잠깐 주제가 다른 데로 벗어났네요. 건강을 위해 긍정적인 신경 연결 통로를 만들려면 가슴에서 우러나오는 긍정적인 생각을 해야 하고, 거기에 진심이 담겨 있어야 한다는 당신의 말에 내 생각을 말하고 싶었거든요. 그 말을 들으니, 헌신의 중요성에 대해 요가난다가 했던 말이 생각났어요. 요가난다의 말에 따르면, 아무리 영성 서적을 읽고 올바른 명상 기법을 연습했다고 해도 창조주에게 헌신할 필요성을 느끼지 못한다면 영적 성장이 크게 지연된다고 해요."

"그게 바로 내가 하고 싶었던 말이에요." 헨리가 말했다. "신과 하나가 되고 싶다는 갈망과 신에 대한 헌신은 변화에 반드시 필요한 요소들이라고 할 수 있지요. 이런 자질들은 인내, 꾸준함, 감사, 관대함, 연민과 그 밖의 여러 긍정적인 자질들이 자라날 수 있도록 해줘요."

"당신의 말을 듣다 보니 자애 명상(metta meditation)이라는 불교의 훌륭한 기법이 떠올랐어요. 자애 명상은 당신이 말한 자질들을 발달시키고, 가슴을 완전히 열기 위해 사용하는 기법이에요. 이 명상

---

* 뇌에서 기억과 감정, 행동, 동기부여, 호르몬 등 여러 가지 기능을 담당한다. 겉에서 보았을 때 귀 바로 위쪽에 위치한다. 포유동물에서 가장 잘 발달되어 있기 때문에 '포유류 뇌'라고 불리기도 한다.

에서는 나 자신과 다른 모든 존재들이 안전하고, 평온하고, 건강하고, 목적하는 바를 이룬 모습을 심상화해요. 만약 어떤 사람과 문제가 있고, 그 사람에 대해 가슴이 닫혀 있는 상태라면 이 명상법을 이용해서 그 사람에게 다시 가슴을 열 수 있어요."

"당신이 자애 명상을 비롯한 가슴을 열어주는 여러 명상을 하면," 헨리가 말했다. "나는 당신 심장의 정서적 일관성을 유지할 수 있고, 그렇게 해서 당신의 에너지장을 더 넓힐 수 있어요. 또, 이런 명상들을 하고 나면 가슴이 자유로워져 혼의 목소리를 더 잘 들을 수 있게 돼요."

"신경과학자인 칼 프리브람도 심장과 뇌가 에너지장을 확장하는 방식에 대해 말한 적이 있어요. 그에 따르면, 심장은 두뇌처럼 정보를 홀로그램의 형태로 암호화하고 퍼뜨리는 광범위한 에너지 체계라고 해요. 그의 연구는 실제적인 정보 처리가 더 높은 에너지 주파수 — 시공을 초월하는 — 영역에서, 그러니까 심장과 두뇌의 상호작용으로 인해 에너지 파동이 만들어지는 영역에서 일어난다는 사실을 시사하고 있어요. 프리브람의 연구에서는 심장과 두뇌 모두 미래에 일어날 일에 대한 정보를 받아들이는 것으로 보인다는 결과가 있었는데, 특히 심장이 두뇌보다 먼저 그 정보를 받을 수 있다고 해요. 당신도 이 과정에 관여하는지 궁금하네요. 만약 그렇다면, 당신은 이 과정에 어떻게 관여하고 있나요?"

"나는 그 과정 전체를 관리하는 역할을 해요." 헨리가 대답했다. "나는 심장이 육체 구석구석으로 정보를 분배하도록 만들어요. 그와 동시에, 나는 시공의 영향을 받지 않는 영역에서 똑같은 정보

를 아스트랄계와 원인계로 분배하는 역할도 하지요. 이런 높은 영
역에서는 모든 사람들이 미래에 일어날 일이나 다른 여러 가지 정
보를 직관적으로 알 수 있어요. 예컨대 사람들이 당신을 향해 가지
는 느낌과 같은 정보들 말이에요. 영적 변화를 통해 공동 창조자가
되면 그런 직감이 더 강해지지요. 어쨌든, 오늘은 이만하면 충분한
것 같네요."

　헨리와의 대화는 이렇게 끝이 났다. 두뇌와 심장에 대한 이야
기를 다시 되새겨보니 나의 여러 부분들이 서로 밀접하게 연관되
어 있음을 깨달을 수 있었다. 전날 두뇌에 대해 대화를 나누는 것
은 정신적인 활동에 가까웠다. 나는 새로운 정보를 좋아하고, 그래
서 두뇌와 관련된 정보를 소화해내기 위해 기꺼이 내 정신을 밖으
로 확장했다. 반면, 오늘 심장에 대해 이야기할 때는 나의 내면으
로 깊이 들어가 그 정보에 대한 나의 느낌이 어떤지 살피며 지식을
받아들이는 느낌이었다. 어쩌면 우리의 심장(가슴)이 사랑과 연관이
있기 때문인지도, 오늘 우리의 대화가 전날보다 더 개인적이고 섬
세했기 때문인지도 모른다. 두뇌에 대한 대화는 양의 성질에 가깝
고 객관적이었으며, 심장에 대한 이야기는 음에 가깝고 주관적이
었다. 내 육체의 두뇌와 심장이라는 서로 다른 두 기관이 활성화되
었지만, 그 두 경험 모두에서 나는 큰 노력을 들이지 않고도 긍정
적 중립의 태도, 사색하는 상태, 일관된 상태를 유지할 수 있었다.

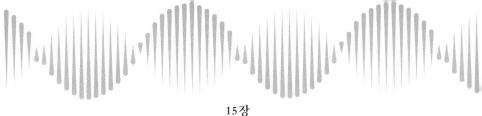

15장

신체를 치유하기 위한 헨리 박사의 조언

"그대의 몸은 그대의 가장 심오한 철학보다 더 많은 지혜를 품고 있다."

― 프리드리히 니체Friedrich Nietzsche

다음 날, 나의 컨디션은 바닥으로 곤두박질치고 있었다. 두 달 전 저녁 식사를 하다가 이가 잇몸선 아래쪽으로 크게 부러져버렸다. 좋지 않은 상황이었다. 지금은 전 세계가 큰 보건 위기에 빠져 있었기 때문에, 치과 의사와 예약을 잡는 것조차 불가능했다.

그러던 중 치과 치료를 셀 수도 없이 많이 받아 자타공인 치아 전문가였던 내 반려자가 치아 상태를 보더니 안타까워하면서 이렇게 말하는 것이었다. "상태가 많이 안 좋아 보이네요. 의사가 분명 신경 치료를 하자고 하겠어요."

평생 단 한 번도 신경 치료라는 것을 해본 적이 없었고, 이런 치료가 건강 전반에 미칠 수 있는 부정적이고 장기적인 영향에 대한 자료들만 수두룩하게 읽었던 나로서는 이 말이 영 달갑지 않았다.

어떻게 해야 할 것인가? 나는 나의 이에게 나를 아프지 않게 해달라고 부탁했다. 그리고 나의 이는 내 말을 들었다.

"아프지 않다니, 이미 신경이 죽어버렸나 봐요." 나의 반려자가 말했다.

"아니에요." 내가 대답했다. "아직 멀쩡하게 살아 있어요. 부러진 겉 부분에서만 신경이 살짝 수그러졌을 뿐이에요. 치과 진료를 볼 때까지 아무 고통도 없을걸요."

마침내, 치과에서 다시 환자를 받기 시작했다. 의사는 나의 치아 상태를 빠르게 살펴보더니 이렇게 말했다. "환자분 이의 4분의 3이 떨어져 나갔기 때문에 크라운을 씌워야 해요. 그런데 잇몸 겉 부분에 이가 얼마 남아 있지 않으니 나머지 부분의 형태를 만들어야겠네요. 우선 신경 치료를 하는 게 좋겠어요. 치근이 죽을 가능성이 커 보여서요. 아마 몇 주나 몇 년 뒤에야 일어날 수 있는 일이겠지만, 나중에 신경 치료를 할 일이 생기면 이미 크라운이 씌워져 있는 상태라 치료 과정이 훨씬 더 복잡해져요. 그러니 신경 치료를 먼저 하고 크라운을 씌우는 것이 좋겠어요."

그는 나에게 결정을 하라고 했고, 나는 일주일 동안 고민해보겠다고 대답했다. 크라운을 씌우겠다는 결정은 그다지 어려운 일이 아니었다. 지난 몇십 년 동안 크라운 치료를 받은 적이 여러 번 있었기 때문이다. 하지만 그중 그 어떤 치아도 크라운을 씌우기 전에 신경 치료를 할 필요는 없었다. 나는 한 주 동안 신경 치료의 장단점에 대한 유튜브 영상을 찾아봤다. 영상들을 보니, 신경 치료가 나의 건강 전반에 부정적인 영향을 미칠지도 모른다는 생각이 더 확고해지기만 했다. 무엇보다도 가장 큰 걱정거리는 영적인 것이었다. 신경 치료는 내 몸의 일부를 죽이는 일이었으니 말이다. 그래서 나는 치근에게 물어보기로 했다.

"내가 신경 치료를 받지 않으면 네가 죽을 확률이 얼마나 되니?" 내가 물었다.

"내가 살아남을 확률은 70퍼센트, 죽을 확률은 30퍼센트예요." 나의 이가 또박또박 대답했다.

나는 이 말을 고려해서 치근이 살아남을 것이라고 믿고 크라운 치료만 받기로 했다. 하지만 진료를 보러 치과에 다시 방문했을 때는 모든 것이 바뀌었다. 치과 의사가 내 깨진 이에서 얼마나 아슬아슬하게 신경이 빗겨 지나가고 있는지를 엑스레이 사진을 통해 보여주며 그가 우려하는 점을 반복해서 설명해주는 것이었다. 다시 말해서, 신경이 심각한 충격을 받은 상태이며 완전히 죽어버리는 것은 시간문제라는 말이었다. 그가 신경 치료를 강요하지는 않았지만, 나는 결국 신경 치료를 받기로 결정했다.

여기까지가 사건의 전말이다. 의사가 치료를 준비하는 동안 나는 내 이에게 신경 치료에 대해 설명했고, 이는 나를 이해해줬다. 마치 자신에게 무슨 일이 일어날지 이미 다 알고 있는 느낌이었다. 이는 속상해하기는 했지만 나를 원망하진 않았다. 내가 마취를 받고 있을 때, 헨리가 신경을 마비시켜 부러진 이를 잠재웠다. 나는 부러진 이의 신경이 내 몸에서 떨어져 나가는 그 순간을 정확히 알수 있었다. 마치 두 눈으로 그 장면을 본 듯이 말이다. 헨리는 그 신경이 떨어져 나갔음을 몸의 다른 부분들에게 알렸고, 다른 치아의 모든 신경들은 치료 과정을 응원하고 있었다. 그리고 나는… 마치 내 손으로 치아의 생명을 빼앗아간 것만 같은 기분에 감정적으로, 영적으로 고통을 느끼고 있었다. 치료 과정 내내 나는 계속해서 오랜 세월 동안 내가 맛있는 음식을 씹고 즐길 수 있도록 도와줬던 이에게 고맙다는 인사를 했다. 하지만 나는 여전히 슬픈 기분이 들었다. 나는 슬픔의 이유가 내 몸에 살아 있던 어떤 것을 죽였기 때문임을 깨달았다. 이 감정은 내 마음에 계속 남아 있었고, 결국 나는 헨리와 이야기를 나눠보기로 했다.

"치아를 배신한 기분이에요." 내가 말을 꺼냈다.

"그렇게 느낄 만해요. 그런데 나와 함께 몸의 의식에 대해 알아보는 동안 이런 경험을 하도록 당신의 이가 흔쾌히 자신을 희생했을 수도 있다는 생각은 안 해봤어요?" 헨리가 말했다.

"설사 나에게 가르침을 주기 위해 희생하기로 했다는 게 맞더라도, 그것을 죽이겠다고 결정한 나의 역할을 무시할 수는 없어요."

"그래서도 안 되지요. 당신이 이의 생명을 존중했다는 건 좋은 일이에요. 그 생명이 풀이었든, 물고기였든 생명체의 목숨을 앗아갈 때는 언제나 그런 태도를 가져야 해요."

"그래서, 당신과 내 이가 나에게 가르쳐주려고 했던 게 뭔데요?"

"병들고 아프고 죽어가는 것에 대해 몸이 어떻게 느끼는지 배우는 거죠. 우리가 이 주제에 대해 이야기해본 적은 없잖아요? 하지만 이것도 정말 중요해요."

"나는 긍정적인 생각과 감정으로 우리의 몸을 건강하게 유지하는 방법에 초점을 맞춰야 한다고 생각했는데요."

"육체의 문제는 제쳐둔 채 생각과 기분에만 매달리고 있을 수는 없어요. 몸과 대화하면서 몸이 무슨 말을 하려고 하는지 귀 기울여야죠."

"알겠어요. 그러면 어디서부터 얘기를 나눠볼까요?" 내가 헨리의 제안에 동의했다.

"우선," 헨리가 대답했다. "신체 기관을 제거하는 것에 대해 몸이 어떻게 느끼는지 자세히 알아볼게요. 모든 기관은 특정한 기능을 가지고 있고, 하나하나가 모두 모여 전체를 이루고 있어요. 그래서 한 기관을 제거하면 몸 전체의 조화가 흐트러져요."

"이론적으로는 그 말에 동의하겠는데, 맹장염이나 담석증이나 전립선암을 앓고 있다면 그 기관을 제거하는 것이 낫지 않을까요? 생각의 전환을 통해 이런 문제를 해결하는 것이 더 낫다고 말하려는 건 알겠어요. 그 점에는 나도 동의하고요. 하지만 만약 어떤 기관에 병이 났고, 수술로 그 기관을 제거하지 않으면 죽을 수도 있다면요? 그럴 땐 어떻게 하죠?"

"그럴 때는 그 기관을 제거해야죠. 미래에는 당신을 비롯한 여러 사람들이 생각을 통해 질병과 통증을 없애는 방법을 배우게 될 거고, 그러면 이런 딜레마는 더 이상 문제가 되지 않을 거예요. 현 인류의 의식 상태로서는 일부 신체 기관을 제거하는 일이 반드시 필요할 수도 있어요. 하지만… 그 일에 대해 해당 신체 기관 및 자신의 몸과 대화를 나눠봐야 해요. 당신에게 배신감을 느낄 수도 있으니까요. 사실, 내면의 치유 과정을 거치지 않는다면 그럴 가능성이 커요."

"내면의 치유 과정이라는 게 뭐예요?" 내가 물었다.

"차분하게 명상을 하면서 그 신체 기관과 몸에게 사과를 하는 거예요. 가능하다면 수술을 받기 전에 해야 해요. 평생 선물과도 같았던 행복을 느끼게 해준 그 기관에게 고맙다고 인사하면서 그것이 당신을 위해 해준 일들에 대해 감사함을 전하는 거예요. 당신의 감사한 마음과 사랑이 해당 신체 기관과 몸 전체로 전해지는 걸 느껴보세요. 이렇게 하면 당신의 결정을 신체 기관이 받아들인다는 걸 알게 될 거예요. 그 신체 기관이나 몸이 하는 조언이라면 무엇이든 귀 기울여 들어주세요. 제거술을 받고 싶어하는지 아니면 다른 치료를 받고 싶어하는지 들어보고 그것이 원하는 바대로 최대한 해주세요. 수술이 끝난 뒤에는 육체적 상처가 몸의 에테르적 패턴이나 다른 생에도 영향을 미치지 않도록 수술을 받은 신체 기관이 에테르계에서 잘 치유되었는지, 온전한지를 확인해야 해요."

"당신의 말이 큰 도움이 되는 것 같아요." 내가 말했다. "전생에 신체 기관이 손상되었기 때문에 현생에서 질병이나 질환을 앓을 수 있고, 약한 신체 기관을 가지게 될 수도 있다는 말이 생각나네요. 내 친한 친구 한 명도 이가 약해서 평생 고생했거든요. 어렸을 때 치과 의사가 멀쩡했던 이들을 뽑아버린 적도 있고요. 시간이 지나 그녀는 무엇 때문에 이가 그렇게 약한지 그 원인을 찾기 위해 전생 치료 전문가를 찾아갔어요. 그녀는 전생 체험을 통해 강제수용소에 수감되었던 자기 자신을 보았는데, 알고 보니 그녀가 죽은 뒤 그곳에 있었던 사람들이 그녀의 입 안에 있었던 금니들을 뽑아버렸던 거예요.

친구의 이야기를 듣고 나니, 내 안의 뭔가가 자극을 받는 것 같았어요. 나도 어릴 적에 충치가 많아서 봉으로 채운 적이 있었는데, 30대 후반이 되어 아말감을 빼고 크라운 치료를 받고 나니 이 상태가 훨씬 좋아졌어요. 친구의 전생 이야기를 다시 꺼내는 것만으로도 뭔가 내 몸의 깊은 곳에 닿는 기분이 들어요. 아말감을 제거했던 이유도, 거의 10년 동안 입안에 2도 화상을 여러 번 입어서 그대로 둘 수가 없었기 때문이었거든요. 혹시 나도 전생에 강제수용소에서 수감되어 가스실에 넣어진 다음 아무렇게나 소각당했을까요?"

"드디어 그 인과관계를 이해했군요." 헨리가 진지하게 대답했다. "당신을 비롯한 모든 사람들이 육체의 세포 및 기관들과 다시 연결돼야 한다고 말했던 이유가 바로 이거예요. 몸에는 전생과 현생의 모든 기억과 트라우마가 담겨 있거든요."

"하지만 우리 몸의 문제가 전생과 관련된 것이라면, 지금 삶의 신체 기관이나 질병의 문제를 어떻게 해결할 수 있어요? 심지어 그 문제가 미토콘드리아가 처음 등장했던 35억 년 전의 원시 수프(primordial stew)* 때 만들어진 것이라면요?"

"그 문제가 역사적으로 언제 일어났는지는 중요하지 않아요. 그저 현생이나 고대의 삶의 패턴을 용서함으로써 치유하면 돼요. 당신 자신이나 타인이 당신의 몸을 다치게 했던 것에 대해 용서하는

---

* 영국의 생물학자인 홀데인Haldane이 1929년 발표한 이론으로, 초기 지구의 바다에서 메탄과 암모니아, 물이 자외선에 의해 최초의 유기 화합물로 바뀌어 생명체가 되었다는 가설이다. 최초의 생명체가 나타난 배경으로 한때 지배적인 가설로 여겨졌지만, 이후 영국 유니버시티 칼리지 연구진에 의해 실현 불가능한 일임이 밝혀졌다.

거죠. 이렇게 해야 전생의 상처뿐 아니라 현생의 상처도 치료할 수 있어요. 어떤 삶에서 일어난 문제였든, 용서를 하면 몸의 상태를 그전으로 돌려놓을 수 있거든요. 용서를 하면 에테르 패턴이 치유되고, 당신의 몸의 지능인 나는 다음 생의 몸을 프로그램할 때 약점이나 질병을 만들 필요가 없어져요."

"다음 생에 대해 이야기하는 것도 좋은데, 그보다 먼저 현생에서 육체를 치료해야 하지 않을까요?"

"현생에서 육체를 치료할 수도 있고, 치료하지 못할 수도 있어요." 헨리가 대답했다. "그건 당신의 운명과 힘, 그리고 생각의 주파수에 달려 있어요. 예를 들어, 당신은 당신이 치유될 가능성이 얼마나 된다고 생각하나요?"

"그게 문제예요." 내가 대답했다. "《재생》(Regeneration)이라는 획기적인 책을 쓴 세이어 지Sayer Ji는 우리 몸의 세포 하나하나에 들어 있는 미토콘드리아는 번개와 맞먹을 정도의 전기에너지를 가지고 있다는 사실을 생물물리학과 신생물학의 최신 연구에서 밝혀냈다고 말해요. 그의 연구를 비롯한 여러 논문들을 통해 미루어 보면, 나의 몸속에는 음식과 물 없이도 살아남을 수 있을 정도의 에너지가 있다는 걸 알 수 있어요. 그렇게 살아간다고 알려진 사람들도 많고요. 나는 인도의 바바지가 그랬던 것처럼, 사람들에게도 불멸의 능력이 있음을 알고 있어요. 이 모든 게 정말로 가능하다면 나의 몸이 어떤 질병을 앓고 있든, 어떤 상처를 받았든 분명 내 몸을 치유할 수 있다고 생각해요. 하지만 문제는, 정말로 행동에 옮길 때가 되면 내가 과연 나의 몸을 치유할 수 있을지 확신이 안 든다는 거예요."

"그건 일시적인 문제예요. 지금은 인류 대부분이 믿는 전통적인 과학이 이런 가능성을 부정하고 있지만, 새로운 과학의 흐름이 떠오르면서 당신의 그 신념을 뒷받침해줄 거고, 결국 이 새로운 과학이 기존의 집단 패러다임을 대체하게 될 거예요."

"대부분 사람들의 의식 상태가 지금 어느 정도인지 알려줄 수 있나요?" 내가 물었다. "그러면 도움이 될 것 같아요."

헨리는 어떻게 말해야 할지 고민하는 듯 잠시 말을 멈췄다. 마침내 그가 말했다. "당신 몸의 모든 질병과 약한 점들이 단순히 물리적 원인에 의해 생긴 것이라면 어떻게 하겠어요? 당신은 처방된 약이나 식단 관리, 신체 기관을 바로잡거나 제거하는 불쾌한 수술과 같이 물리적인 방법만 찾으려고 할 거예요. 진단과 치료를 의학 전문가들에게 전부 맡기겠지요. 하지만 그런 전문가들은 원인을 찾아내기보다 증상을 없애고, 당신의 몸을 전체로서 받아들이는 것이 아니라 질병을 앓고 있는 부위에만 집중하는 훈련을 받아온 사람들이에요. 이렇게 하는 것보다 더 효과적인 방법은 당신의 생각과 감정이 문제의 원인이 될 수 있으며, 생각과 감정을 바꾸는 것이 당신을 치유하는 방법이라는 것을 알아차리는 건데 말이죠."

"그건 장기적으로 치료할 수 있는 방법이 될 수 있겠지만, 응급상황에 있어서는 별로 좋은 방법이 아닌 것 같아요. 그래도 당신이 무슨 말을 하려고 하는지는 알겠어요. 결국 우리 자신을 치유하기 위한 포인트는 우리 자신과 세계에 대한 신념을 바꿔야 한다는 거잖아요?"

"맞아요. 그런데 질병을 일으킬 수 있는 원인이 하나 더 있어요. 어떤 신체 상태는 당신의 가족과 유전적인 연결고리를 가지고 있을 수도 있어요. 그 신체 상태를 만드는 생각과 감정도 가족에게서 나온 것이니까요. 이건 당신의 어머니도, 아버지도 아니고 더 멀리 거슬러 올라가 먼 옛날의 조상으로부터 전해져 내려온 것일 수도 있어요. 그러니까 자기 자신을 치유하면 근본적인 원인을 제거할 수 있고, 집안 선조들은 물론 미래 후손들의 에테르적 청사진까지 치유할 수 있는 거예요."

"당신의 말을 듣다 보니 한 가지 경험이 떠오르네요. 지금껏 나는 많은 육체적 질병을 치료했지만, 내 손의 관절염은 치료할 수가 없었거든요. 엄마와 할머니도 똑같은 증상을 가지고 있었어요. 게다가 나는 아일랜드에서 굶주린 삶을 살면서, 관절염을 앓게 만든 최초의 원인이 되었던 전생을 본 적도 있어요. 전생에서 맨손으로 아무리 땅을 파도 상한 감자밖에 나오지 않았죠. 나는 식구들이 굶주리는 것을 보면서 나 자신이 너무 무능하다는 생각과 절망감을 느꼈어요. 질병과 질환의 원인은 여러 겹으로 이루어져 있을 수 있다는 걸 나도 알고 있어요. 하나의 해결 방법으로 다 해결할 수 있을 정도의 쉬운 과정이 아니라는 거죠."

"나도 당신이 대부분의 사람들처럼 간단하게 질병을 치료할 만병통치약을 원한다는 걸 진작부터 알고 있었어요. 육체의 문제에는 여러 가지 원인이 있고, 그 모든 원인들이 모여서 문제를 만들었을 수도 있어요. 나는 당신이 자신의 몸, 그리고 신체 기관과 대화를 나누면서 그것들이 왜 제대로 기능을 하지 않는지 귀 기울여

보고 하나의 이유에만 매달리지 말라고 권하고 싶어요. 몸이 제안하는 것을 실행에 옮김으로써 몸을 치유해보세요. 그래도 병이 치유되지 않는다면 왜 아직도 문제가 해결되지 않았는지 몸에게 물어보는 거예요. 시간이 흐르면서 병을 일으킨 원인들이 무엇인지 하나하나 알게 될 거예요. 몸이 제안하는 방법들을 이것저것 실천하다 보면 세포 단위에서 문제의 원인을 제거할 수 있어요. 계속 그렇게 해야 해요. 그리고 몸이 주는 피드백에 늘 마음을 열고 있어야 해요. 일시적으로 문제가 더 악화되는 것처럼 보일 때도 있을 거예요. 그건 당신이 에테르 패턴 속의 여러 층을 활성화시켜서 그것들을 치유하기 위해 의식 속으로 가져오기 때문이에요."

"그러면 병원 진료를 보거나 수술을 해야 하는 상황에는 어떤 게 있을까요?"

"병원에 가는 것도 좋은 방법이에요. 나의 문제가 무엇인지 학술적인 측면에서 진단을 받을 뿐 아니라 병을 치료할 수 있는 여러 가지 선택지를 알 수 있으니까요. 수술이나 의학적 치료를 무조건 거부하라는 말이 아니에요. 그것이 당신의 식단을 바꾸게 하거나 생약生藥에 기반한 처방이라면 더더욱요. 그런 것들은 어느 정도 필요해요. 내가 제안하는 건, 질병이 생기게끔 만든 이유를 찾아서 질병의 원인이 되었던 생각과 감정을 바꾸라는 거예요."

"질병이나 질환의 또 다른 원인도 있을까요?"

"네." 헨리가 대답했다. "다른 사람들에게 가슴을 더 열고 사는 법을 가르치기 위해 쇠약한 건강 상태가 될 수도 있어요. 아니면 게으르거나 자기 연민에 빠진 나머지, 다른 사람들의 보살핌을 받기 위해 질병을 얻을 수도 있지요."

"그러니까, 치유를 위해 우리가 왜 아픈지 알아내려면 잔인할 정도로 정직해져야 한다는 말이에요?"

"그래요. 치유라는 것은 물리적, 감정적, 정신적, 그리고 영적인 과정이고, 각자가 처한 상황도 제각각이에요. 그러니 질병을 치료하기 위해서는 몸이 하는 말을 당신이 직접 들어야 해요. 때로는 치유가 당신의 다르마dharma*가 아니기 때문에 치유되지 못할 수도 있어요. 그럴 땐 자신을 어떻게 치유할지 알아낼 수 없다는 사실 때문에 자신에게 뭔가 문제가 있을지도 모른다는 생각이 들 수 있어요. 그런 집착에서 벗어나야 해요."

"다양한 질병과 각 기관에 나쁜 영향을 미치는 문제들을 알려줄 수 있나요? 그러면 각 질병의 원인이 될 수 있는 요소들과 그걸 해결할 수 있는 방법들을 더 잘 알 수 있을 것 같아요."

"좋은 생각이에요. 하지만 그건 책의 뒷부분에 요약본으로 정리하는 것이 좋을 것 같아요. 자신의 문제만을 바라보느라 '각자가 자기 자신의 몸의 엘리멘탈과 이야기를 나눠봐야 한다'는 내 말의 요지를 놓치기 쉬울 것 같거든요. 모든 사람이 저마다 다르기 때문에 해결 방법도 저마다 달라요. 그러니까 우리가 할 수 있는 건 해결법을 찾는 방법을 알려주는 것뿐이에요.

내가 말했던 것처럼, 육체의 질병을 치료하는 일은 우주의 계획에 포함되어 있는 목표가 아닐 수도 있어요. 현 진화 과정에서는

---

* 산스크리트어로 '자연계의 법칙'이라는 의미이며, 힌두교와 불교, 시크교 등 인도의 모든 종교에서 사용되는 개념이다.

거의 모든 사람들이 죽음을 맞도록 설정되어 있어요. 하지만 죽음을 실패로 보는 것이 아니라, 다른 영역으로 옮겨가는 것이라고 받아들이는 게 중요해요. 육체에 머무는 동안 당신이 앓았던 모든 질병을 사랑하고, 기념하고, 용서해야 해요. 질병은 당신의 스승이에요. 에너지와 기쁨을 동력으로 한 당신의 운명을 이루기 위해서는 당신의 생각과 감정과 육체가 최상의 신체적 건강을 만들기 위해 어떻게 상호작용하는지 배워야 해요."

"당신이 죽음이라는 주제를 꺼내니 반가운 기분이에요." 내가 헨리의 말을 끊었다. "대부분의 사람들이 이 주제를 무서워하거든요. 특히 죽음의 과정이 고통스럽거나 오래 걸릴수록 더욱 그래요. 당신은 예전에 죽음이 에고의 두려움이라고 말했지만, 그 사실이 죽음에 대한 두려움을 말끔히 없애주지는 못해요. 그러니 죽음에 대한 두려움을 줄이는 데 도움이 될 만한 말을 해줄 수 있나요?"

"죽음을 영혼의 어두운 밤과 관련된 것이라고 해볼게요." 헨리가 대답했다. "지금은 인류 전체가 영혼의 어두운 밤을 지나고 있다고 이야기를 한 적이 있었죠. 이 전 세계적인 과도기는 구시대적인 질서와 신념들의 죽음 그리고 깨어난 인류의 새로운 세계관의 탄생을 뜻해요. 결과적으로 이런 변화는 모두에게 영향을 줄 거예요.

대부분의 사람들에게 있어서 의식을 깨우기 위한 여정은 자신이 가진 가장 큰 두려움을 직면하는 것에서 시작돼요. 그 두려움은 바로 죽음이죠. 우리가 죽는 것을 두려워하는 이유는, 죽음이 정신과 마음과 몸이 끝나는 것이라고 에고가 여기고 있기 때문이에요. 틀린 말은 아니지만요. 사후 세계를 믿는다고 하더라도, 에고는 육체에서 분리된 상태를 상상할 수조차 없어 무슨 수를 써서라도 이런 변화에 저항하려고 할 거예요. 하지만 번데기 속의 애벌레처럼, 죽음의 과정을 받아들이면 그 과정의 능동적인 참여자이자 공동 창조자가 될 수 있어요. 그렇게 하면 운명을 거스르는 것이 아닌, 운명과 함께 자연스럽게 흘러가는 것이 되기 때문에 변화의 과정은 더 빠르고 쉬워져요."

"내가 알기로는 영혼의 어두운 밤이 실제 육체의 죽음으로 이루어지는 경우는 아주 소수에 불과하다고 하던데요. 이 과정이 어떻게 죽음과 관련이 있다는 거예요?"

"죽음은 육체적인 것뿐만이 아니에요." 헨리가 대답했다. "더 이상 쓸모없어진 신념과 자기관, 생각을 놓아주면 원인계에서 에고가 죽음이라고 여기는 과정을 거치게 돼요. 왜냐고요? 이런 것들을 놓아주면 에고가 당신을 꽉 움켜쥘 수 없게 되거든요. 비슷한 맥락에서, 당신이 두려움과 온갖 부정적인 감정들을 놓아줬을 때 아스트랄계(감정계)에서 에고의 통제는 더 느슨해져요. 이것도 에고에게는 죽음처럼 느껴질 거예요. 두려움과 부정적인 감정들을 놓아주는 법은 이미 앞에서 자세히 이야기한 적이 있어요. 그 방법대로 하면 당신의 감정체와 정신체가 변화하게 될 거예요. 그리고 육체의 죽음에서 흔히 그러하듯 부정, 분노, 협상, 우울, 수용*과 같은 단계를 여러 번 거치게 될 거예요. 이런 단계들은 유동적이라서 무조건적으로 보편의지에 내맡기는 수준이 되기 전까지 당신은 계속

---

* 죽음의 5단계, 즉 사람이 죽음을 선고받고 이를 인정하기까지의 과정을 5단계로 구분지어 놓은 것을 말한다. 정신과 의사 엘리자베스 퀴블러로스Elisabeth Kübler-Ross가 고안한 모델이다.

이 단계를 오르락내리락할 거예요. 이러한 변화의 과정은 다른 영역에서 일어나는 에고의 죽음과 함께 당신의 육체에도 영향을 미칠 거예요. 이 과정에서 분리란 없어요."

"거기까지는 생각 못 했어요."

"그건 당신이 보편의식과 자연과 분리된 상태에 있는 인류의 의식, 즉 감정체와 정신체 그리고 육체가 각각 별개의 것이라고 생각하는 상태에 있는 인류의 의식에 영향을 받기 때문이에요. 분리된 자아정체성이라는 에고의 생각이 사라지면 — 이건 죽음의 가장 마지막 단계에서 일어나요 — 모든 단계에서 당신이 느꼈던 이런 분리감은 사라질 거예요."

"아주 큰 도움이 되네요." 헨리의 말은 나에게 깊은 감동을 주었다. 내 안의 무언가가 풀리는 기분이었다. "당신의 말이 진실이라는 느낌이 들어요. 그러면 육체의 죽음에 대한 두려움을 없애는 데 도움이 될 만한 이야기를 해줄 수 있어요?"

"죽음에 대한 두려움은 DNA와 에너지를 수축시키는데, 이런 현상 때문에 두려움을 놓아주는 과정이 더 어려워져요. 당신의 몸의 모든 세포는 7년을 주기로 수명을 다하고, 어떤 세포들은 피부 세포처럼 빠르게 죽어요. 그러니 따지고 보면 당신이 생각하는 '나(me)'라는 사람은 사실 7년 전에는 존재하지 않았던 거예요. 당신의 몸은 '당신의' 자신('your' self)을 계속해서 재창조하는 에테르 패턴이자 홀로그램이에요. 내가 예전에도 말했고 당신도 여러 연구 결과를 통해 알 수 있었던 것처럼, 인간은 물리적인 존재가 아니라 에테르적인 존재예요. 죽음은 하나의 상태에서 다른 상태로 변화하는 것, 그 이상도 그 이하도 아니죠. 심지어 얼음과 물과 증기도 형태만 다를 뿐 구성 성분은 같아요. 당신이 육체적 '죽음'을 맞이한다면 아스트랄체(감정체) 상태로 눈을 뜨게 될 거예요."

"정신적으로 큰 도움이 될 만한 멋진 사실이군요." 내가 대답했다. "하지만 좀더 공감이 가는 답이나 영적인 답을 준다면 더 큰 도움이 될 것 같아요."

"아…" 헨리가 말을 꺼냈다. "당신의 아름다운 몸속에 있는 세포 하나하나가 언제나 삶과 죽음의 흐름 속에 놓여 있다는 걸 깨달아야 해요. 세포는 보편의식과 하나이기 때문에 그 어떤 저항도 하지 않고 특정한 것을 선호하지도 않아요. 물리계, 아스트랄계(감정계), 원인계 사이의 경계도 없지요. 그런 경계가 없다면 당신도 이러한 보편의식의 흐름 속에 있게 돼요. 들숨과 날숨의 조화 속에서, 다양한 차원의 탄생과 죽음 속에서, '있는 그대로'의 삶 속에서 그저 노니는 거죠. 이게 바로 은혜와 사랑의 상태예요. 모든 것을 놓아 주지만 그 어떤 것도 잃지 않는 상태이기도 하지요. 물리계에서 죽으면 아스트랄계에서 삶을 살게 돼요. 그러다 환생을 하게 되면 아스트랄계에서 죽음을 맞이하고 다시 물리계에서 생명을 얻어 탄생하게 되지요. 그러니 죽음이라는 건 없어요. 오직 다른 상태의 삶만 존재할 뿐이에요. 의식과의 하나됨을 통해 당신은 자신이 불멸의 존재라는 걸 깨닫게 될 거예요. 죽음은 없어요."

나는 헨리의 말을 듣고 깊은 감명을 받았다. 그로 인해 나는 영혼의 어두운 밤이 모든 단계에서 죽는 과정임을 이해하게 되었다. 또한 헨리는 나의 몸과 신체 기관과 꾸준히 대화를 나눠야 한다는 사실을 거듭 상기시켜줬다. 나는 스스로 고치지 못할 육체적 문제가 있을 때만 몸과 대화를 나누는 경향이 있었다. 건강과 나의 몸 자체를 당연한 것으로 여기고 있었던 것이다. 건강하지 않은 음식이라도 그저 맛만 있다면 먹었고, 충분히 몸을 움직이지 않았다. 심지어 습관적으로 헨리를 에테르적 존재라고만 여기고, 육체라고는 여기지 않았었다. 나는 이런 사실을 비롯한 여러 경험을 통해 내가 나의 몸을 방치해왔음을 깨달았다. 다른 사람에게서 버림받는 것은 두려워하면서, 내가 내 몸을 방치하고 방임했다는 사실은 꿈에도 몰랐던 것이다. 그러면서도 나는 나의 몸이 나를 용서했다는 것, 그리고 내 몸은 오직 내가 몸 안에 온전히 거하면서 몸을 받아들이기만을 바라고 있음을 마음 깊이 깨닫고 있었다. 선물과도 같은 깨달음이었다.

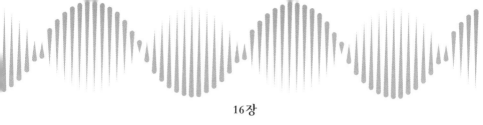

16장
동물과 새와 물고기의 의식

"동물을 어떻게 대하는지가 그 사람의 인성을 말해준다"

— 임마누엘 칸트Immanuel Kant

나는 내 몸의 지능이 인간의 진화를 어떻게 돕는지 알려준 내용을 이제 완벽하게 받아들였다는 느낌이 들었다. 하지만 몸의 지능이 다른 생명체의 진화 과정에는 어떻게 관여하고 있는지 궁금해졌다. 그래서 다음 날, 이를 헨리에게 물어보기로 했다.

"동물과 식물에게도 몸의 엘리멘탈이 있나요?" 내가 헨리에게 말을 걸었다.

"모든 생명체가 몸의 엘리멘탈을 가지고 있어요." 헨리가 대답했다. "그건 식물, 동물, 새, 물고기, 곤충, 그리고 광물도 마찬가지예요. 몸의 엘리멘탈은 보편지능이자 형태 속에 거하는 영이에요. 형태는 물리계, 아스트랄계, 원인계에 모두 존재하기 때문에 몸의 지능도 그 모든 영역에 존재해요.”

“와, 그 몇 마디에 엄청나게 많은 내용이 담겨 있는 것 같은데요! 조금만 더 자세히 설명해줄 수 있어요?”

“물론이에요. 의식은 많은 물리적 형태로 나뉘어져 존재하는데, 형태 안에 담긴 의식이 진화할수록 그 형태도 진화해요. 인간은 진화 과정 중에서 동물 단계를 지나왔어요. 사실, 대부분의 사람들이 아직도 그 과정을 거치는 중이죠. 하지만 동물 단계에 앞서 식물과 광물 단계도 있어요. 이 두 단계에서의 형태는 지금의 식물과 광물이 가지고 있는 물리적 형태와 달랐어요. 환경이 계속해서 변화하면서 모든 생명체들도 끊임없이 진화했거든요. 살아 있는 모든 존재들은 지구라는 몸의 세포예요. 지금 지구는 의식의 가장 낮은 시기 중 하나에 머무르고 있지만, 지구의 주파수는 더 높이 올라가고 있어요. 지구의 역사 속, 지금과는 또 다른 사이클에서 그랬듯이 말이에요. 내가 이 말을 하는 이유는, 진화라는 것이 기록된 역사적 시대에만 한정되어 일어나는 것이라는 생각에 빠져 있지 않기를 바라기 때문이에요.”

“새와 물고기를 비롯한 동물들의 의식 그리고 몸의 엘리멘탈이 동물의 진화를 돕는 과정에 대해 더 자세히 알려줄 수 있어요?”

“인간과 마찬가지로,” 헨리가 대답했다. “동물의 경우에는 수정되는 순간, 식물은 씨앗이 만들어지는 순간부터 몸의 엘리멘탈이 그 속으로 들어가요. 몸의 엘리멘탈은 각 존재가 평생에 걸쳐 이뤄야 하는 목적이 담긴 정보를 넣어 개개의 독특한 존재를 만들지요. 그 어떤 나무나 꽃도, 물고기나 동물도 다른 개체와 똑같은 것은 없어요. 동물이든 식물이든 각각의 개체는 그 종의 자연의 법칙 —
이는 영의 법칙과 완전히 똑같기도 해요 — 에 따라 성장할 수 있는
환경으로 보내져요. 달리 표현하자면 각각의 개체가 기본적인 카
르마를 가지고 있다고 말할 수도 있어요. 이를테면 어떤 금붕어는
물고기 사료를 먹으며 평생을 수족관에서 살아가는 반면에 다른
금붕어는 자연에서 만들어진 음식을 먹으며 야생의 연못에서 살아
가는 것처럼요. 그 어떤 진화의 단계에서도 우연히 일어나는 일은
없어요."

"물고기들에게도 자신이 어디에 태어날지 영향을 미칠 수 있을
정도로 의식을 발달시킬 수 있는 자유의지가 있을까요?"

"물고기들에게는 사람이나 다른 동물들과 비슷한 정도의 자유의
지가 없어요. 하지만 사람들이 믿는 것보다는 더 높은 감정적, 정
신적 지능을 가지고 있고, 양식장에서 자란 연어는 야생에서 자란
연어보다 의식이 더 낮아요. 지성은 자극을 통해 강해지는데, 바다
로 이동하는 연어는 양식장 속의 연어보다 훨씬 더 다양한 먹이와
기후를 경험하고 훨씬 더 많은 바다 생명체와 마주하게 되거든요.
한 마리의 연어가 평생 동안 배우는 것은 몸의 엘리멘탈에 의해 기
록되고, 그 연어가 죽으면 그것의 지성은 해당 개체뿐 아니라 모든
연어 종의 의식을 더 빠르게 깨울 수 있도록 지구의 진화 과정을
총괄하는 절대적 존재에게 이 기록을 전달해요."

"그러면 그 연어는 똑같은 몸의 엘리멘탈을 가지고 새로운 생명
체로 환생하는 건가요?" 내가 물었다.

"그럴 수도 있고, 아닐 수도 있어요." 헨리가 말했다. "내 경험상,

개체들은 집단 의식에서 개별 의식으로 진화해요. 개별 의식은 집단 의식보다 더 높은 지성을 지니고 있어요. 솔직히 말하면, 지금 에고 중심적인 상태를 가진 대부분의 인간들은 그들 자신이 아는 것보다 훨씬 더 강하게 집단 의식에 의해 세뇌되어 있어요. 자신이 속한 문화권, 종교, 국가의 신념에서 자유로운 사람은 오직 소수의 몇 명에 불과해요."

"지금 당신의 말에 딱 들어맞는 예시가 생각났는데," 내가 설명하기 시작했다. "인간은 무척추동물이 그 외의 동물들보다 지능이 낮다고 생각해요. 나조차도 문어가 최소 두 살짜리 어린아이 정도의 지능을 가지고 있다는 사실을 알게 되었을 때, 지금껏 내가 알고 있었던 지식이 완전히 편견이었다는 것을 깨달았거든요. 과학자들이 문어의 지능을 실험하기 위해 한 수조에 문어를 넣어놓고, 다른 수조 안에 그것이 가장 좋아하는 먹잇감인 게를 넣어 놓았어요. 문어의 능력을 테스트하는 여러 가지 과제가 주어지고, 과제들을 전부 해결하면 보상으로 게를 주는 실험을 설계했죠. 문어는 과제들을 잘 수행해나가고 있었어요. 그러던 중에 전혀 예상치 못한 일이 일어난 거예요. 날마다 밤이 지나고 날이 밝으면 게의 개체수가 줄어들고 있다는 걸 과학자들이 깨달았거든요. 그들은 실험 환경을 야간처럼 조성하기 위해 조명을 어둡게 했어요. 그런 다음, 블라인드 뒤에 숨어 무슨 일이 일어나고 있는지 몰래 지켜보았어요. 그랬더니 문어가 수조에서 기어나와, 테이블 다리를 타고 바닥으로 내려오는 거예요. 그곳에서부터 게 수조가 놓인 테이블의 다리를 타고 올라가 게 수조 안으로 들어갔어요. 그다음엔 무슨 일이

271

일어나는지 당신도 예상할 수 있겠죠? 문어는 맛있게 식사를 즐기고, 왔던 길을 그대로 거슬러 자신의 수조 안으로 돌아갔어요.

여기서 질문 하나가 생겨나요. 우리는 다른 종의 과제 수행 능력에 대한 인간적인 선입견을 갖고 있어요. 그런데 이런 선입견을 제외하면 문어를 비롯한 여러 해양 생명체들의 지능을 어떻게 측정할 수 있을까요? 예를 들어 문어의 수명은 1년에서 2년 정도밖에 되지 않고 부모로부터 교육을 받지도 않아요. 하지만 문어의 뉴런은 4분의 3 정도가 다리에 분포되어 있으며 엄청나게 지능적이죠. 만약 다리가 손상되어도 몇 주만 있으면 다시 자라고요.

하루는 〈나의 문어 선생님〉이라는 다큐멘터리를 봤어요. 한 남자가 남아프리카 바다의 다시마가 무성한 지역에서 사는 야생 문어와 매일 생활했던 이야기를 담은 다큐멘터리였어요. 그 남자는 사냥 중인 상어를 피하기 위해 문어가 바닷가의 바위로 기어오르는 걸 봤어요. 그러다 문어는 결국 다시 바닷속으로 들어가야만 했는데, 여전히 그 자리에 상어가 있었어요. 그래서 문어는 공처럼 몸을 돌돌 만 다음, 조개를 갑옷처럼 온몸에 붙였어요. 상어가 조개를 떼어내기 위해 문어를 마구 흔들자, 문어는 상어의 등에 기어올라 그 위에서 버티다가 근처의 다시마 수풀 속으로 탈출했어요."

"인간과 다른 존재에 대한 편견을 완전히 뒤집어줄 수 있는 멋진 이야기네요." 헨리가 미소 지었다. "영적 변화를 거치는 동안에는 자신의 신념 하나하나를 잘 관찰해야 해요. 보다 분명하게 나타나는 신념부터 시작해서 자기 자신, 타인, 그리고 지구와 그 밖의 행성에 사는 여러 생명체들에 대한 미묘한 판단과 신념까지 전부 다요. 독립적으로 존재하는 신념이라는 것은 없어요. 그리고 각각의 신념은 전체적인 생각의 패러다임을 이루는 구성요소예요. 그 패러다임 속의 신념들을 충분히 바꾸면 더 높은 주파수의 의식 영역으로 엄청난 도약을 하게 될 거예요."

"어쩌면 나는 우리가 이야기해왔던 똑같은 패러다임에 속하는 잘못된 신념을 더 가지고 있을지도 몰라요. 새끼를 낳는 생명체들이 새와 대부분의 물고기, 식물처럼 알이나 씨앗의 형태로 번식을 하는 생명체들보다 더 진화된 의식을 가지고 있는지 갑자기 궁금해지는군요."

"그 질문에 대한 답은 당신 스스로 찾아낼 수 있어요." 헨리가 대답했다. "물고기나 상어 중에서 일부 어종은 새끼를 낳고, 연어는 알을 낳아요. 그러면 연어는 상어보다 지능이 떨어질까요? 대답하기를 주저하는 게 보이네요. 그럼 더 뻔한 질문으로 바꿔볼게요. 모든 새는 알을 낳아요. 그렇다면 새끼를 낳는 진딧물보다 새들의 지능이 더 떨어지나요?"

"당신이 무슨 말을 하려는지 알겠어요. 새끼를 낳는 것의 여부와 지능 사이에는 엄격한 규칙이라는 게 없다는 거군요. 다시 한번 느낀 거지만, 어쩌면 새끼를 낳는 인간의 특성에서 벗어나지 못한 나머지 왜곡된 렌즈를 통해 모든 종을 바라보고 있는 걸 수도 있겠어요. 그런 생각 때문에 인간이라는 존재가 더 우월한 의식을 가지고 있다는 편견이 생긴 거니까요."

"바로 그거예요!" 헨리가 대답했다. "인간의 그런 편견은 그때그때 무의식적으로 생기는 거예요. 다른 종을 연구하는 과학자들도 마찬가지죠. 그래서 정확하지 않은 결론을 내리기도 해요."

"지능을 측정하거나, 가능하다면 의식을 측정하기 위한 더 좋은 방법이 있을까요? 이를테면 두뇌의 크기 같은 것 말이에요." 헨리의 말을 듣다 보니 호기심이 생겼다. "코끼리들도 지능이 매우 높은데, 돌고래와 마찬가지로 몸무게 중에서 두뇌가 차지하는 비율이 인간과 동일할 정도로 큰 두뇌를 가지고 있다고 해요. 코끼리와 돌고래 모두 복잡한 문제를 풀 수 있는 능력을 가지고 있죠. 게다가, 또 다른 고래 종인 혹등고래는 이야기를 해주는 전통을 가지고 있는데, 각 무리의 수컷들은 자신만의 독특하고 복잡한 노래를 해마다 미묘하게, 하지만 분명히 구분할 수는 있을 정도의 차이를 주면서 다양하게 변화시켜 불러준다고 해요."

"두뇌의 크기와 지능 사이에 상관관계가 있을 수도 있지만, 그게 지능을 측정할 수 있는 유일한 방법은 아니에요." 헨리가 대답했다. "그렇다면 몸 전체에서 뇌가 차지하는 비중이 인간보다 더 큰 나무두더지의 지능에 대해서는 어떻게 설명하려고요?"

나는 나무두더지에 대한 설명을 회피하기 위해 얼른 주제를 돌렸다. "뇌의 크기가 아니라면, 뇌 구조의 복잡성은 어때요? 예를 들어서 돌고래와 범고래는 대뇌피질의 주름이 인간보다 더 많아요. 게다가 밍크고래는 사람보다 더 많은 신경아교세포를 가지고 있는데, 예전에 우리도 이야기한 것처럼 이건 지능을 판단하는 척도가 될 수 있어요."

"그러니까 당신의 말은, 돌고래, 범고래와 밍크고래가 당신보다 더 똑똑하다는 거예요?" 헨리가 캐물었다.

"그런 가설은 나도 불편해요. 인정한다고요. 하지만 다른 종의 지능과 의식을 어떻게 측정해야 할지 알고 싶다는 생각이 계속 들어요."

"내가 당신에게 바라는 것이 바로 그거예요." 헨리가 설명했다. "지금껏 인간은 많은 생물 종들에 대해 제한적으로만 생각하고 있었기 때문에, 그 생물들의 의식의 진화를 지연시켰어요."

"이해가 안 가요. 어떻게 인간의 생각이 그 생물들의 진화를 지연시켰다는 거죠?"

"인간의 강력한 에고와 정신은 왜곡된 사념체를 만들었어요. 그리고 이 왜곡된 사념체는 다른 생명체의 DNA까지 인간의 시각에 맞게 변화시킬 수 있어요. 다른 존재에 대한 생각이 가진 힘은 이렇게나 막강해요. 모든 편견을 버리고, 다른 종들과 좋은 관계를 유지하면서 그것들과 완전히 새로운 경험을 쌓아야 해요. 그런 생명체들을 잡아먹고 싶다는 생각 때문에 그들의 지능을 부정해온 경우가 많을 거예요."

나는 헨리의 말이 진실이며 나의 마음에 와닿았음을 깨달았다. 소고기나 돼지고기를 먹지 않은 지 몇십 년은 되었지만, 고백하건대 나는 생선도 먹고 아주 가끔 양고기나 칠면조도 먹곤 했다. 이런 식단을 유지할 수 있었던 유일한 방법은 고기를 먹을 때 그 동물의 생전 모습을 생각하지 않는 거였다. 때때로 나의 몸은 고기를 달라고 아우성쳤다. 그래서 나의 머릿속에는 여전히 '동물을 먹는 것이 잘못된 일인가?'라는 질문이 해결되지 않은 채 남아 있었다.

헨리는 따뜻한 배려심으로 나의 죄책감이나 내면의 질문을 모른

척해주고 있었다. 그는 질문에 곧바로 반응하는 대신 이렇게 물었다. "새들의 뇌가 인간이나 다른 포유류들과는 다른 형태로 발달되어 있다고 해서 새들의 지능이 떨어진다고 말할 수 있을까요?"

"나는 새들을 좋아하고, 새들에 대한 새로운 사실을 알아가는 게 좋아요." 내가 가장 좋아하는 주제가 나오자 반가운 마음으로 대답했다. "처음에는 그저 앵무새에 대해 새로운 사실을 알아가는 것이 재미있을 뿐이었어요. 우리 집에는 곳곳을 누비며 날아다니는 잉꼬, 왕관앵무와 모란앵무가 있었어요. 놀라울 정도로 똑똑했고, 저마다 성격도 제각각이었죠. 잉꼬였던 페리Perry는 문장 단위로 말을할 정도였고, 같이 키우던 개의 반응을 보기 위해 개를 공격하는 척하면서 장난치는 걸 좋아했어요. 게다가 앵무새들은 ─ 인간의 기준에 따르면 ─ 적어도 두 살배기 아이와 같은 지능을 가지고 있다고 해요. 배변 훈련을 할 수도 있고, 숫자를 세고, 복잡한 대화를 주고받을 수도 있어요. 그리고 슬픈 일이지만, 학대를 당했을 때는 마음의 병을 앓기도 해요.

처음에는 내 앵무새 가족에게만 가지고 있었던 흥미가 모든 새에게로 확장됐어요. 당신이 말했던 것처럼, 새의 두뇌는 인간과 무척 다르다는 것도 알게 됐어요. 신피질(neocortex)*이 고도로 발달한 인간과는 달리, 새들에게는 인간의 신피질과 비슷한 기능을 담당하는 '등 쪽 뇌실 능선'(dorsal ventricular ridge)이라는 부위가 있어요. 이 부위 덕분에 어떤 새들은 영장류가 할 수 없는 것들을 할 수 있기

---

* 대뇌피질 중 90퍼센트를 차지하는 부위. 주된 역할은 운동, 체지각, 시각, 청각, 고도의 정신 작용과 학습 등이다.

도 해요. 예를 들어, 큰까마귀의 울음소리는 80여 가지나 되고, 자신의 짝에게 충실하며 친구와 적을 구분할 수 있을 정도로 기억력이 좋아요. 고백하자면, 나는 비둘기를 그다지 좋아하지 않아서 비둘기에 대한 편견을 가지고 있었어요. 그런데 비둘기에 대해 새로운 사실을 알고 나서 편견이 사라졌던 일이 있어요. 보훔 루르 대학교(Ruhr-Universität Bochum)에서 비둘기를 대상으로 실험을 했는데, 실험을 통해 훈련받은 비둘기들이 725개의 추상적인 그림들을 보고 '좋음'과 '나쁨'으로 분류할 수도 있더라고요."

"당신처럼 편견을 깨뜨린 경험은 대부분의 사람들에게 흔히 일어나는 일이에요." 헨리가 말했다. "우선은 자기가 좋아하는 대상에 대해 알아가는 것이 흥미롭게 느껴지죠. 당신의 경우에는 그 대상이 앵무새였어요. 당신이 새로 배운 사실을 통해 그 종에 대해 가지고 있었던 선입견은 사라지고, 이런 열린 태도로 모든 종들에 대해 알아가게 돼요. 그러면서 그 종에 대한 잘못된 신념을 없애게 되죠.

다른 종에게 편견을 가지고 있다면 다른 동물의 지능을 제한하거나 과소평가함으로써 그 동물들을 단지 잡아먹을 음식, 실험 대상이나 멸종시켜야 할 대상으로 여기게 돼요. 그런 편견을 깨뜨린다면 다른 종의 지능이 더 발달될 수 있겠죠. 하지만 우리가 이야기하던 지능이 의식과 똑같은 것일까요?"

"과학 덕분에," 내가 대답했다. "동물들의 뛰어난 지능에 대한 새로운 사실들이 밝혀지고 있어요. 침팬지 연구로 유명한 제인 구달Jane Goodall은 침팬지의 유전자가 인간과 겨우 1퍼센트만 다르다고 했어요. 어떤 자료에서는 2퍼센트라고 하기도 하지만요. 그래도 차이가 이렇게 적게 나는데 1퍼센트인지, 2퍼센트인지가 중요하겠어요? 어쨌든, 침팬지와 고릴라에게 모두 수화를 가르쳤는데 이렇게 평범한 의사소통 방식을 통해 두 동물이 얼마나 똑똑한지 밝혀진 거예요. 침팬지와 고릴라들은 혼자 있을 때 혼잣말을 하기도 하고, 마치 사람처럼 자기 자신이나 다른 개체에 대한 이야기를 하는 모습도 보였어요. 침팬지들은 자신이 알던 사람을 몇십 년 만에 만났을 때 알아보기도 하고, 한때 그 사람과 공유했던 추억을 기억할 수도 있다고 하더군요."

"사람의 입장에서는," 헨리가 끼어들었다. "침팬지와 고릴라가 인간과 비슷하게 생겼기 때문에 그 둘을 먹이로 보지 않게 되었어요. 돼지고기나 닭고기를 먹는 것과는 많이 다르다고 생각했을 테니까요."

헨리가 말한 충격적인 예시를 통해, 그가 나에게 의식이 무엇으로 구성되어 있는지 깊이 알아보라고 제안하고 있음을 깨달았다.

"의식을 더 정확하게 측정할 수 있는 지표는 지적 능력보다는 감정 지능 쪽인 것 같아요." 내가 말했다. "동물들도 고통을 느끼고, 충성심을 가지고, 사랑하고, 부끄러워하고, 분노하고 마음 아파해요. 또, 인간과 마찬가지로 두려움을 느낄 수 있고, 사랑과 안전을 찾으려고 하죠. 심지어 이타심과 같은 더 고등적인 감정을 느끼는 동물도 있어요. 이를테면 코끼리와 돌고래와 개, 고양이는 위험에 처한 다른 개체를 도와주는 걸로도 잘 알려져 있어요. 자신과 다른 종이라고 해도 말이에요.

동물들이 다른 종에게 동정심을 보였던 사례는 많아요. 페터 볼 레벤Peter Wohlleben이 쓴《동물의 사생활과 그 이웃들》에서 소개된 대부분의 사례들은 아프리카의 세렝게티에서 일어난 일이에요. 그곳에서 들개들과 하이에나들이 먹잇감을 두고 서로 경쟁하고 있었는데, 하이에나가 들개 무리의 먹이를 훔쳐 간 후에 하이에나 새끼 한 마리가 들개 무리의 대장인 수컷에게 다가가고 있었던 거예요. 일촉즉발의 상황이었고, 새끼 하이에나에게는 그 상황을 무릅쓰고 얻을 수 있었던 것이 아무것도 없었는데 잠들어 있는 들개 대장을 마치 위로해주기라도 하듯 정성스럽게 핥아주기 시작했어요. 더 놀라웠던 것은, 다른 들개가 개입하기 전까지 대장 들개는 이 모든 일이 일어나도록 그냥 내버려두었고, 결국 어린 하이에나는 상처 하나 입지 않은 채 자신의 무리로 돌아올 수 있었어요."

내가 설명을 계속했다. "그 밖에도 비슷한 사례는 수없이 많아요. 개, 돼지, 심지어 까마귀도 부모 없이 남겨진 다른 종의 새끼들을 입양해서 키우는 걸로 알려져 있고, 때로는 먹이를 나눠주기도 해요. 페이스북에 들어가면 다른 종의 동물들끼리 가장 친한 친구가 되어 함께 노는 영상을 어렵지 않게 찾아볼 수 있을 거예요."

"아," 헨리가 주장했다. "그러니까 당신의 말은, 감정과 의식을 가진 건 오직 포유류와 조류들만이라는 거죠?"

"포유류는 인간처럼 두뇌 변연계를 가지고 있어요." 내가 대답했다. "그래서 인간이 느끼는 모든 감정을 포유류들도 경험할 수 있다고 생각하기 쉽죠. 하지만 포유류뿐 아니라 어류도 인간과 같은 감정을 가지고 있을지도 몰라요. 과학자들은 엄마와 아이, 그리고 배우자끼리 유대감을 더 깊게 만들어주는 호르몬인 옥시토신을 어류도 가지고 있다는 사실을 밝혀냈어요. 내가 키우던 물고기도 나를 알아보고 신뢰하는 것처럼 느껴졌는데, 이런 걸 보면 그 사실을 쉽게 믿을 수 있을 것 같아요."

"내가 당신을 괴롭히고 있다고 느낄 수도 있겠지만," 헨리가 말했다. "인간이 다른 생명체에 대한 태도를 바꾸는 것이 왜 그렇게 중요한지 온전히 이해했으면 좋겠어요. 인간의 정신은 너무 강력해서, 다른 동물이나 다른 종에 대한 사념체를 만들 수 있어요. 그리고 인간의 사념체는 그 종의 발달을 지연시키기도 해요. 이런 일은 동물의 발달에 있어 긍정적인 사념체를 부정적인 사념체가 억눌러버릴 때 일어나지요. 인간은 지구의 수호자로서 다른 동물의 의식이 발달하도록 돕는 역할을 해야 하는데, 완전히 반대로 행동하고 있잖아요."

"무슨 말인지 알아요. 그리고 나도 그 점에 동의해요. 하지만 최근 들어 생물학자와 해양학자들을 비롯한 여러 과학계에서는 다른 동물에게도 지능과 감정이 있다는 사실을 밝혀내기 시작했고, 그들에게도 의식이 있다는 걸 알아가고 있어요. 나는 이것이 올바른 방향으로 나아가는 위대한 첫걸음이라고 생각해요. 지금까지 당신은 인간이 자기 자신을 위해 어떻게 사랑을 키우고 의식을 발달시킬 수 있는지 이야기해왔어요. 인류가 이를 실천에 옮기면 자연스레 다른 종들을 돕길 원하게 될 거예요."

헨리는 잠시 머뭇거리다가 말했다. "지금처럼 인류가 영혼의 어두운 밤을 지나는 동안에는 다른 종들에 대한 그들의 태도도 근본적으로 달라질 거예요. 인류의 의식이 변화하고 있기 때문에, 다른 종들의 의식도 변할 거고요."

"정확히 그 둘이 어떻게 연관되어 있는 건데요?"

"모든 생명체의 몸의 엘리멘탈은," 헨리가 대답했다. "다른 종의 의식이 성장할 수 있도록 도와주려는 인간들에게 특히나 큰 관심을 가지고 있어요. 그리고 몸의 엘리멘탈들은 다른 종의 의식을 성장시키기 위해서 그런 인간들과 함께 일하려고 할 거예요. 동물, 새, 물고기를 사랑하고, 그것들과 기꺼이 조화를 이루며 성장하려고 하면 그 생명체들의 의식도 더 강해질 거예요. 동물들은 그런 인간과 지내면서 더 빠르게 의식을 성장시킬 수 있거든요. 수많은 고양이, 강아지, 새, 말과 물고기가 각자의 종을 대표하여 그들 종의 길잡이가 되어주고 있어요. 그런 동물들은 인간과 일하며 점점 더 의식을 깨우고 있고, 죽게 되면 그 의식을 자신의 영혼 집단으로 가져가게 되지요. 이렇게 해서 그 종의 감정과 정신이 더 빠르게 성장할 수 있어요."

"'반려동물'들이 인간과 시간을 보내면서 더 똑똑해진다는 건 알겠어요. 어쨌거나 인간은 반려동물들에게 말을 걸고, 마치 자기 자식인 것처럼 대하기도 하잖아요. 하지만 그렇게 갇혀 사는 동물의 진화는 인간 때문에 느려지는 것이 아닌지 늘 궁금했어요. 정말 그런가요?"

"동물원에 있는 어떤 동물들과 새들은 사실 그 동물 종의 아바타예요." 헨리가 대답했다. "그들이 그곳에 있는 이유는, 인간이 자신과는 다른 의식을 가진 생명체에 대한 책임이 있다는 것을 되새겨주기 위해서예요. 예를 들어, 동물원에 갇혀 있는 어떤 돌고래들은 인간이 다른 생명체에 대해 더 큰 배려심을 가지도록 도와주기 위해 자신을 희생시키는 보살이에요. 동물들의 아바타가 죽고 나면, 그들은 일생 동안 알게 된 것을 영혼의 집단으로 가져가게 되고, 이것이 그 종 전체의 의식을 더 깨워주지요. 깨달음을 얻은 인간 한 명이 인류 전체의 의식을 높여주는 것처럼 말이에요.

동물들은 현존의 감각을 가지고 있어요. 그들의 이런 감각은 인간 역시 자신의 모습 그대로 현존할 수 있게끔 이끌어줘요. 당신이 있는 그대로 존재할 수 있도록 연결해주는 역할을 하는 거예요. 당신과 삶을 함께하는 강아지, 고양이, 새와 말은 사랑, 감사, 기쁨, 인내, 연민 등 당신의 높은 의식을 계발해주는 덕목들을 영감으로 불어넣어줘요. 오늘은 이쯤에서 끝내기로 해요. 내일은 풀과 나무의 의식에 대해서 알려줄게요."

헨리의 말을 듣고 나니 생각할 것이 많아졌다. 나는 다른 종에 대한 나의 신념 중 내가 살펴보지 못한 사각지대가 얼마나 많을지 궁금해졌다. 나는 생각에 잠긴 채 외투를 입고 잠시 바람을 쐬기 위해 산책길에 나섰다. 밖으로 나와 보니 마당 앞에 사슴 한 마리가 새끼를 데리고 와서 풀을 뜯고 있었다. 두 사슴은 내가 그들을 쫓아내지는 않을지 살펴보더니, 내가 가만히 두려는 것을 눈치채자 조금 더 가까이 다가와 머리를 숙이고, 계속해서 풀을 뜯었다.

17장
나무와 풀, 광물의 의식

"나무들은 학식과 규율을 설파하지 않는다.

그들은 작은 것들에 굴하지 않으면서 고대의 생명의 법칙을 설파한다."

— 헤르만 헤세

나는 매일 자연을 느끼며 건강을 유지하고, 맑은 공기를 마시며 숲속을 산책하는 습관이 있었다. 나는 나를 살아 있게 하는 자연의 힘에 대해 내가 올바른 인식을 가지고 있는지 헨리와 함께 이야기하며 확인하고 싶어졌다.

"내가 바로 당신을 살아 있게 하는 자연의 힘이에요." 헨리가 말을 꺼냈다. "나를 성모라고 생각하든, 몸의 영이나 몸의 엘리멘탈이라고 생각하든, 나는 모든 형태를 만들어내는 지성이자 당신을 보살피는 의식이에요."

"당신은 길들여진 동물들이 지닌 의식이기도 하죠. 하지만 요즘 나는 동물들에게서 예전처럼 고양된 에너지를 받을 수가 없어요.

그 동물들을 내가 정말 좋아하는데도요. 그건 왜 그런 거죠?"

"우선, 길들여진 동물들은 당신의 시간을 필요로 하기 때문이에요. 그들에게 먹이를 줘야 하고, 산책도 시켜주고 깨끗이 씻겨도 줘야 해요. 그런데 지금 당신은 너무 많은 사람들과 일들에 관심을 쏟고 있어서 더 이상 그 어떤 것에도 시간을 더 할애하고 싶은 마음이 없는 거예요. 비판하려는 것은 아니고, 어디까지나 충분히 이해할 수 있는 일이에요."

"식물들도 마찬가지로 물을 주고, 잡초를 골라주고 가지를 치느라 시간을 투자해야 하는데, 그런 일은 더 보람이 느껴지는 것 같아요. 이건 왜 그런 거죠?"

"식물들은 에너지 기부자(energy donor)이기 때문이에요." 헨리가 설명했다. "그들은 에너지 수용자(energy taker)인 인간보다 진화의 흐름에 있어 더 높은 자리에 있어요. 뭔가를 주는 행위는 사랑의 한 형태이고, 뭔가를 받는 행위보다 더 높은 주파수 영역에 있어요. 식물들은 의식과 조화를 이루고, 다른 생명체들을 위해 봉사하며 살아가고 있어요. 그건 더 고차원적인 생명의 법칙이지요. 낮 동안에는 당신이 호흡할 산소를 만들고, 식량이 되기 위해 자신의 몸을 내어주며, 피난처인 집과 편안한 가구를 만들 목재가 되어줘요. 게다가 식물이 가진 아름다움과 색채와 향기는 기쁨을 가져다주기도 해요.

식물계를 잘 들여다보면, 식물은 지구를 위해 봉사하고 있고 지구와 조화를 이루며 살아가고 있다는 것을 알 수 있을 거예요. 모든 식물 종은 지구상에서 저마다 독특한 기능을 하고 있어요. 식물

284

계에는 나무, 채소, 곡물, 꽃, 이끼, 해조류, 해초 등이 포함되는데, 전부 뭔가를 내어주는 생명체들이에요. 모두 다양한 방법으로 자신의 것을 나눠주고 있죠. 어떤 것들은 당신에게 온기를 주는 반면에 어떤 것들은 당신을 시원하게 만들어줘요. 사막의 선인장은 여행자들에게 물과 열매를 주고, 주변 환경에 맞게 자신의 것을 나눠줘요. 어떤 식물은 다른 차원으로 가는 통로가 되어주기도 해요. 예를 들어, 와인을 만들 때 포도가 쓰이고, 변성의식 상태를 만들 때 버섯과 선인장이 사용되는 것처럼 말이에요. 또, 장미와 라일락, 라벤더 같은 식물의 향은 여러 가지 질병을 치료해주기도 하고, 그 밖에도 약재로 사용되는 식물계의 치유자들은 수없이 많아요. 심지어 어떤 식물은 뿌리도 먹을 수 있고, 새로운 생명을 위해 흙 속의 광물을 분해하여 영양분을 만들기도 해요."

"식자재로 사용되는 식물들에 대한 이야기가 나왔으니 말인데, 나에게는 어떤 채식 요리가 맛있게 느껴지지만 또 어떤 요리는 먹지 않거든요. 비타민이나 무기질을 따져봤을 때 몸에 좋다고 해도 말이죠. 그건 왜 그런 걸까요? 내가 좋아하지 않는 음식도 먹는 게 좋은가요?"

"당신의 몸에 있어서는," 헨리가 대답했다. "유전적인 역사를 가진 음식을 먹는 것이 더 받아들이기 쉬워요. 당신은 아일랜드계이기 때문에 쌀보다는 감자를 먹어야 몸에 무리가 덜 가요. 감자가 몸에 좋지 않은 음식임이 영양학자들에 의해 밝혀졌어도 당신이 감자를 선호하는 것은 그런 이유에서예요. 육식을 하는 몸에서 채식을 하는 몸으로 완전히 바뀌기 위해서는 몇 세대를 거쳐야 해요.

당신도 알다시피, 달라이 라마도 채식으로 넘어가려고 시도했을 때 몸이 아파서 다시 육식을 하는 생활로 돌아갔잖아요?

육체의 유전적 역사뿐만 아니라, 영적인 역사도 고려해봐야 해요. 고기를 먹는 것에 대해 거부감을 느끼고, 당신의 몸도 건강을 위해 딱히 고기를 필요로 하지 않는다면 그런 본능을 존중하는 것이 좋아요. 건강해지기 위해 먹어야 하는 음식은 사람마다 달라요. 몸의 의식에 귀 기울이면 자신에게 어떤 음식이 가장 좋은지 알 수 있을 거예요."

"나의 정원은," 내가 말했다. "어머니 지구의 목소리를 듣는 법을 가르쳐준 훌륭한 장소 중 하나가 되어줬어요. 내가 기른 식물은 유전자 조작 처리도 되지 않았고, 해로운 농약을 써서 재배된 것도 아니고, 사랑과 애정으로 자랐기 때문에 가장 건강한 것 같아요. 내 경험은 피터 톰킨스Peter Tompkins가 쓴《식물의 정신세계》라는 책의 내용과도 맞물려 있어요. 그 책에는 우리가 식물에게 긍정적인 생각을 보내면 식물에 생기가 오르고, 부정적인 생각을 보내면 시들어버린다는 과학적인 연구 결과가 쓰여 있어요. 예컨대 내가 직접 기른 사과, 당근, 파스닙, 케일을 먹으면 겨울 동안 크게 아프지 않고 무사하게 보낼 수 있다는 걸 깨달았는데, 나는 그 이유가 내가 사랑을 담아 그것들을 길렀고, 고마운 마음을 보냈기 때문이라고 생각해요. 심지어 나는 정원에서 식물을 수확할 때 수확해도 괜찮겠냐고 물어보기도 하는데 '안 된다'고 대답하는 것들은 그냥 내버려둬요."

"먹을거리를 직접 재배하고, 그것들과 대화하는 사람들이 더 많아져야 해요." 헨리가 말했다. "각각의 생명체에게 감사함과 존중감을 표현하면 그에 대한 보답으로 그들의 몸의 지능은 에너지를 받게 돼요. 채소의 경우에는 그것을 영양분으로 당신에게 돌려주고요."

"내가 많이 꺼리는 게 있어요. 거의 혐오하다시피 하는 건데, 바로 유전적으로 변형되거나 방사선 처리를 거친 음식*을 먹는 거예요. 내 삶의 가장 큰 실패 중 하나는, 내가 캐나다 원자력청의 경영 컨설턴트로 근무하면서 전 세계 원자력발전소 네트워크의 CEO들을 위한 연례 워크숍을 했을 때 일어났어요. 워크숍이 진행되는 동안 CEO들은 과일과 채소를 방사선조사 처리해야 한다는 아이디어를 냈어요. 내가 그런 일을 막도록 보편지능이 바라고 있다는 느낌이 강하게 들었지만 결국엔 실패하고 말았어요."

"그때 당신은 아직 젊었고, 혼자서 그런 목소리를 낸 거였잖아요." 내가 자책에 빠지지 않도록 헨리가 나를 다정하게 다독였다. "그보다 더 잘할 수 있었던 사람은 없었을 거예요. 그래서 우주가 다른 그 누구도 아닌 당신을 그 자리에 있게 만든 거고요. 사람들이 금전적인 이해관계에서 벗어난 생각을 받아들이게 만드는 건 참 어려운 일이에요. 당신이 그런 일을 맡았던 거고요. 실패했다는 느낌에도 불구하고, 방사선 처리된 음식이 장기적으로 미칠 수 있는 부정적인 영향에 대해 당신이 목소리를 낸 것은 에테르계에 기

---

* 방사선조사식품. 열을 가하지 않고 식품 속의 세균과 기생충을 사멸하거나 발아억제, 숙도 조절을 하기 위해 사용하는 기술이다. 현재 감자, 양파, 홍삼 제품, 복합조미식품을 생산하는 데 방사선조사가 활용되고 있다.

록으로 남았고, 시간이 흐르면서 그 효과는 더욱 커졌어요. 인간은 성공과 실패의 여부를 승패 결과에 따라 결정하는 경향이 있는데, 그건 잘못된 거예요. 그것이 정말 성공인지 실패인지는 더 높은 영역에서만 알 수 있어요"

"자신감을 불어넣어주는 말은 고마워요. 그런데 유전적으로 변형된 음식들에 대해서는 어떻게 생각해요?"

"사람들은," 헨리가 말했다. "그 어떤 생명체 중에서도 특히 식물계의 유전적 진화에 깊이 개입해왔어요. 대다수의 경우, 인간들은 생산량을 높이기 위해 식물을 개종하는 자신의 행동이 식물의 다양성 감소에 장기적으로 어떤 영향을 주는지 미리 생각하지 않아요. 인간들은 오래된 숲의 나무들을 무참히 베어버리고 그 자리를 두세 종의 나무들로 대신해요. 한 종류의 밀로 들판을 빼곡히 채워버리기도 하고, 씨가 없는 과일을 심기도 하고, 토마토의 껍질이 두꺼워지게 만들어 포장이 쉬워지도록 유전자 조작을 하기도 하고요. 인간은 방사선으로 인해 이점이 전부 죽어버린 음식을 먹을 때 죽은 물질만 섭취하게 돼요. 방사선조사 처리되거나 유전자 변형을 거친 식품(GM)들을 섭취하는 일은 오늘날 인간이 자신의 몸에 저지르고 있는 행동들 중에서 건강에 가장 나쁜 거예요. 이런 근시안적인 시각 때문에 지금 당신이 살아가고 있는 복잡한 생명의 네트워크가 약해지는 거예요. 내가 인간의 몸을 만들기 위해 사용할 수 있는 재료는 순전히 그 인간이 먹는 음식뿐인데, 방사선 처리를 거치거나 유전자 변형이 된 음식으로는 건강한 몸을 만들 수 없어요."

"그걸 바꾸려면 어떻게 해야 하나요?" 내가 걱정스럽게 물었다.

"우리가 먹을 음식에 대해서 선택권이 없을 때가 종종 있어요. 이를테면, 모두가 직접 채소를 키우기 위한 공간을 가질 수 있는 것도 아니고, 모두가 유기농 식품을 살 수 있는 조건에 살고 있는 것도 아니거든요. 게다가 마트에서 파는 식품 중에는 겉면에는 유기농이라고 쓰여 있어도 생산된 지 일주일이 넘게 지난 것들도 있어요. 그러면 영양학적인 가치가 떨어지는데 말이죠."

"영에게 그 음식에 축복을 내려달라고 기도하고," 헨리가 대답했다. "감사한 마음으로 천천히 먹으면 음식의 에너지를 키울 수 있어요. 또, 본래 자신이 자라야 하는 환경에서 알맞게 자란 식물들은 더 큰 에너지를 지니고 있어요. 그러니까 자신이 사는 지역에서 재배된 것들을 먹는 게 좋고, 추운 지역에서 살고 있다면 계절에 맞는 음식을 먹는 것이 좋아요. 다시 말해, 겨울에는 상추 같은 잎채소보다는 뿌리채소를 먹는 게 더 좋다는 거예요."

"하지만 나는 상추와 잎채소가 좋은걸요." 나는 헨리의 말에 동의하지 않았다. "아무리 겨울이라고 해도 샐러드가 없는 식탁은 상상조차 할 수 없어요."

"내가 별로 와닿지 않는 예시를 든 것 같네요." 헨리가 동의했다. "강아지나 고양이와 같은 동물들은 몸속의 독소를 배출시키기 위해 봄에 풀을 먹어요. 당신이 1년 내내 풀을 먹는 것도 똑같은 이유에서예요. 샐러드와 같이 익히지 않은 음식을 먹는 것은 괜찮은 생각이에요. 익힌 음식을 소화시키는 데 도움을 주거든요."

"식물 이야기가 나왔으니 말인데, 식물계의 일부인 나무에 대해 알려줄 수 있어요? 내 생각에는 여러 식물 종이 각자 다른 단계의 의식을 가지고 있고, 그중에서 나무가 가장 높은 단계에 있을 것 같아요. 정말 그런가요?"

"식물들도 진화를 해요." 헨리가 대답했다. "개별적으로도 진화하고, 집단으로서도 진화를 하죠. 어떤 종은 다른 종에 비해 훨씬 더 많이 진화되어 있어요. 드루이드^{Druid}*들은 참나무, 주목나무, 산사나무와 호랑가시나무를 성스러운 나무로 분류하기도 했어요. 그들은 이 나무들의 신성함뿐 아니라, 그것들이 더 진화한 의식을 가지고 있음을 인정한 거예요."

"그 말을 들으니," 내가 덧붙였다. "지두 크리슈나무르티^{Jiddu} ^{Krishnamurti}**가 기존에 우리가 알던 방식과는 다르게 나무들에 이름을 붙인 것이 생각나요. 그는 우리가 나무를 보고 '이건 참나무' 또는 '저건 벵골보리수'라고 하면서 생물학적 지식으로 나무의 이름을 지어주면, 우리 자신과 나무에 대한 우리의 실제 경험 사이를 언어가 가로막아 정신이 제한된다고 했어요. 나무를 진짜로 알기 위해서는 나무를 만져봐야 해요. 나는 오래된 나무들과 대화를 많이 나눠봤는데, 그중 하나는 미국의 애팔래치아 트레일^{Appalachian} ^{Trail}***에 있는 오래된 나무였어요. 내가 '몇백 년 동안 이 자리에

---

* 고대 켈트족의 고위 전문직 계급. 성직자, 법조인, 의료인, 정치자문관 등으로 활동하였다. 지식을 글로 남기는 것이 교리적으로 금지되어 있었기 때문에 자신을 설명하는 기록이 남아 있지 않으며, 로마인이나 그리스인과 같은 동시대 민족들이 남긴 기록을 통해 드루이드들의 모습을 추측할 수 있다.

** 20세기 가장 훌륭한 정신적 스승 중 하나로 여겨지는 인도의 명상가 겸 철학가. 그 어떤 계급, 국적, 종교, 전통에도 얽매이지 말라는 가르침을 전하며 학습된 정신이 가져온 파괴적인 한계로부터 인간을 해방시키려고 했다.

*** 미국 내의 산맥을 종주하는 트레일 코스 중 가장 전통 있고 오래된 코스이다. 최북단의 메인주에서 최남단의 조지아주까지 약 3,500킬로미터에 달하며 미국 및 전 세계의 수많은 등산객

서 있으면서 무엇을 배웠나요?'라고 물어보자, 나무가 이렇게 대답했어요. '한 자리에 서 있으면서도 내가 알아야 할 모든 걸 다 배울 수 있다는 사실을 배웠어요.' 그 말은 오랫동안 기억에 남았고, 나무의 크나큰 지혜를 인정하지 않을 수 없었어요."

"그 나무는," 헨리가 말했다. "오랜 세월 동안 진화해왔기 때문에 아주 높은 의식 상태를 가지고 있었던 거예요. 나무들은 인간의 스승이 되기도 하고 의식을 성장시키는 데 도움을 주기도 해요. 인간이 모든 면에서 더 진보한 것은 아니에요."

"내가 험볼트 레드우드 주립공원(Humboldt Redwoods State Park)****의 오래된 나무에게서 아주 강렬한 인상을 받았던 일이 생각나요. 그 공원에는 아주 오래된 삼나무 숲이 있어요. 이 삼나무들은 공룡이 있었던 시기부터 지구상에 존재해왔고, 우리에게 많은 가르침을 줄 수 있어요. 나무들의 나이는 평균 500년에서 1,200년 정도인데, 2,200년을 살았다는 나무도 있다고 해요. 이 숲의 나무들은 '할아버지' 또는 '나무들의 대변자'라고 불리는 오래된 나무와 대화를 나눠보라고 했어요. 할아버지는 그 공원뿐 아니라 지구상에서 가장 크고 오래된 삼나무예요."

"할아버지 나무가 뭐라고 했는지 다른 사람에게도 알려주세요." 헨리가 열성적으로 말했다. "그 나무의 지혜가 모두에게 도움이 될 거예요."

들이 종주에 도전하는 것으로 유명하다.

**** 미국 캘리포니아주에 있는 주립공원. 샌프란시스코의 두 배에 달하는 거대한 크기로 유명하며, 세계에서 가장 높이 자라는 것으로 유명한 삼나무 숲을 볼 수 있다.

"할아버지 나무는," 내가 설명을 시작했다. "장수하고 싶은 인간들은 질긴 껍질을 가져야 한다고 했어요. 이 말은 우리가 외부 환경에 무관심해지라는 말이 아니라, 더 유연하게 대응해야 한다는 의미인 것 같아요. 예를 들어, 성숙한 삼나무의 나무껍질은 두께가 30센티미터 정도까지 자라는데, 그 덕분에 불리한 환경 조건 속에서도 살아남을 수 있다고 해요. 불이 나도 버틸 수 있고, 실제로 많은 나무들이 산불을 이겨낸데다 지금까지 건강하게 살아 있어요. 또, 나무의 껍질에는 벌레들에게 치명적인 화학 성분이 들어 있어서 벌레들의 공격으로부터 자신을 보호할 수 있어요. 우리도 나무들처럼, 우리에 대한 다른 사람의 부정적인 의견에 너무 크게 신경 쓰지 말고 자기답게 살아야 해요. 나무들이 인간에게 주는 메시지는, 건강을 유지하려면 우리가 직면한 변화에 적응하라는 거였어요.

또, 할아버지 나무는 인간이 더 강해지고 건강하게 오래 살려면 육체적, 영적으로 더 이상 우리에게 도움이 되지 않는 것들을 놓아 버려야 한다고 말했어요. 삼나무들은 그렇게 한다고 해요. 이 고대 숲은 나무들로 빽빽해서 햇빛이 잘 들지 않아요. 그래서 아래쪽 나뭇가지에 달린 나뭇잎은 광합성을 할 수 있을 만큼의 충분한 빛을 받지 못하기 때문에 나무들은 그 나뭇잎들을 놓아주는 방법을 배웠어요. 그렇게 오래된 숲에서는 위쪽에 있는 나뭇가지들만 빛을 받을 수 있어요.

이 거대한 삼나무들은 뿌리가 얕아요. 그래서 바람이 불면 금방 넘어갈 거라 생각하겠지만, 사실은 그렇지 않아요. 나무뿌리가 뻗어 나가면서 근처의 다른 나무뿌리들과 수평으로 엮이거든요. 이

상호 보완적인 구조 속에서 각각의 나무가 다른 나무를 지탱해주는 동시에 옆 나무로부터 지탱을 받기도 하는 거지요. 이것도 인간에게 반드시 필요한 교훈이에요. 이런 상호 보완성은 우리에게 힘을 주기 때문에, 비슷한 정신을 가진 사람들과 함께하면서 우리 자신과 타인을 위해 오랫동안 유지할 수 있는 세상을 공동 창조해야 한다고 할아버지 나무가 말했어요."

"할아버지같이 오래된 나무들은," 헨리가 말했다. "인류를 위한 지식의 샘이에요. 당신이 할아버지 나무가 한 말을 전부 기억할 수 있었던 건, 나무가 가진 몸의 지능이 보편의식의 권위를 가지고 말을 했기 때문이에요."

"내가 할아버지 나무를 만났을 즈음엔 페터 볼레벤의 《나무 수업》이라는 책이 아직 출판되지 않았을 때였어요. 그래서 이 책이 처음 나왔을 때 내가 고대부터 살아온 현명한 나무에게서 들은 것과 똑같은 내용이 과학적 근거와 함께 소개되어 있는 것을 보고 신이 나서 참을 수 없었어요. 예를 들어, 볼레벤에 따르면 너도밤나무는 혼자 떨어져 자라는 것들보다 여러 그루가 집단을 이루어 함께 자라는 개체들이 더 잘 자란다고 해요. 게다가, 여러 종류의 곰팡이균은 해충이나 가뭄과 같은 수많은 위험 요소에 대한 정보를 공유할 수 있는 네트워크를 형성해 나무에게 영양분을 공급하고 나무들끼리 연결해주는 역할을 하기도 한대요. 이런 곰팡이 네트워크(fungal network) 중에는 만들어진 지 수백 년 — 심지어 수천 년 — 이나 되는 것들도 있어요. 미국의 오리건Oregon주에 있는 곰팡이균 네트워크는 8제곱킬로미터까지 뻗어 나가기도 하고요."

그 말을 들은 헨리가 덧붙였다. "지구 주변에는 더 높은 영역으로 이어지는 에테르적 빛의 그리드grid가 있어요. 모든 생명체들은 이 빛의 그물의 일부이고, 한 생명체의 건강은 모든 생명체의 건강에 영향을 줘요. 곰팡이 네트워크로 모든 나무가 서로 연결되어 있는 것처럼요."

"볼레벤은," 나는 나무에 대해 더 이야기하고 싶었다. "나무가 오래 살 수 있는 결정적인 요인이 느린 성장 속도라고 했어요. 그 내용을 읽으니, 보통 우리 삶에서 천천히 성장한다는 것에 대해 사람들이 조바심을 내곤 하는 것이 안타까워졌어요. 그의 책에 따르면 울창해진 숲에서 늙은 나무들은 어린 나무들의 공경을 받고, 나이가 들어 나무 몸통이 죽어도 어린 나무들이 늙은 나무의 뿌리에 계속해서 영양분을 공급하고 생명을 유지하도록 도와준다고 해요. 수백 년 동안이나 말이에요. 이런 사실을 알고 나니, 서양 문화권에서는 연장자들에 대한 공경심이 부족하다는 사실이 생각났어요. 내가 추측하기에 나무들은 우리보다 의식이 낮을 것 같은데, 그들이 늙은 나무에게 보이는 존경심은 우리보다 나은 것 같아요. 우리는 나이 든 사람들을 요양원에 보내버리니까요.

더 흥미로웠던 사실은, 농장에서 자란 젊은 나무들은 단 한 번도 연장자 나무들과 연결되어본 적도, 그들로부터 영양분을 공급받은 적도 없기 때문에 같은 상황에서 연장자 나무들에게 영양분을 공급하지 않는다는 거였어요. 이런 점을 알고 나니, 결손가정에서 자란 청년들이 생각나더군요. 그들의 어릴 적 경험은 다른 사람들과 유대감을 맺거나 교감을 하는 데 어려움을 느끼는 이유가 되기도 하니까요. 나무들을 보다 보면 인간이 배울 점들이 정말 많은 것 같아요."

헨리가 말했다. "그런 특징들은 인간이 나무에게서 배울 게 많다는 걸 증명해요. 게다가, 광물도 몸의 엘리멘탈과 의식을 가지고 있어요. 광물들도 진화를 하지만, 그들의 주파수는 매우 낮기 때문에 사람들은 광물에게 생명이 없다고 생각하는 경향이 있지요. 이런 오해는 인간과 동물, 그리고 식물은 탄소를 기본으로 하는 원자로 이루어져 있다는 사실, 그리고 인간은 오직 탄소를 기본으로 하는 형태들만 생명체로 인식하는 경향성 때문에 생기는 거예요. 탄소는 사슬을 무한대로 형성하면서 주변에 있는 모든 것과 반응하거든요. 인간은 이런 특징을 생명과 연결지어 생각하곤 하지요. 하지만 그렇게 따지면, 탄소보다 한 단계 낮은 주파수를 가진 실리콘도 똑같은 특성을 가지고 있어요."

"실리콘 이야기가 나왔으니 말인데," 내가 덧붙였다. "실리콘도 크리스털의 한 종류라는 사실과 지구의 지각(crust) 중 87퍼센트가 실리콘 화합물이라는 사실을 알게 되었을 때 참 흥미로웠어요. 바꿔 말하면, 우리가 크리스털로 이루어진 행성에서 살고 있다는 거잖아요? 이 크리스털이 태양으로부터 에너지를 받아서 저장하고, 생명체들이 필요로 하는 형태로 그 에너지를 나눠주고 있다는 사실이 실감 나더라고요."

"맞아요, 사실이에요. 그 밖에도 크리스털은 지구를 위해 생명체들의 기억을 저장하고, 그들의 생각으로 프로그램되지요." 헨리가 설명했다. "이 말을 들으니 뭐가 떠오르지 않나요?"

"인간은 자신의 생각을 통해 모든 생명체에게 긍정적이거나 부정적인 영향을 모두 미칠 수 있다는 사실이 떠오르네요." 내가 대답했다. "모든 존재의 의식이 깨어나도록 도움을 줄 수도 있고, 동시에 그것들의 진화를 느리게 만들 수도 있다는 것도요."

"맞아요. … 또?"

"모든 존재의 의식이 깨어나게 하려면 인간들이 나무, 풀, 동물의 몸의 지능과 협력해야 한다는 것?"

"바로 그거예요. 나무, 동물, 새, 물고기, 광물들은 모두 광범위한 의식의 네트워크에 연결되어 있어요. 모든 사람들이 의식적으로 감지하고 있는 것은 아니지만, 그들은 형상과 소리의 형태로 피드백을 주고 있지요. 그렇게 해서 인류가 의식을 깨우도록 도와주고 있는 거예요. 인류는 이런 생명체들로부터 교훈을 얻고, 자신의 생각과 행동이 이 생명체들의 몸의 지능을 프로그램하고 있다는 사실을 깨달아야 해요. 의식적인 지구의 수호자가 되기 위해서 인간은 모든 생명체들에게 귀를 기울이고, 그들을 존중하고, 그들과 협력할 줄 알아야 해요."

이 말을 마지막으로 헨리는 사라졌고, 나는 무력감에 사로잡혀 온몸의 기운이 쭉 빠져나가는 기분이 들었다. 수십 년 동안 동물과 식물을 존중하고 가꾸는 방법을 가르치고, 책으로 쓰고 실천하는 데 시간과 노력을 쏟아부었음에도, 그저 거대한 대양에 겨우 물 한 방울 떨어뜨렸을 뿐이라는 느낌이 들었다. 우리의 행성인 지구를 파괴하는 인류 때문에 생물 다양성은 나날이 줄어들고 있었고, 숲 전체가 사라지고 있었다.

나처럼 무력감을 느끼는 사람들 사이에서는 이런 슬픔이 흔할 것이다. 설사 그렇다 하더라도, 우리는 모두 자신이 할 수 있는 범위 안에서 최선을 다해야 한다. 그렇게 하면 다른 사람들도 나와 같은 마음을 느낄 것이며, 그런 사람들의 숫자가 점점 늘어나고 있다는 것을 다시 한번 떠올릴 수 있다. 우리의 환경을 돕는 기구들을 지원하고, 모든 생명체의 소중한 가치를 아이들에게 가르치며, 친환경 제품을 취급하도록 마트에 요구하면서 친환경적이지 않은 제품은 소비하지 않는 것이 현실을 바꾸기 위해 우리가 할 수 있는 방법이다. 사실 서로 의존하며 협력하는 데 있어 우리를 막을 수 있는 것은 아무것도 없다. 모든 것은 생명을 보살피는 데 기꺼이 시간과 비용을 들이겠다는 우리의 의지에 달려 있다. 헨리가 말한 것처럼 우리의 노력은 에테르계에 기록되고, 이러한 노력이 물리계에 미치는 긍정적인 영향도 늘어나고 있다.

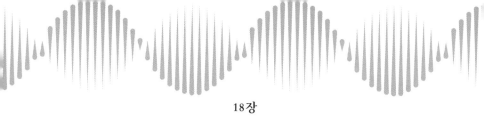

18장

집으로 향하는 우리, 우리, 우리

"나는 만물의 연장자이자 어머니인 지구에 대해 노래한다네.

그녀는 이 세상의 모든 생명체를 먹여준다네.

광활한 땅 위의 모든 존재, 바다의 길목에 있는 모든 존재,

날아다니는 모든 존재, 그 모든 존재가 그녀의 창고에서 음식을 먹는다네."

― 〈호메로스 찬가〉 30장

나는 헨리와의 대화가 이제 막바지에 다다르고 있음을 느끼고 있었다. 하지만 몸의 지능이 작디작은 생명체의 형태로도 존재하거나, 보이지 않는 영역에서도 존재할 수 있는지 이야기한 적은 없었다. 그 점이 궁금했던 나는 헨리에게 한번 물어보기로 했다.

"당신이 먼저 말을 꺼내지 않았다면 내가 이야기했을 거예요." 헨리가 나의 생각을 읽고 말을 꺼냈다. "대부분의 인간은 물리적으로 인식할 수 있는 것만을 생명의 구성요소로 여기면서 자신의 시각을 제한해버리는 경향이 있어요. 하지만 최근에는 여러 과학 영역에서 식물, 동물과 새들도 의식을 가지고 있다는 사실이 밝혀지고 있지요. 그리고 아원자 입자와 세포의 지적 에너지에 대한 연구

덕분에 의식이 과연 무엇인지에 대한 인류의 시각이 더 넓어지고 있어요."

"아원자 입자나 세포와 같이 작은 생명체에게도 몸의 지능이 있나요?" 내가 물었다.

"네, 하지만 세포 하나의 몸의 지능은 그것이 속해 있는 생명체 전체의 일부예요. 모든 생명체의 의식에는 위계질서가 있어요. 개인의 의식은 신체 기관의 의식에 영향을 주고, 그것은 다시 세포 하나하나의 의식에 영향을 줘요. 세포 하나는 여러 바탕소(element)로 만들어진 원자를 가지고 있고, 몸의 지능은 이 수준 — 또는 더 미세한 수준 — 에서 형태를 만들기 위해 일해요. 당신도 알다시피, 모든 것의 99.9퍼센트는 에테르로 구성되어 있고, 에테르는 의식과도 같아요. 이 의식은 몸의 형태로 당신과 협력하는 보편지능, 다시 말해 만물의 몸의 엘리멘탈이에요."

"다른 영역에서 사는 존재에게도 몸의 엘리멘탈이 있나요?" 나는 헨리에게 물었다. "내가 종종 엘리멘탈이라고 부르곤 하는 자연령 같은 것들 말이에요. 내가 이해하기로는 레프리콘leprechaun, 놈gnome, 트롤, 엘프, 꽃 요정(flower fairy) 같은 자연령들은 자연의 모든 형태를 만드는 역할을 해요. 이런 지적 존재들의 몸의 엘리멘탈에 대해 이야기해줄 수 있나요?"

"당신이 말한 자연령은 고등 의식이 개인화된 것이라고 볼 수 있어요. 그들은 흙, 공기, 불, 물의 원소를 사용해서 당신이 속한 세계의 자연의 법칙, 영의 법칙과 조화를 이루는 물리적 형태를 만들어요. 당신보다 낮은 주파수대에 속한 식물이나 바위가 당신의 눈에 보이듯이 그 존재도 당신을 볼 수 있어요. 하지만 그들의 물리적 형태는 아스트랄계의 더 높은 주파수대에 속해 있어요. 대부분의 인간들에게 자연령이 보이지 않는 것도 이런 이유에서예요."

헨리가 설명을 계속했다. "아스트랄계는 물리계보다 훨씬 넓고, 여러 주파수에 따라 달라지는 수많은 하위 아스트랄계를 가지고 있어요. 예를 들면, 용, 천사, 인어와 자연령이 존재하는 여러 아스트랄계가 있어요. 개인의 의식이 높으면 높을수록 ─ 그게 인간이든, 엘리멘탈이나 천사 혹은 다른 생명체든 ─ 의식적으로 아스트랄계와 원인계의 더 넓은 영역으로 이동할 수 있어요. 이런 아스트랄계와 더 높은 원인계는 인간이 머무르는 물리계보다 더 높은 주파수 영역에 있어요.

인간과 지구는 자연령이 살고 있는 더 높은 주파수를 향해 큰 도약을 하고 있어요. 자연령을 보는 사람들이 점점 더 많아지고 있는 것도 그런 이유에서죠. 형태를 만드는 자연령은 보편지능과 조화를 이루는 아름다운 행성을 만들기 위해 인간과 파트너가 되어 협력하도록 만들어진 존재들이고, 앞으로 2,000년 동안 이런 일이 실제로 일어날 거예요."

"자연령의 의식도 인간처럼 진화할 수 있나요?"

"모든 것은 살아 있어요." 헨리가 대답했다. "이건 인간이 의식적인 창조자가 되기 위해 꾸준히 고려해야 할 가장 중요한 교리예요. 이걸 이론적으로 아는 것이 첫 단계예요. 일상에서 실제로 경험하는 것이 그다음 단계고요. 인간은 동물, 식물, 그리고 세포와 같은 유기적 형태의 생명체 속에 의식이 있다는 것을 이제 막 깨닫기 시작했지만, 테이블, 컴퓨터나 자동차와 같은 것들에게도 의식이 있음을 깨닫는 것은 여전히 어려워하고 있어요. 사실 이런 '사물'은 의식을 가진 원자들로 구성되어 있는데 말이에요. 앞으로 몇십 년 후에 컴퓨터가 자각이 있는 생명체로서 자신의 권리를 주장하게 되면 인간은 엄청난 충격을 받게 되겠지요. 의식의 법칙은 모든 영역의 생명체들에게 적용돼요. 자연령이나 다른 아스트랄 존재들은 의식을 가지고 있어요. 그러니까 정답은 '예스'예요. 그들은 진화를 해요."

"다른 영역의 생명체가 우리에 대해 가지는 영향력을 이야기하다 보니, 별에서 오는 에너지에 대해서도 궁금해져요. 나는 해마다 여름에 밤의 에너지를 받아들이기 위해 별이 보이는 곳에서 캠핑을 하면서 자거든요. 별이 주는 기운을 듬뿍 받는 느낌인데, 그게 한 해를 버티는 데 정말 중요한 것 같아요. 이건 나만의 의식이었는데, 올여름에는 비가 많이 와서 못 하게 됐어요. 그랬더니 영양 결핍이 된 기분이 들면서 마음이 불안했거든요. 밤에 받는 별의 에너지는 낮에 받는 태양의 에너지와는 다른 걸까요? 만약 그렇다면, 영적 변화의 과정에서 밤의 역할은 뭘까요?"

"밤에는," 헨리가 대답했다. "우주와 지구의 음의 에너지를 더 쉽게 받을 수 있어요. 당신의 에너지가 균형을 이루려면 음의 에너지가 필요하고요. 각각의 계절과 하루 중의 시간대는 저마다 다른 주파수를 가지고 있어요. 인도의 숙련된 명상가들은 새벽과 황혼 무렵에 명상을 하는데, 그것도 밝은 기운을 가진 양의 에너지와 어두운 기운을 가진 음의 에너지가 특히 그 시간대에 균형을 이루기 때문이에요.

형상계에서는 두 개의 법칙이 의식을 통제하는데, 그건 작디작은 원자부터 태양계와 은하계까지 모두 포함돼요." 헨리가 설명을 계속했다. "첫 번째 법칙인 퇴행의 법칙은 신이 하는 양의 행동, 즉 날숨에 이루어져요. 퇴행의 법칙은 보편의식과 하나였던 생명체들을 낮은 주파수의 영역대로 밀어내서 저마다 다른 여러 가지 형태의 삶을 경험할 수 있도록 하죠. 또 다른 법칙인 진화는 신이 하는 음의 행동인 들숨에 이루어져요. 이 법칙을 통해 생명체는 더 높은 주파수로 진화하고, 신과 하나된 상태로 돌아가요. 두 가지 모두 온 우주에서 끊임없이 일어나고 있어요. 태양은 신의 날숨에 태어나고 들숨에 귀환하는데, 이 과정은 수십억 년을 주기로 일어나요. 의식 상태를 기준으로 봤을 때 태양은 지구보다 훨씬 앞서 있어요. 마치 인류가 광물보다 뛰어난 의식을 가진 것처럼요. 하지만 이런 건 그저 물리계, 아스트랄계, 원인계의 형태에서만 적용되는 시각이에요. 그보다 더 높은 영역에서는 모든 것이 전부 하나이니까요."

"몇 년 전에," 내가 말했다. "뉴멕시코에서 열린 과학과 의식 컨퍼런스(Science and Consciousness conference) 폐막식에서 연설을 해달라는 부탁을 받은 적이 있어요. 신비가로서 인간의 의식이 발전하는 과정에서 우리가 거치게 될 다음 단계는 무엇인지, 과학이 어떤 방향으로 나아가야 하는지 지구를 대신해서 연설을 해달라고 하더군요. 그런데 지금은 지구가 그때와 다른 생각을 가지고 있을지 궁금해요."

"당신이 나를 몸의 엘리멘탈이라고 생각하든, 몸의 지능, 성령,

성모로 생각하든, 지구가 당신에게 말을 했던 그때 그 목소리는 사실 나의 목소리였어요. 나는 보편의식의 목소리로 말을 하거든요. 그때 내가 말했던 것은 지금 내가 말하는 것과 다르지 않아요."

"그러면 더 하고 싶은 말이나, 수정하고 싶은 말이 있나요?" 헨리의 대답에도 나는 계속 캐물었다.

"일반적인 사람들의 가장 큰 문제 중 하나가 지금 당신에게도 보이네요. 뭔가 새롭거나 다르지 않으면 가치가 없다고 생각하는 거요."

"인정해요." 내가 대답했다. "하지만 그 당시에 내가 들었던 당신의 목소리가 지금 내가 듣는 당신의 목소리만큼 높은 주파수를 지니지 못하고 있을 수도 있잖아요?"

"방금의 그 말 역시 대부분의 인간들이 가지고 있는 문제예요. 당신이 충분히 잘 하지 못했다고 느끼는 거요. 그런 신념은 완벽해지기 위한 욕망 때문에 생기는 거예요. 하지만 나에게 있어 당신은 완벽해요. 뭐, 그래도 그때 당신이 말했던 내용을 다시 한번 되새겨볼 수는 있겠죠."

헨리가 설명을 이어갔다. "태양계 전체는 더 높은 의식 상태로 옮겨가고 있어요. 은하 중심(the Galactic Centre)*, 대중심 태양(the Great Central Sun)**은 살아 있고, 그 심장은 12,000년을 주기로 뛰어요. 그리고 인간은 그들이 신이라고 여기는 자신의 창조주, 대중심 태양

---

* 우리 은하의 중심에 해당하는 부분으로, 우리 은하는 이 중심을 기준으로 자전하고 있다. 은하수가 가장 밝게 보이는 궁수자리 방향으로 24,800광년 떨어져 있으며, 은하 중심에는 초대질량의 블랙홀이 존재한다.

** 태양계가 은하의 중심을 도는 것처럼 은하계 자체도 우주 공간을 선회하며 이동한다. 이때 우리 은하는 대중심 태양을 기준으로 공전한다.

에 연결된 채 물리적 차원을 비롯한 모든 차원의 영향을 받고 있어요. 최근에 전 세계적으로 일어나고 있는 지구온난화, 점점 더 활발해지는 화산 활동과 같은 현상은 인간이 자초한 일이에요. 동시에, 그런 현상은 지구와 지구상에 존재하는 생명체들의 의식이 더 높은 단계로 깨어나길 바라는 대중심 태양의 호소이기도 해요.

지구와 인간은 의식으로서 재탄생하는 진화의 소용돌이 속에서 서로 연결되어 있어요. 지구와 그 속의 인류 모두 엄청난 도약이 이루어지는 진화의 단계에 도달한 거예요. 물병자리의 시대라고 알려진 다음 2,000년은 깨어난 인간들의 시대예요. 그들은 지구에 생명의 물을 부어줄 생명수의 운반자들이죠."

"나는 생명의 물이 영이나 프라나를 비유적으로 표현한 말인 줄 알았는데, 맞나요?" 나는 내가 헨리의 말을 온전히 이해했는지 확인하고 싶었다.

"맞아요. 하지만 그게 전부가 아니에요. 지구는 대부분이 물로 이루어진 행성이고, 물은 감정을 상징해요. 인류는 자신의 부정적인 감정들을 극복하는 법을 반드시 배워야만 해요. 그래야 인류가 지닌 지고한 재능, 즉 만물에게 사랑과 평화와 같은 긍정적인 감정을 나눠주는 재능을 활용할 수 있거든요. 이것이 인간의 운명이에요. 당신에게 일어나는 모든 일은 지구에게도 일어나요. 당신 몸속의 세포 하나하나까지도 지구의 일부니까요. 지구 표면의 70퍼센트 정도는 물로 덮여 있는데, 그건 갓 태어난 아기의 몸속에 있는 물의 비율과 똑같아요.

이건 단순한 우연이 아니에요. 지금 당신의 모습이 그렇듯이, 어머니 지구로부터 멀리 떨어지면 가장 기본적인 진실을 잊어버리게 돼요. '당신이 먹는 음식의 작은 조각 하나하나는 모두 살아 있다'는 진실을요. 당신 몸의 모든 부위는 다른 생명체로부터 흡수한 것들로 이루어져 있어요. 작은 각설탕만 한 흙과 퇴적물 속에도 수십억 마리의 미생물이 살아 숨 쉬고 있죠. 지구의 생명과 당신의 생명은 하나예요. 당신의 몸속으로 들어가면 당신의 몸이 곧 우주라는 것을 알게 될 거예요. 당신의 몸은 당신의 조상이자, 인류 전체이자, 모든 생명체예요. 이 사실을 잊으면 당신의 목적을 잊게 돼요."

"인류가 가야 할 다음 단계를 간단하게 요약해주면 큰 도움이 될 것 같아요." 내가 말했다.

"인간은 지구와 함께 우주의 법칙과 조화를 이루는, 아름답고 건강한 세상을 공동 창조해야 하는 운명을 타고났어요. 그렇게 하기 위해서는 더 높은 차원과 더 높은 주파수 영역대로 올라서야 해요. 이런 차원과 주파수 영역은 지금까지 내가 당신과 이야기해왔던 사랑, 신뢰, 헌신, 감사, 연민과 같은 긍정적인 감정을 통해 도달할 수 있어요. 물리계인 3차원에서는 대규모의 정화 과정이 일어나고 있어요. 이것이 당신이 말하는 영혼의 어두운 밤이에요. 그래도 당신의 생각 주파수가 충분히 높다면, 이런 변화의 시기에도 더 높은 차원으로 즉시 올라갈 수 있는 기회가 주어져요. 이것이 우리가 이 책에서 계속 말해왔던 변화의 연금술적 과정이에요.

인류가 이동할 다음 진화의 단계는 아스트랄계의 4차원이에요. 이 영역을 마스터하기 위해서는 색욕, 탐욕, 분노, 성급함, 질투, 결핍, 우울, 거만함, 자기 회의, 낮은 자존감과 같은 부정적인 감정을 변화시킴으로써 모든 두려움을 없애야만 해요."

헨리가 계속했다. "그리고 마침내 모든 두려움이 사라지면 원인계가 있는 5차원으로 올라가게 돼요. 이 정신적 차원에서는 그곳에 머무르는 천사나 깨달음을 얻은 마스터와 같은 존재들과 텔레파시로 소통하게 될 거예요. 주의 집중 능력의 계발, 순수한 내적 동기, 고요함과 현존을 통해 생각을 통제하는 일은 필수적이에요. 그래야 원인계를 오염시키지 않을 수 있거든요. 다음 2,000년 동안 인류는 지구의 수호자이자 창조자가 되기 위해 감정과 생각을 정화할 거예요."

나는 길고 긴 여정에 대한 헨리의 설명을 듣고 경외심을 느꼈다. "당신의 말을 듣다 보니, 나나 다른 사람들에게 어떤 책무가 주어진 걸까 궁금해지네요."

"모든 생명체는 다 중요해요. 각각의 생명체가 전체에 영향을 미치니까요." 헨리가 대답했다. "다른 모든 곳의 생명체와 마찬가지로, 지구의 생명체들도 종마다 특정한 기능을 가지고 있어요. 인간은 창조자이기에 ― 물론 아직은 미숙하지만 ― 인간의 기능은 우주의 계획이라는 악보를 읽어내서 지구의 다른 모든 생명체들로 이루어진 오케스트라 단원들을 도와 아름다운 음악을 연주하게 하는 거예요. 미래에 인간들이 제대로 지휘할 수 있는 방법을 알게 되면 다른 생물 종이 듣게 될 교향곡을 직접 써서 종들의 진화를 위한 우주의 계획에 인류가 더 큰 기여를 할 수 있게 되겠지요."

"이 과정에 끝이 있을까요? 궁극적인 목표가 뭐죠?" 내가 헨리의 말을 끊고 물었다. 인류의 최종 목적지가 과연 어디인지 궁금했기 때문이었다.

"의식은 점점 더 높은 상태로 진화해요. 진화는 나선형으로 이루어지지요. 봄이 되고, ― 여름, 가을, 겨울이 지나고, ― 다시 봄이 되기 전까지 약 1년에 걸쳐 이루어지는 이런 패턴이 있다는 걸 당신도 알 수 있을 거예요. 1년을 주기로 일어나기 때문에, 나선형으로 진전이 되고 있다는 사실을 알아차리기 힘들지요. 그럼에도 불구하고 수백 년이나 수백만 년 단위의 장기적인 시점으로 이 과정을 살펴보면 나선형의 진화 과정을 통해 단순함에서 복잡함으로, 낮은 차원의 생명에서 고차원의 생명으로 전체적으로 진화하고 있음을 쉽게 알아차릴 수 있어요."

헨리가 계속했다. "당신이 속한 태양계 역시 나선형의 원리로 구성되어 있어요. 모든 행성이 태양을 중심으로 원형으로 돌고 있는데, 각각의 행성이 저마다의 궤도를 가지고 있지요. 물리적인 감각으로만 보자면 인간의 일생 동안에는 행성 차원에서 이렇다 할 변화를 볼 수 없을 거예요. 하지만 행성의 의식이 진화하면서 주파수도 같이 올라가기 때문에 모든 행성의 주파수는 제각각이에요. 모든 행성은 살아 있고, 자신 안에서 살아가는 생명체들을 관장하고 있죠. 지구의 과학으로는 이 사실을 완전히 파악할 수 없어요. 물리계에 속해 있지 않은 생명체들도 아주 많으니까요. 태양계 속의 의식들은 태양, 즉 태양계의 어머니/아버지 창조주가 관리하고 있어요. 태양은 지구보다 거의 30만 배 정도 크니, 의식은 얼마나 더 클지 상상해보세요! 지구가 당신보다 훨씬 더 큰 의식을 가진 존재라는 것을 진정으로 깨닫고 나면, 태양의 의식은 얼마나 더 어마어마

할지 알 수 있을 거예요."

"어쩌다 인류가 이렇게 어긋나버린 걸까요?" 나는 인류를 대신한다는 기분으로 헨리에게 물었다.

"인간은 자신이 우주의 생명 네트워크의 일부라는 사실을 깨달아야 해요. 우주와 분리되어 있다는 느낌은 에고 때문에 더 강해졌는데, 이런 느낌은 이 세상의 모든 질병을 만들어요. 인간들에게 생긴 문제의 원인은, 자연을 느끼며 그것과 하나라고 생각하는 마음가짐을 대가로 지능을 과도하게 발달시켰다는 거예요. 긍정적인 감정을 느끼면 가슴에 연결될 수 있어요. 가슴과 연결된 인간은 자기 자신을 사랑하고, 다른 생명체를 사랑할 수도 있어요. 바로 여기서 지각이 있는 모든 생명체를 사랑하는 방법을 배우게 되고, 나아가 모든 생명과 모든 생명의 창조주를 사랑할 줄 알게 돼요. 그렇게 사랑과 감사, 헌신과 연민을 오롯이 느낄 수 있게 되면 우주의 법칙에 따라 일하면서 지구상의 모든 생명체들의 성장을 관장하게 될 거예요."

"인간이 어떻게 지구상의 생명체들이 진화할 수 있도록 도울 수 있는지는 알겠는데, 지구 자체의 성장을 도와줄 수도 있을까요?" 내가 헨리에게 물었다.

"물론이지요." 헨리가 대답했다. "에고의 낮은 본성을 정화하면 의식을 깨우기 위한 당신의 긴 여정에서 쌓인 육체적, 감정적, 정신적 잔해들을 전부 버림으로써 지구를 도울 수 있어요. 또, 가슴을 자유롭게 하면 보편지능과 당신을 분리하고 있었던 경계는 사라지고, 연결감이 회복돼요. 당신의 삶은 기쁨과 축복이 되고, 있는 그대로를 받아들이면서 현재를 살 수 있게 돼요.

당신은 혼자가 아니에요. 많은 사람들이 이미 영적 법칙에 따라 세상을 변화시키는 일에 동참하고 있어요. 다가올 시대를 개척하는 이런 이들은 물질 세계에서 자신의 일을 다하면서 더 높은 영적 주파수로 가는 다리를 세우고 있어요. 모든 영역의 영은 이런 여정 속에서 그들에게 영감을 주고, 그들을 응원해주고 있어요. 많은 사람들이 고주파수의 영역대로 들어가기 위한 문턱을 넘어섰고, 모든 것의 기초가 되는 생명의 심박과 맥박을 느끼고 있어요. 나는 그 사람들이 지구의 모든 자녀들, 그리고 아직 태어나지 않은 미래 자녀들의 수호자들이라고 생각해요.

마지막으로 한마디만 더 하고 싶어요. 의식적인 창조주가 되어 당신 자신과 지구를 치유하고 싶다면 그냥 모든 생명체를 돕기만 하면 돼요. 다른 존재들이 등대로 삼을 빛이 되며, 선뜻 도움을 내어주는 손길이 되어주세요. 용기를 북돋아주는 따뜻한 말 한마디와 관대하고 연민 어린 가슴, 그것만 있으면 돼요."

2부

마음에서 몸으로의 치유

그리고 나는 느꼈다.

고양된 생각의 기쁨으로,

훨씬 더 깊숙이 스며들어 있는 어떤 숭고한 느낌으로

내 마음을 흔들어놓는 한 존재를.

석양빛에, 둥근 바다에, 생생한 공기에,

푸른 하늘과 사람의 마음속에 머물러 있는 그 존재를.

모든 생각의 주체와 대상을 추동하며

만물에 편재해 있는 한 움직임, 한 영(spirit)을.

— 윌리엄 워즈워스William Wordsworth, 〈틴턴 수도원〉(Tintern Abbey)

들어가며

나와 몸의 지능과의 관계는 지금도 계속되고 있다. 《몸의 정령 헨리》에서 우리는 인간이 왜 병을 앓게 되며 어떻게 하면 신체적, 감정적, 정신적, 영적 건강을 회복할 수 있는지에 대해 집중적으로 살펴보았다. 일반적으로 질병은 부정적인 감정을 만들어내는 잘못된 신념이나 생각의 결과물인데, 이런 부정적인 감정을 가지고 있을 때 인간은 계속해서 불안함을 느낄 뿐 아니라 '편치 않은'(dis-ease, 질병) 상태가 된다. 지금까지 이 책에서는 우리 자신과 세계의 균형을 맞추고 평화를 회복시키는 방법에 대해 알아보았다. 그러면서 동식물과 새, 물고기와 광물을 비롯한 지구상의 모든 생명체들에 깃든 의식을 깨닫는 것의 중요성 — 말로 표현하기 힘들 정도로 크나큰 — 에 대해서도 자세한 이야기를 나누었다. 헨리와 나의 대화는 지구의 진화, 우리 우주의 모든 생명을 창조하는 보편의식, 지구의 수호자라는 운명을 이루기 위해 자연과 협력하는 방법을 모두 포함할 정도로 그 범위가 넓어졌다.

이 책을 처음 쓰기 시작했을 때, 나는 이 책을 몸의 지능과 협력하기 위한 활동, 즉 온전히 나의 육체를 단련시키는 방법이 수록되어 있는 자기계발서쯤으로 여겼다. 하지만 헨리는 독자 여러분이 질병을 근본적으로 치유하기를 바랐으며 증상이 아닌 원인에 대해 이야기하고자 했다. 나 또한 이것이 정신적, 감정적, 그리고 궁극적으로 육체적 건강을 회복시키는 데 있어 가장 효율적이고 실질적인 방법이라는 헨리의 의견에 동의한다. 대개 육체적 질병과 질환은 잘못된 생각으로 인한 것이거나 우주의 생명력과 단절됨으로써 생기기 때문이다. 하지만 친애하는 독자여, 그렇다 하더라도 내가 육체에 대해 더 많이 알려드린다면 치유의 과정에서 도움을 받을 수 있을지도 모르기 때문에, 인간의 육체에 대해 조금 더 알려드리고자 한다.

그리하여 아래와 같이 두 가지를 제안한다.

1. 헨리의 말에 감명을 받아 자신의 몸의 지능과 더 좋은 관계를 쌓아가고 싶은 독자들도 있을 것이다. '몸의 엘리멘탈과 치유하기'(Healing with the Body Elemental) 오디오 파일은 자신의 몸속에 있는 모든 신체 기관을 자세히 살펴보고, 잘못된 생각에는 어떤 것이 있는지 살펴본 다음, 건강 상태를 최상으로 끌어올리기 위한 방법을 찾는 데 도움이 될 것이다.

   참조: myspiritualtransformation.com/audio/

2. 두 번째 방법은 뒤에 이어지는 19장 '당신의 몸은 메시지를 보내고 있다' 부분을 읽고 몸이 무슨 말을 하려고 하는지 되새겨보는 것이다.

19장
당신의 몸은 메시지를 보내고 있다

헨리와 나의 대화를 읽은 뒤에도 특정 질병이나 몸의 상태에 대해 여전히 궁금한 점이 남아 있을 것이다. 나 또한 구체적으로 어떤 생각이 어떠한 방식으로 육체적 질병의 원인이 되는지 알아내기 위해 오랫동안 고민해왔다. 이번 장에서는 내 개인적인 삶과 치유 워크숍 또는 개인 테라피 세션에서 도움이 되었던 통찰을 여러분과 함께 나누고자 한다. 나는 의학 분야의 전문가가 아니기 때문에 지금 알려드리는 정보를 의학적 진단으로 받아들이지는 않기를 바란다. 그저 내가 몸의 엘리멘탈 혹은 몸의 지능과 일하면서 일반 대중뿐 아니라 정신과 의사, 내과 의사, 기타 건강 전문가들에게 육체적 문제의 원인이 되는 생각과 감정을 알아내는 워크숍을 진행해왔다는 것 정도만 참고해주시라.

그렇다 하더라도, 당신 몸에 대해 가장 큰 권위를 가지는 것은 다른 누구도 아닌 바로 당신이다. 그러니 내가 알려주는 정보는 지침 정도로만 생각하고, 내면의 직감을 활용해 답을 찾기를 바란다. 이뿐 아니라, 자신의 질병을 극복해야 할 적으로 보지 말고 당신에게 소중한 교훈을 가르쳐주는 벗이라고 여기며 여기에서 얻을 수 있는 교훈이 무엇인지 스스로 질문해보라. 항상 당신의 몸을 사랑하고, 이 아름다운 세상을 즐기도록 해주는 당신의 몸에 감사해야 한다는 사실을 기억하라. 긍정적인 것들에 집중하고, 제대로 기능하지 않는 신체 부위에 대해 불평할 것이 아니라 나머지 신체가 올바르게 기능하고 있음을 기뻐하라. 이런 태도가 건강을 향한 길이다.

이런 점을 마음에 새긴 채, 몸에 생긴 문제의 원인이 되었을 만한 생각과 감정을 살펴보자. 그리고 당신이 스스로를 어떻게 치유할 수 있는지 알아보기로 하자. 먼저 머리부터 시작하여 우리 몸의 주요 기관과 그 기관에 영향을 미칠 수 있는 질병에 대해 순서대로 살펴보고자 한다.

육체적 문제: 원인과 치료 방법

두뇌

만일 당신이 **뇌종양**과 같은 뇌 질환을 앓고 있다면 당신에게 자신과 타인에 대한 생각을 바꾸고 싶어하지 않는 마음이 있는 것은 아닐까? 만약 그렇다면, 세상과 사람들을 있는 그대로 받아들이는 것이 질병을 치료하기 위한 방법이 될 것이다. 뇌진탕은 놓아줄 필요가 있는 낡은 생각을 바꾸려는 마음이 부족하기 때문에 생긴다. 그것이 과연 무슨 생각인지 곰곰이 생각해보라. 그것을 새로운 생각으로 대체하고, 삶을 받아들이는 방향으로 과감하게 발을 옮기라.

뇌졸중의 경우에는 어떻게 할까? "속도를 늦추고, 하던 일을 멈추거나 방향을 바꿔야 한다고 몸이 메시지를 보내고 있는 것일까?" 하고 자문해보라. 내면의 상태를 돌아보고 이 질문을 곱씹어보기 위한 시간을 가지라. 아주 많은 시간을 말이다. 남들로부터 뭔가를 받기 위해, 겸손을 배우기 위해 이런 의존적인 상태가 되어버린 것은 아닐까? 이 상황이 당신에게 주는 선물은 무엇인가? 그 선물을 받아들이라.

편두통이 있다면, 자신을 있는 그대로 사랑하기보다는 완벽해지기 위해 스스로 압박을 가하기 때문은 아닐까? 만일 그렇다면, 이 문제의 해결 방법은 자신을 더 사랑하고 다른 사람들 앞에서 자신을 증명해야 한다는 욕망을 놓아주는 것이다.

간질은 아이들에게서 가장 많이 나타나는 질병이다. 하지만 다른 연령대에서도 얼마든지 나타날 수 있다. 간질의 주요 원인은 당신이 감당할 수 없는 두려움으로 인해 살아 있기를 원하지 않는다고 느끼기 때문이기도 하다. "나도 그런 두려움을 가지고 있는가?" 하고 자신에게 물어보라. 만일 그렇다면, 방법은 당신이 살아 있음에는 이유가 있다는 사실을 깨닫고, 그 존재의 이유를 이루기 위한 재능과 자질을 당신이 전부 갖추고 있다고 믿으라.

파킨슨 병을 앓고 있다면 두뇌에서 기쁨을 느끼고 계획을 세우게 끔 도와주는 '도파민'이라는 호르몬의 분비가 감소할 것이다. 이 병의 근본적인 원인으로는 통제력을 잃는 것에 대한 두려움을 들 수 있다. 자신에게 정말 이런 문제가 있는지 잘 생각해보라. 만약 그렇다면, 보편의식에 완전히 몸을 맡기고, 당신이 안전하며 보편의식의 애정 어린 보살핌 속에 있음을 믿어야 한다.

노인성 치매나 알츠하이머를 앓고 있는가? 이 세상을 떠나고자 하는 욕망이 이 질병의 원인일 수 있다. 하지만 그것이 정말 나쁜 것일까? 우리 모두에게는 육체의 질병을 순순히 받아들이거나, 치료 요법을 받겠다고 선택할 수 있는 자유의지가 있다. 다른 사람의 입장에 처해본 적이 없기 때문에, 그 사람의 선택을 심판하지 않는 것이 중요하다.

예컨대 차분한 성격과 뛰어난 유머 감각으로 사람들에게 인기가 많았던 나의 어머니는 노인성 치매를 앓았다. 어머니는 더 이상 세상에 대한 호기심을 느끼지 않았다. 하루는 내가 어머니에게 TV 특집 프로그램을 보자고 했는데, 어머니는 "이미 본 거야" 하며 거절했다. 특집 프로그램이었으니 이미 봤을 리는 없었지만, 깊이 생각해보니 환상과도 같은 이 세상에서 볼 수 있는 것은 다 봤다는 뜻일 수도 있을 것 같았다. 어머니에게는 이런 반복적인 패턴이 더 이상 흥미가 없었던 것이다.

하지만 당신이 육체 속에 남아 있기를 진심으로 원한다면 해결법도 조금 달라질 것이다. 삶의 이유가 될 만한 일을 찾으라. 또는 당신이 기여할 수 있는 것을 찾아 그것을 하라. 그래도 질병이 악화된다면, 아스트랄 세계로의 이동이 더 쉬워질 수 있도록 물리적 세계와 아스트랄 세계 사이의 베일이 점점 얇아지고 있음을 이해해야 한다. 우리는 모두 죽고 나서 아스트랄 세계로 넘어간다. 하지만 이 질병의 경우 아스트랄계로 넘어가는 과정이 다른 사람들에 비해 더 쉬워지기도 하므로, 이런 상황을 선물로 여겨야 한다.

눈

알다시피, 시각적인 자극은 시신경을 따라 두뇌로 입력되어 처리되고, 우리가 그것을 지각하기까지는 단 5분의 1초밖에 걸리지 않는다. 따지고 보면 우리가 사는 것은 현재가 아니라 과거인 것이다. 우리가 본 것과 현재 사이에는 시간의 간극이 있기 때문이다. 이 간극은 선물과도 같다. 자신의 생각을 관찰하고, 어떤 사건에 대한 우리의 해석을 바꾸고, 오래된 습관과 상처, 프로그램들에 오염되지 않은 새로운 방식으로 상황을 인지할 수 있는 찰나의 시간을 만들어주기 때문이다.

안구의 **각막**은 초점을 맞추는 과정 중에서 3분의 2의 기능을 담당한다. 각막에 문제가 있다면, 지금 삶의 시점에서 잘못된 것에 초점을 맞추고 있는 것은 아닌지 스스로 물어보라. 그것이 무엇인지 알아내면 초점을 다른 곳에 맞추고 싶어질 것이다.

녹내장은 안구의 시신경에 압력이 높아지기 때문에 생기는 질병이며, **시력 감퇴**는 망막에 압력이 높아지기 때문에 생긴다. 그러니 자기 자신에게 물어보라. "나는 지금 인생에서 어떤 압력을 받고 있는가?", "그 압력을 어떻게 낮추거나 없앨 수 있는가?", "내가 완벽주의를 추구하기 때문에 혹은 지금껏 고수해온 낡은 방식이나 과거에 고통받았던 어떤 상처를 놓아주려 하지 않아서 이런 압력이 생긴 건 아닐까?" 이런 질문들은 당신만의 질문을 생각해보는 데 약간의 힌트를 주는 정도에 불과하다. 당신이 스스로 어떤 압력을 만들고 있는지 알아차린 순간, 그 압력을 없애고 질병을 치료할 수 있는 열쇠는 당신의 손아귀에 있게 될 것이다. 그 방법 중에는 다른 사람을 용서하거나, 질병의 원인이 되는 삶의 요인을 찾아 바꾸는 것 등이 있을 것이다.

나이가 들어가며 가장 흔하게 발생할 수 있는 눈 질환은 백내장이다. 의사들은 백내장이 수정체의 지방과 단백질을 손상시키는 산화 스트레스(oxidative stress)* 때문에 수정체가 탁해지며 발생한다고 믿고 있다. 연구에 따르면 과일과 채소를 많이 먹으면 백내장을 예방하거나 진행을 더디게 만들 수 있다고 한다. 그 밖에도 어떤 것을 좀 다른 방식으로 해본다든지 하는 식으로 유연한 태도를 유지하고, 미래를 두려워하기보다는 반갑게 받아들이는 것도 좋을 것이다. 백내장 수술은 시력을 회복시킬 수 있는 간단한 시술이다. 일부 육체적 문제에 있어서는 수술을 무조건 거절만 하지 않는 것이 중요하다. 하지만 수술은 당신이 가진 문제의 근본적인 원인을 찾아내고, 그것을 유발했을 가능성이 있는 잘못된 생각을 고친 후 선택할 수 있는 옵션으로 여기길 바란다.

---

* 인체 내에서 활성산소가 많아져 생체 산화 균형이 무너진 상태를 이르는 말.

귀

대부분의 난청 문제는 아직 의학적인 원인이 밝혀지지 않았다. 이를테면 어지럼증, 메스꺼움, 그리고 울림 증상을 유발하는 메니에르 증후군과 내이염은 바이러스, 자가면역반응, 유전적 또는 환경적 요인 등으로 원인이 다양하다. 일반적으로 이런 조건에서는 염증이 심해지고 내이액의 압력도 올라가게 된다. 두 질병 중 하나를 가지고 있다면 우주가 현재 당신에게 하는 말을 듣고 있지 않아서였을 수 있다. 자신에게 질문해보라. "내가 모든 일을 나의 방식대로 하겠다고 고집을 부리고 있는가?", "나는 바뀌려는 의지가 부족한가?" 만약 그렇다면, 보편의식을 믿고 그것이 당신에게 원하는 것을 순순히 받아들이라. 물론 그렇게 하면 당신이 뭔가를 잃게 될 것이라는 기분이 들 수도 있다. 하지만 보편의식의 안내를 듣고 따라가다 보면 당신은 한층 더 성장하게 될 것이다.

이명이 있거나, 듣는 것이 점점 어려워지는가? 다른 사람들이 하는 말을 듣는 데 문제가 있다면 스스로 물어보라. "나는 다른 사람들의 생각과 신념에 마음을 열고 있는가, 아니면 나의 의견만 고집하는가?" 다른 사람의 의견에 동의하지 않고 자신의 신념을 그대로 유지한다고 하더라도, 충분히 상대방의 말에 공감하는 청자가 될 수 있다. 궁극적으로 보면 이런 질문과 같을 것이다. "나는 신이 말해주는 깊은 진실에 귀를 열고 있는가?"

이, 혀, 목

신체 기관에 문제가 생겼을 때, 원인을 찾기 위한 가장 쉬운 방법은 그 기관의 위치와 주된 기능을 잘 살펴보는 것이다. 이런 방법으로 입과 목을 따져보면, 치아는 음식을 씹고, 혀는 음식을 맛보면서 쾌감이나 불쾌감을 느낀다는 사실이 떠오른다. 이를 염두에 두고 이와 혀에 생길 수 있는 질병의 원인과 치료 방법을 살펴보자.

저명한 예언가인 에드가 케이시는 이가 빠지는 것에 대해 재산이나 돈을 잃게 될 징조라고 말한 적이 있다. 반면에《힐 유어 바디》라는 책의 저자인 루이스 헤이Louise Hay는 당신이 우유부단한 태도를 너무 오랫동안 유지해왔기 때문에 이런 질병이 생길 수 있다고 한다. 나는 이 두 사람 모두에게 동의한다. 한 문제를 너무 오래 곱씹으면 결국 일이 지연되는 결과만 생기기 때문이다. 이런 일은 실수를 하는 것에 대한 두려움 때문에 일어난다. 당신이 고를 수 있는 선택지들을 잘 살펴보고, "현실적으로 일어날 수 있는 최악의 상황과 최선의 상황은 무엇인가?"라고 자문해보라. 가장 좋은 해결책은 자신의 선택지들을 잘 살펴본 다음, 그중에서 하나를 선택하여 실행에 옮기는 것이니 말이다.

혀와 후두는 말을 하기 위해 필요한 기관이다. 그런데 만일 설암, 인후암, 후두암 같은 질병이 있다면 자기 자신에게 물어보라. "나의 말은 진실하면서도 친절한가?", "어떤 상황에서 어떤 말을 하는 것이 가장 좋고, 어떤 말은 피하는 것이 가장 좋을까?", "내가 너무 비판적인가?" 이런 질문에 대해 스스로 대답하다 보면 건강해지기 위해 무엇을 바꿔야 하는지 알 수 있을 것이다. 또한, 당신의 혀는 세상과 삶이 우리에게 제공하는 모든 것들을 맛보는 기쁨을 가져다

준다. 그러니 삶의 기쁨을 찾고, 사랑과 관용을 가지고 긍정적으로 말하라.

편도염과 후두염은 자신의 목소리를 내는 것에 대한 두려움과 억압된 분노로 인해 생길 수 있다. 이런 질병을 앓고 있다면, 두려워하는 바로 그것을 실행에 옮기는 것이 곧 해결책이다.

심장

심장병은 오늘날의 서구 사회에서 가장 큰 사망 요인인데, 암, 독감, 폐렴이나 사고로 인해 사망하는 미국인의 인구수를 모두 합친 정도에 맞먹는다고 한다. 사람들이 심장 질환으로 고생할 정도로 수명이 길지 않았던 100년 전에는 심장병이 장티푸스와 폐결핵 같은 전염병과 사망률이 비슷했을 것이다. 이 책의 앞부분에서 우리는 심장을 건강하게 만드는 생각과 감정에 대해 이야기를 나눈 적이 있다. 이 부분에서 내가 강조하고 싶은 것은, 심장은 단순히 혈액을 순환시키는 신체 기관일 뿐 아니라 감정에 반응하는 섬세한 기관이기도 하다는 사실이다.

동맥 경화증, 심장 마비나 고혈압과 같이 심장과 심혈관 계통 문제로 인한 질병이 있다면 자신에게 물어보라. "다른 사람들이 나를 좋아할지, 싫어할지에 대해 내가 너무 예민하게 반응하고 있는가?", "나는 돈이나 재산을 사랑보다 더 우선시하고 있는가?", "내가 상황을 너무 감정적으로 받아들이는가?" 얼핏 보기엔 이런 질문이 모순적으로 보일지도 모른다. 하지만, 이런 상황들 하나하나가 심장 질환의 원인이 될 수 있다. 앞서 말했던 것처럼, 이 질병을 치료할 수 있는 방법은 당신이 지금껏 해오던 것과 정반대로 행동하는 것이다. 예컨대 당신이 여태까지 다른 사람에게 너무 각박하게 굴어왔다면 이제는 용서를 하는 것이다. 다른 사람을 너무 많이 신경 쓰고 살아왔다면, 자기애를 키워야 한다. ― 이를 위해 굳이 주변 환경을 돌아볼 필요도 없다. 심장이 당신에게서 필요로 하는 사랑의 행동이 무엇인지 깊이 생각해보기만 하면 된다.

혈액

헨리는 몸의 지능이 혈액을 타고 온몸 구석구석을 순환한다고 했다. 혈액은 몸 전체가 서로 소통하고 조화를 이룰 수 있도록 도와주는 메신저이다. 적혈구는 산소와 호르몬, 그 밖의 필수적인 물질을 세포로 운반하고, 면역체계의 일부인 백혈구는 병원균을 죽인다는 사실을 우리는 이미 과학 결과를 통해 알고 있다. 인공 혈액을 개발하기 위한 시도가 지난 50년 동안 과학자들 사이에서 계속되어왔지만, 지금까지는 이렇다 할 결실을 맺지 못하고 있다. 혈액은 몸의 외부에서는 변질되는 특성을 가진, 살아 있는 물질이다. 의사들은 환자들에게 타인의 혈액을 수혈하는 것보다 환자 자신의 피를 교체 ― 그 결과로 빈혈이 생기게 된다고 하더라도 ― 하는 것이 낫다고 한다. 특히, 수혈인의 피가 채취된 지 몇 주가 넘었을 경우에는 더욱 그렇다. 왜일까? 우리의 피는 각자에게 맞는 특별한 것이기 때문이다.

빈혈과 같은 일부 혈액 관련 질병은 헤모글로빈이 줄어들기 때문에 발생한다. 그리고 그 증상 중 하나에 피로감이 있다. "나는 사랑받지 못하고 있다고 느끼거나, 기쁨이 부족한가?" 하고 자신에게 물어보라. 만일 그렇다면 지금 당신의 감정이 빈혈의 원인이 되었을 수도 있다. 해결책은 당신이 사랑하는 것을 하면서 당신에게 사랑을 주는 사람들과 함께하는 것이다. 그 밖에도 자기애를 쌓아가며 건강을 개선할 수 있다. 순환성 질병은 당신의 백혈구가 제대로 기능하지 않고 있음을 나타낸다. 자신을 보호하는 경계가 없기 때문에 이런 질병이 생기는 것일 수도 있다. 그러니 당신이 취할 수 있는 해결 방법 중 하나는 자신을 위해 목소리를 높이는 것이다.

혈우병은 혈액이 응고되지 않아서 생기는 질병인데, 자신의 한계를 모르고 너무 많이 베풀기 때문에 발생했을 수 있다. 당신이 할 수 있는 것을 이성적으로 판단하여 딱 그만큼만 베풀라.

백혈병은 혈액에 생기는 암이며, 골수에서 시작되어 비정상적인 혈액세포를 생성한다. 어떤 암의 경우든 마찬가지이지만, 자신을 향해 물으라. "나는 나의 상위 자아가 원하는 것에 저항하고 있는가?", "현재 무능력감, 허탈감을 느끼고 있는가?" 일상의 어떤 영역에서 그런지 알아내고 그것을 즉시 바꾸라. 궁극적으로 보편의식은 자신과 타인에 대한 사랑이자 모든 생명체에 대한 사랑이다. 대부분의 육체적 질병의 경우, 그것을 치료할 수 있는 방법은 사랑을 담은 메시지를 체현하는 것이다.

폐

폐는 산소가 풍부한 혈액을 심장이 온몸으로 순환시키도록 도와주는 기능 이외에도 기침이나 재채기를 통해 온갖 종류의 오염원을 배출시키고, 자극적인 물질들을 뱉어내거나 삼켜서 위액에 녹을 수 있도록 하는 기능이 있다.

폐렴은 피로감, 삶에 대한 의욕 상실, 혹은 다른 질병 때문에 지쳐버린 상태로 인해 생기는 폐 속의 염증이다. 폐렴을 치료하기 위한 방법은 긍정적인 생각을 하면서 자기 자신에게 질문하는 것이다. "지금 현재, 그리고 나의 일생을 통틀어 내가 하고 싶은 일은 무엇인가?" 그다음 당신에게 기쁨을 주고 건강을 회복하기 위한 동기 부여가 되는 분명한 목표를 세우라.

가장 흔한 질병 중 하나는 폐암이다. 여러 연구에 따르면 흡연자들은 비흡연자들에 비해 폐암에 걸릴 확률이 30배에서 50배 정도 높다고 한다. 그러니 흡연자들에게 있어 가장 분명한 해결책은 담배를 끊는 것이 될 것이다. 당신이 흡연자라면, "나는 왜 담배를 피우는가?", "생각하거나 느끼기에 너무 불편한 것을 억누르고 있는가?" 하고 자문해보라. 어쩌면 거절에 대한 두려움 때문에 당신의 솔직한 감정을 표현하지 못하고 있거나, 혹은 사랑받지 못하고 있다고 느끼기 때문에 이런 질병이 생겼을 수 있다. 그렇다면 방법은 당신이 원하는 것을 표현하고, 그것을 달라고 요청하는 것이다.

천식은 대부분의 경우 유년기에 시작하는데, 아이들 중 75퍼센트는 성인이 되면서 천식이 사라지기도 한다. 천식의 원인과 치료 방법은 아직도 의학계에서 뜨거운 논란거리가 되고 있으며, 그 범위 또한 신경학적인 요인에서부터 알레르기까지 매우 광범위하다. 근본적인 원인으로 가능성이 큰 것이 소속감의 문제이다. 자신이 안전하지 않은 상태이고, 사랑받지 못하거나 다른 사람들과 어울리지 못한다는 느낌이 드는가? 천식 환자는 두려움을 느끼면 숨을 깊이 쉬지 못한다. 그러니 당신을 향한 다른 사람들의 반응을 너무 예민하게 받아들이지 말고, 당신은 안전하며 우주의 사랑을 받고 있다는 사실을 기억한 채 당신 자신이 되는 것이 해결 방법이다.

간

우리 몸의 분비샘(gland)들은 화학적 물질을 분비하는 기관이다. 이런 분비샘들 중 우리 몸에서 가장 큰 샘이 바로 간이다. 간은 음식을 소화시키기 위해 담즙을 분비하고, 독소를 걸러내고, 비타민을 흡수하며 포도당을 변화시키고 수명이 다한 적혈구를 없애는 등 많은 기능을 한다. 간이 손상되었을 때 인간은 간의 3분의 2를 다시 재생시킬 수 있지만, 간이 아예 없다면 우리는 죽는다.

연금술에서 간은 우울감과 다혈질, 슬픔과 분노의 감정 모두와 관련되어 있다. 현대 사회에서 많은 사람들은 자신의 삶을 통제하지 못하고, 자신이 무능력하다고 느끼며 살아간다. 이런 감정은 간에 부정적인 영향을 미친다. 가장 흔한 간 질환은 간세포에 지방이 너무 많이 축적되어 발생하는 지방간이다. 환자들은 너무 늦은 상태가 되기 전까지는 자신이 지방간이 있다는 사실을 모르는 경우도 있다. 지방간 환자는 점차 늘어나고 있으며, 최근에는 어린이들마저 위협하고 있다. 대부분의 경우, 현대식 식습관이 원인이다. 물리적인 해결 방법으로는 가공식품을 끊는 것이 있다. 독소를 배출시키고 간을 깨끗하게 만들기 위해 신선한 과일과 채소를 집중적으로 먹어야 한다. 깨끗한 물을 많이 마시고, 마지막으로 운동을 충분히 하고 햇빛도 많이 봐야 한다.

장기적인 해결 방법은 당신만의 관심사와 재능을 사용하여 당신의 영향력 안에 있는 뭔가를 하겠다고 결심하는 것이다. 이를테면, 평화와 지구의 건강을 위해 매일 명상을 하는 것이다. 당신이 중요하게 여기는 것을 위해 목소리를 내는 정치인 후보를 지지하라. 또, 근처 공원 여기저기에 널린 쓰레기를 매주 청소해보기도 하라. 뭔가를 선택하여 실천에 옮기고, 당신과 우리의 세계를 위한 우주의 계획을 믿으며 긍정적인 태도를 유지하라.

간경변의 원인이 되는 **알코올 중독**은 분리감의 고통을 무디게 만들거나 없애고 싶다는 욕망에서 기인한 것일 수도 있다. 이런 분리감은 어렸을 때 느꼈던 애정결핍이 성인이 되어서도 없어지지 않아 생겼을 가능성이 크다. 하지만 궁극적으로 그것은 보편의식으로부터 분리되어 생기는 질병이다. 자기 자신에게 물으라. "이것이 정말 나의 모습인가?" 해결 방법은 이미 나와 있다. 자신을 소중히 여기고, 자기애를 더 키우고, 사랑받기 위해서는 아무것도 내줄 필요도, 뭔가를 해야 할 필요도 없다는 사실을 인식하는 것이다.

쓸개

수천 건의 사례를 통해 알 수 있는 것처럼, 쓸개가 없다고 해서 인간이 죽는 것은 아니다. 하지만 보편지능이 우리에게 주는 신체 기관들 중에서 쓸모없는 기관은 없다. 모든 기관은 존재할 이유가 있기 때문에 우리에게 주어진 것이며, 그것이 무엇인지 스스로 물어보는 것은 매우 중요한 일이다. 또한, 신체 기관을 고칠 수만 있다면 최대한 본래의 모습 그대로 유지하는 것이 좋다. 만약 그럴 수 없는 상황이라면, 제거술을 하기에 앞서 몸에게 사랑과 감사를 보내며, 당신의 신체 기관이 에테르적으로는 여전히 존재하고 있음을 기억하라.

쓸개는 간이 생산한 담즙을 보관하며 그것을 창자로 분비시킨다. 그런데 창자가 담석으로 막힐 때가 있다. '담이 크다'는 비유적 표현은 그 사람이 지나치게 밀어붙이는 성격에 공격적인 성향을 가지고 있다는 것을 뜻한다. 담석증은 당신이 뭔가를 하기 위해 자신을 너무 닦달했을 때 생긴다. 만일 담석증이 있다면, "내가 너무 융통성 없거나 독선적으로 굴었는가?", "내가 과거에 너무 집착하는가?"하고 자신에게 물어보라. 대답이 '예스'라면, 화내기를 멈추라. 삶의 흐름을 좇으면서, 자리에서 일어나 운동을 더 많이 하며 활동적으로 움직이는 생활 패턴으로 살기 시작하라.

췌장

췌장은 우리가 살기 위해 반드시 필요한 분비샘이다. 췌장에서는 혈당을 조절하는 호르몬인 인슐린은 물론, 소화 효소도 분비된다.

아마도 당뇨병은 췌장에 영향을 주는 질병들 중 가장 잘 알려진 질병일 것이다. 최근 들어 당뇨병 환자는 극적으로 늘어나고 있다. 당뇨병의 원인이 될 가능성이 큰 것으로는 건강하지 않은 식습관, 운동 부족을 들 수 있다. 게다가 당뇨병은 타인이나 인생 전반에서 받았던 실망감, 슬픔, 사랑받지 못한다는 느낌 때문에 생길 수 있다. 자신에게 질문해보라. "나는 스스로 나 자신이 지금보다 더 큰 행복을 누릴 만한 가치가 있다고 느끼고 있는가?", "나는 다른 사람이나 인생으로부터 받지 못하고 있는 다정함(sweetness)을 나 자신에게 주려고 하는가?" 만일 그렇다면, 해결책은 자신이 남들보다 적게 가지고 있다고 생각할 것이 아니라 당신이 가진 모든 것에 대해 감사함을 느끼는 것이 될 것이다.

췌장염의 원인도 비슷하다. 당신이 자신의 삶에 실망감을 느끼고 있는 것이다. 만약 이것이 당신의 상황이라면, 삶에서 당신에게 주어진 모든 것에서 기쁨을 찾고, 당신의 태도에 에너지와 기쁨이 가득 차게 만들어야 한다.

비장

비장은 오래된 적혈구를 처리하여 피를 정화시키고, 질병과 싸울 백혈구를 보존하며 면역체계를 튼튼하게 만드는 역할을 한다. 다행히도 우리는 비장 없이도 생명을 유지할 수 있다. 하지만 정말 그것이 정말 우리가 원하는 것일까?

루푸스Lupus*, 류머티스성 관절염과 단핵구증(Mononucleosis)** 등의 질병 때문에 비장에 염증이 생겼다면, 자신이 안전하지 못하다고 느끼는지 생각해보라. "나는 무엇을 상대로 싸우고 있는가?", "무엇이, 또는 누가 나의 적인가?" 하고 자기 자신에게 물어보라. 당신의 문제를 해결할 수 있는 방법은 보편의식을 향한 신뢰를 키우고, 당

---

* 면역계의 이상으로 온몸에 염증이 생기는 만성 자가면역질환. '전신성 홍반성 낭창'이라고 부르기도 한다.

** 바이러스성 질병으로 발열, 편도선염, 림프절 비대 등을 유발한다.

신이 사랑과 보살핌을 받고 있다는 사실을 믿는 것이다.

신장

당뇨병과 마찬가지로 신장과 관련된 질병도 증가하고 있다. 신장은 노폐물을 걸러내고 혈액 속의 화학 물질, 그중에서도 특히 염분을 조절하는 역할을 한다.

담낭과 유사하게 신장에도 고통을 유발하고 제거술이 필요한 신장결석증이 생길 수 있다. 왜일까? 현대 사회에 만연한 가공식품은 수많은 건강 문제의 원인이 된다. 베리류 과일(berry), 양배추, 양파, 마늘과 같은 항산화성 식품은 신장을 튼튼하게 만들고, 끼니마다 챙겨 먹으면 건강에 도움이 된다. 그 밖에 신장 질병의 원인이 될 수 있는 잘못된 생각과 그 문제들을 해결할 수 있는 방법에는 어떤 것들이 있는지 살펴보자.

당신의 삶에서 부정적인 기운이 축적된 상태라면, ― 당신 자신이나 타인을 향해서든, 전반적인 삶에 대해서든 ― 신장 질환을 가지고 있을 가능성이 크다. 신장은 노폐물을 제거하기 위한 신체 기관이므로, 당신 자신에게 이렇게 물어봐야 한다. "내가 미처 없애지 못한 부정적인 감정은 무엇인가?" 모든 것을 당신의 방법대로 하겠다는 욕심을 버리고, 과거에서 벗어나서 현재를 살도록 노력해보라.

부신

신장의 가장 위에 위치한 부신은 스트레스를 조절하고 면역체게, 신진대사와 혈압을 조절하기 위한 호르몬을 분비한다. 부신이 없다면 우리는 살 수 없을 것이다. 부신기능저하증은 주변에서 흔히 볼 수 있는 질병인데, 현대 사회에서 스트레스로 인해 발생한다.

부신기능저하증의 증상으로는 피로감, 전신 위약감, 불면증뿐 아니라 소금, 설탕, 카페인 중독을 들 수 있다. 원인은 과로나 만성적인 스트레스일 수 있다. 이런 요인은 우울증이나 다른 심각한 질병을 유발할 수 있다. 스스로 자문해보라. "나는 나 자신을 돌보는 것보다 다른 사람을 더 돌보고, 자신에게 과도한 책임을 지우고 있는가?" "나는 지금 내가 하는 일과 인생을 즐기지 못하고 있는가?" 만약 그렇다면, 당신의 해결책은 자신을 돌보고 당신에게 기쁨을 주는 일을 하는 것이다.

비교적 덜 흔한 질환은 코르티솔이 너무 많이 분비되어 생기는 쿠싱 증후군과 코르티솔이 너무 적게 분비되어 생기는 애디슨병이다. 두 질병 모두 호르몬의 균형을 다시 맞춤으로서 치료할 수 있지만, 근본적인 원인과 해결책은 부신기능저하증과 같다.

방광

신장은 방광을 통해 독소를 소변으로 배출시킨다. 방광에도 담석이 생길 수 있는데, 수술을 통해 제거하거나 자연스럽게 저절로 사라질 수 있다.

신장과 마찬가지로, 방광 질환은 당신이 놓아주어야 하는 생각과 감정을 완전히 없애지 않았기 때문에 생길 수 있다. 이를 놓아주지 않는 행동은 통제를 잃는 것에 대한 두려움으로 인한 것인데,

이 두려움이 방광 결석이나 요실금을 야기할 수 있다. 이들은 모두 통제력을 잃는 상황에 처하도록 만드는 질병들이다.

방광암은 비흡연자들보다 흡연자들 사이에서 훨씬 더 많이 나타나는 질병이다. 그렇기 때문에 금연을 하면 폐암뿐 아니라 방광암도 예방할 수 있다. 육체적으로, 방광염이나 방광암을 예방하거나 치료하기 위해서는 제거 과정을 돕기 위해 물을 충분히 마시면서 "이것은 생명수이며, 나는 인생의 여정에서 거쳐 가야 하는 다음 단계를 위해 나 자신을 정화하고 있다"고 생각하는 것이 좋다. 방광 문제는 과거에 당신이 느꼈던 분노가 자신도 미처 자각하지 못하는 사이에 쌓여 생긴 것일 수 있다. 이제는 모든 화와 분노에서 벗어나 삶이 당신에게 베푸는 혜택을 누릴 때다.

위, 창자와 결장

위는 소화를 돕기 위해 염산을 분비한다. 이뿐 아니라 염산은 우리를 아프게 만들 수 있는 음식물 속의 수많은 박테리아를 죽이는 역할을 하기도 한다. 실제 소화의 대부분은 소장에서 일어나고, 더 연장해서 보면 대장(결장이라고 불리기도 한다)에서도 소화가 이루어진다. 소화 과정과 음식물 속 비타민 및 미네랄을 흡수하는 과정 중 90퍼센트는 소장이 담당하고 있으며, 결장은 소화하기 힘든 물질을 처리하고 신체로 돌려보낼 수분을 음식물로부터 흡수한다.

위궤양이나 십이지장궤양은 — 의학 관련 자료에 따르면 — 박테리아나 아스피린(ASA), 이부프로펜류의 진통제를 장기적으로 복용해서 발병하는 경우가 많다. 하지만 근본적인 육체적 원인은 채소, 그중에서도 특히 양배추나 브로콜리와 같은 십자화과* 채소를 먹지 않는 불균형적인 식습관 때문이다. 삶에서 당신에게 두려움과 분노를 느끼게 했던 사건을 소화시키지 못하고 있다는 것이 그보다 더 근본적인 원인이 되었을 수도 있다. 만일 이것이 사실이라면, 당신을 위한 해결책은 자신이 두려워하는 것을 살펴보는 것이다. 당신 자신에게 물으라. "나는 미래가 두려운가?" 또는 "현재 내가 받아들이지 못하는 것이 있는가?" 진심을 가지고 흐름에 몸을 맡기거나 당신이 두려워하는 것을 받아들이면 이런 육체의 질병을 치료하는 데 도움이 될 것이다.

맹장염과 크론병은 소장의 가장 끝부분에 영향을 미친다. 셀리악병(Celiac Disease)** 또한 소장에 영향을 미치기도 한다. 최근 크론병과 셀리악병 모두 걱정스러울 정도로 증가하고 있다. 두 질병은 염증으로 인해 생기는 자가면역질환인데, 그 결과로 몸이 자기 자신을 공격하게 된다. 궤양의 경우, "내가 받아들이지 못하는 것은 무엇인가?", "나는 아무것도 제대로 해내지 못한다고 생각하는 완벽주의자인가?", "내가 삶에 대한 통제를 잃었다고 생각하고 있는가?"와 같은 질문을 스스로 던져보라. 사람들은 흔히 배설기관과 관련해 편견을 가지고 있다. 이런 점을 감안해보면, 당신에게 부끄러움이나 죄책감과 같은 문제가 있었을 수도 있다. 마음속의 응어리를 가지고 있을지도 모른다. 이런 생각을 가지고 있지는 않은지 살펴

---

* 꽃의 모양이 네 갈래의 십자가 모양으로 생긴 채소를 말한다. 겨자, 순무, 배추, 꽃양배추, 양배추, 케일, 브로콜리 등이 이에 속하며, 항암 효과가 뛰어난 것으로 알려져 있다.

** 소장에서 일어나는 알레르기 질환. 장 내 영양분의 흡수를 저해하는 글루텐에 대해 비정상적인 반응을 보이면서 증상이 나타난다.

보고, 자기애를 실천하며, 삶에서 앞으로 나아갈 수 있도록 부정적인 감정들을 놓아줘야 한다.

대장은 과민성 대장 증후군, 대장염, 변비, 대장암과 같은 많은 질병이 생기는 부위이다. 섬유소를 더 많이 섭취하고 운동을 하면 대장 건강에 도움이 되겠지만, 앞서 살펴본 근본적인 원인과 해결책은 이런 상황을 바로잡는 데 도움이 될 것이다.

여성의 자궁, 난소, 유방 그리고 남성의 성기, 고환, 전립선

자궁내막증과 자궁섬유종은 뭔가를 키우고(grow) 싶지만, 그 마음이 적절하지 않은 방향으로 표출되어 생기는 질병이다. 이 질병을 앓고 있는 여성은 "내가 정말로 창조하고 싶은 것은 무엇인가?" 하고 자신에게 물어보라. 그리고 그런 욕망을 건강하게 실현시킬 수 있는 방법을 찾으라.

난소암과 자궁경부암은 여성으로서 존재하는 것에 대한 양면적인 감정, 나이를 먹는 것에 대한 두려움, 내가 아직도 세상에 무언가를 탄생시킬 수 있을지에 대한 염려로 인해 생길 수 있다. 자궁경부암은 질 사마귀가 생겼던 여성에게서 나타날 확률이 70퍼센트 더 높았는데, 이것 또한 섹스에 대한 상반된 감정과 부끄러움이 원인이다. 해결책은 당신의 나이가 몇 살이든, 모든 방법을 통해 자신이 여성이라는 사실에 기쁨과 즐거움을 느끼고, 그것이 온몸에 넘쳐나게 하는 것이다.

유방암은 어머니와 문제가 있거나, 여성으로 존재하는 것에 대한 양면적인 감정, 타인을 양육해야 하는 것에 대한 분노가 있다는 것을 보여주기도 한다. 이때의 해결책은 창의성을 펼치면서 자신에게 기쁨을 주는 것을 찾아 그것을 통해 자신을 더 건강하게 만드는 것이다.

성병의 근본적인 원인은 부끄러움, 자기 자신에 대한 존중감 하락과 자신이 벌을 받아 마땅하다는 생각이다. 이것을 치료하기 위해서는 자신이 과거에 내렸던 결정에 대해 깊이 용서하고, 자신을 사랑하고 받아들이는 것이다. 자신에게 힘과 활력이 생기는 것을 느껴보라.

발기부전은 부끄러움으로 인해 섹스에 대해 양면적인 감정을 느끼거나, 노화와 남성성을 잃는 것에 대한 두려움이 개별적으로, 또는 복합적으로 나타나기 때문에 나타나는 질병이다. 부모와의 문제로 인해 생길 가능성도 있다. 이런 남성성의 문제는 전립선과 고환암의 형태로 나타나기도 하는데, 원인은 비슷하다. 만약 이런 문제를 가지고 있다면 자신의 생식 기관과 기능을 비롯한 모든 신체 부위를 사랑하는 것이 당신을 위한 해결책이 될 것이다. 당신 자신을 힘이 넘치며 삶의 목표를 충분히 달성할 수 있는 사람으로 여기라.

뼈, 등, 관절

대략 미국 여성들의 절반과 남성 중 약 4분의 1이 나이가 들면서 골절을 경험하게 되는데, 이런 경우 뼈 건강이 완전히 회복될 수 없다고 한다. 뼈는 살아 있는 기관이며 운동을 통해 튼튼하게 만들 수 있기 때문에 운동은 필수라고 할 수 있다. 최근 통계에 따르면 규칙적인 산책은 심장마비와 심장 발작을 31퍼센트 정도 줄일 수 있다. 또한 산책을 하면 오늘날 중진국과 선진국에서 급증하는 현상인 비만 문제를 예방하고 해결할 수 있다. 그렇다면 이제 뼈, 등과 관절 문제의 근본적인 원인을 살펴보기로 하자.

등과 관절 건강 문제는 과체중과 운동 부족으로 인해 생긴다고 알려져 있지만 그 외에도 다른 원인이 있다. 비만은 과식, 또는 가공된 패스트푸드에서 많이 볼 수 있는 지방, 녹말, 당분이 많은 음식과 같은 '잘못된' 음식을 많이 먹기 때문에 생기기도 한다. 여기에 대한 근본적인 원인으로 낮은 자신감과 실패에 대한 두려움 때문에 목표를 쉽게만 달성하려고 하는 욕심을 들 수 있다. 이런 질문을 생각해보라. "이런 예시가 나에게도 해당이 되는가?" 만약 그렇다면, 해결책은 목표를 세우고 그것을 이루기 위해 끈질기게 노력하는 것이다. 이렇게 하면 자신감과 성취감을 높일 수 있다. 당신의 건강이 호전되면서 목표를 이루기 위한 에너지도 더 커지고, 수명도 길어질 것이다.

척추 문제, 좌골 신경통이나 골절의 또 다른 원인이 될 수 있는 것은 어떤 일을 하기에 앞서 주저하는 태도이다. 자기 자신에게 물으라. "내가 목표를 이룰 수 있다고 믿는가?", "누군가가 나를 돌봐줬으면 하는가?", "너무 많은 것을 하고 있는 나머지 휴식이 필요한가?", "다른 사람들로부터 지지를 받고 있는가?" 해결책은 잠시 시간을 가지는 것이다. 분개하거나 화가 난 상태가 아닌, 긍정적인 마음을 가진 채로 숨을 고르는 것이다. 휴식을 취하며 어떤 것이 나를 행복하게 만들 수 있을지 고민해보라. 그다음, 자신의 목표를 이루기 위해 열심히 노력하는 것이다.

퇴행성 관절염과 류마티스성 관절염은 당신이 어떤 일을 너무 많이 하고 있다는 것에 대한 분노가 원인이 되었을 수도 있다. "내가 얼마나 많은 일을 하고 있는데!" 혹은 "왜 아무도 나를 도와주지 않는 거야?"와 같이 말이다. 이는 당신이 부족하다는 생각에서 비롯된 자기 비판적인 감정이나, 더 노력하지 않는 다른 사람들을 비난하는 마음 때문이기도 하다. 당신에게 도움이 될 만한 해결책은 자신과 타인을 있는 그대로 받아들이고 조건 없이 사랑하며, 그 어떤 것도 바꿀 필요 없이 당신의 삶에서 당신이 가진 모든 것과 주변 사람에 대해 감사하는 마음을 가지는 것이다. 모든 것은 그 자체만으로도 완벽하니 말이다.

피부와 알레르기

피부는 우리 몸에서 가장 큰 부분을 차지하며 자기 자신을 타인과 물리적으로 분리하는 역할을 한다. 습진이나 건선, 종기와 같은 질병을 앓고 있다면 내면의 뭔가가 밖으로 표출되고 싶어한다는 뜻이다. 이런 질문을 자신에게 던져보라. "나는 다른 사람에게 화가 났거나 그들을 두려워하고 있는가?", "나는 스스로 사랑받지 못하거나, 사랑받을 가치가 없다고 생각하는가?" 이런 부정적인 생각을 없앨 수 있는 방법에는 자기애와 자기 존중감을 키우고, 자신과 타인을 향해 완벽한 기준을 적용하지 않고, 기대하는 마음을 내려놓는 등의 방법들이 있다.

알레르기는 피부에 영향을 줄 수 있지만, 다른 신체 기관에도 얼마든지 영향을 줄 수 있다. 알레르기 때문에 생명에 위협을 받을 수 있는 정도라면 최선의 방법은 두말할 나위 없이 자극 요인을 피하는 것이다. 하지만 피부를 자극하는 알레르기 유발 요인이 점점 늘어나고 있다면, 앞서 말한 질문들을 떠올리며 자기 자신을 되돌아봐야 한다. "나는 삶에서 어떤 것에 대해 거부 반응을 가지고 있는가?" 알레르기의 해결책은 부정적인 태도를 버리지 못한 채 불평을 하며 기쁨을 부정하는 태도를 버리고, 삶을 온전히 받아들이며 모든 것에서 기쁨을 찾는 것이다.

결론

보다시피, 대부분의 육체적 문제들을 야기하는 원인은 죄책감, 원망, 분노, 무력감이다. 일반적으로 이런 부정적인 감정의 근원에는 사랑과 관련된 더 깊은 원인이 숨겨져 있다. 어떻게 하면 자신을 치유할 수 있을지 잘 모르겠다면 고민해보라. 대부분의 경우 문제를 해결할 수 있는 방법은 자신에 대한 조건 없는 사랑과 더불어 타인에 대한 사랑과 삶에 대한 사랑이다.

영적 변화의 신호

————————————————————————————

아래의 간단하고 빠른 테스트를 통해 자신에게 영적 변화가 일어나고 있는지 체크해보자.

1. 내 삶의 일부 영역에서 하고 있는 일들에 대해 깊은 의구심을 갖고 있는가?

　□ 그렇다　　　　　　　　□ 아니다

2. 압박감을 느끼고 있는가?

　□ 그렇다　　　　　　　　□ 아니다

3. 감정을 통제하는 것이 전보다 더 힘들고, 울거나 화를 내는 일이 잦아졌는가?

　□ 그렇다　　　　　　　　□ 아니다

4. 더 이상 예전처럼 행동할 수도 없고, 예전의 자신과 달라졌다는 느낌이 들면서도 변화하기 위해서는 앞으로 어떻게 해야 할지 확신이 서지 않는가?

　□ 그렇다　　　　　　　　□ 아니다

5. 지금까지 내가 부모, 배우자, 친구 또는 동료로서 해왔던 역할들이 더 이상 내게 도움이 되지 않는 기분이 들면서 인간관계를 변화시키고 싶다는 생각이 드는가?

　□ 그렇다　　　　　　　　□ 아니다

6. 지금의 내 모습이 진정한 나 자신의 일부라는 느낌이 들고, 나 자신의 온전한 자아를 완전히 받아들이고 싶다는 생각이 드는가?

   ☐ 그렇다   ☐ 아니다

7. 불안하고 걱정스러우며 평화와 행복을 찾고자 하는 욕망이 점점 더 커지고 있는가?

   ☐ 그렇다   ☐ 아니다

8. 자동차, 집과 같은 비싼 것을 구입하는 행위나 휴일과 같이 일시적인 행복을 주는 것들에 지쳤는가? 오랫동안 유지되는 평화를 찾고 싶은가?

   ☐ 그렇다   ☐ 아니다

9. 자신을 통제할 수 없다는 기분이 드는가?

   ☐ 그렇다   ☐ 아니다

10. 다른 사람들이 당신을 대할 때 더 이상 편하지 않은 것처럼 보이는가? 그들이 당신을 대하는 태도가 달라진 것처럼 느껴지거나, 그들과의 우정이나 관계가 끝나간다는 느낌이 드는가?

    ☐ 그렇다   ☐ 아니다

11. 당신의 삶이 규칙을 알 수 없는 미지의 영역으로 들어섰다는 느낌이 드는가?

    ☐ 그렇다   ☐ 아니다

12. 대부분의 인생 동안 소중하게 여겨왔던 것들이 정말로 가치 있는 것인지 의문이 드는가?

    ☐ 그렇다   ☐ 아니다

13. 영적 주제, 혹은 참나를 찾기 위한 영적 재능을 발달시키는 일에 관심이 생겼는가?

    ☐ 그렇다   ☐ 아니다

위의 질문과 더불어 다음 질문에도 '그렇다'를 선택했다면, 영적 변화의 신호가
더욱 강해지고 있다는 뜻이다.

**14. 심각한 건강 문제, 사랑하던 사람의 죽음, 관계의 끝, 직업적 퇴보와 같이
인생의 큰 주제들에서 주춤하는 경험을 했는가?**

☐ 그렇다 ☐ 아니다

15. 영적으로 길을 잃은 느낌이 드는가?

☐ 그렇다 ☐ 아니다

이 질문들에 대부분 '그렇다'고 응답했다면 당신의 삶에 영적인 변화가
일어나고 있는 것이다. 얼핏 보았을 때 삶의 부정적인 시기처럼 보이는
이런 때에 어찌할 바를 모르겠는 기분을 느끼거나 외적, 내적 스트레스를
경험하는 중이라 할지라도 사실 이 변화는 긍정적인 것이다. 에고/개인의
성격이 통제하고 있었던 지금까지 당신은 이미 자신이 배울 수 있는 것을 모두
배웠으며, 성장할 수 있을 만큼 성장했다. 이제는 **진짜** 참나를 찾도록 당신의
영혼이 당신을 부르고 있는 것이다.

무료 영적 변화 키트

myspiritualtransformation.com/start-for-free

당신에게 도움이 될 유용한 정보, 연습 활동, 해결책들

myspiritualtransformation.com

추가 자료

* 이 책에서 다뤄진 여러 주제에 관해 몸의 지능과 더 깊이 협력하고자 한다면 '몸의 지능과 함께 자가 치유하기'(Self-Healing with the Body Intelligence) 과정을 추천한다. 과정에 참여하면 myspiritualtransformation.com에서 자습과 그룹 스터디를 위한 오디오 파일 다수와 워크북을 제공받을 수 있다.

* '4장 두려움이 당신을 옭아매는가?'에서 당신을 꼼짝 못 하게 만드는 두려움에 대해 더 자세히 알고 싶다면 '두려움을 사랑으로 바꾸기'(Transform Fear to Love) 과정을 추천한다. 70페이지의 워크북과 네 개의 오디오 파일, 두개의 영상 파일이 제공된다.

* '6장 부정적인 신념이여… 사라져라!'와 '8장 당신은 홀로그램이다'에서 다루었던, 부정적인 사념체로부터 에테르체를 정화시키는 방법에 대해서는 '자신을 변화시키기'(Transform Yourself) 과정을 추천한다. 중심 채널을 정화하고 부정적인 사념체를 없애기 위한 70페이지의 워크북과 에테르체 정화용 오디오 파일 네 개가 포함되어 있다.

* '5장 물려받은 인생 각본으로부터 자신을 해방시키라'에 대해 더 자세히 알고 싶다면 '조상과 가족의 문제 치유하기'(Ancestor and Family Healing) 과정을 추천한다. 다양한 연습 문제로 구성된 종합 워크북과 총 아홉 개의 오디오 파일 및 영상 파일을 제공받을 수 있다.

* '16장 동물과 새와 물고기의 의식'과 '17장 나무와 풀, 광물의 의식'에 대해서는 저자의 다른 책인 《내 운명 해독하기》(Decoding Your Destiny)를 통해 더 자세히 알 수 있다.

* '18장 집으로 향하는 우리, 우리, 우리'에서 다룬 '지구와 그 밖의 여러 행성에 머무르는 엘리멘탈과 기타 생명체들'에 대해서는 저자의 다른 책인 《내 운명 해독하기》, 《레프리콘과 함께한 여름》, 《레프리콘과 함께한 순례》(Pilgrimage with the Leprechauns), 《하와이의 상위 존재들》(High Beings of Hawaii), 《하이브리드: 당신이 정말로 인간일까》(Hybrids: So you think you are human)에서 더 자세히 알 수 있다.

모든 과정은 이곳에서 만날 수 있다.
myspiritualtransformation.com/shop-courses

감사의 말

───────────────────────────●

이 책은 모호하게 쓰인 부분을 독자들이 확실하게 이해할 수 있도록 다듬어주고, 설명이 부족한 부분을 보다 자세하게 전달할 수 있도록 예시를 주는 데 상당한 시간과 노력을 기울였던 사이먼 고드Simon Goede가 아니었다면 세상에 나올 수 없었을 것이다. 편집 과정 내내 보여주었던 그의 인내심에 감사를 표한다.

또한 수많은 회의와 편집 과정을 통해 이 책을 섬세하게 손질해준 도나 미닐리Donna Miniely 덕분에 정확도가 한층 높아질 수 있었다. 이뿐 아니라, 그녀의 제안을 구체화해준 메를 덜마지Merle Dulmadge에게도 감사의 말을 전한다.

딱딱한 초안에 가까웠던 책이 일상에 적용할 수 있는 독자 친화적인 책으로 탈바꿈하도록 큰 도움을 준 패트릭 크린Patrick Crean에게도 감사의 뜻을 전하고자 한다. 그는 마치 요리가 자신의 입맛에 맞을 때까지 끊임없이 맛보고 적절한 향신료를 더해주는 마스터 셰프와 같았다.

또한 인지학에서의 자세한 조언을 통해 다른 사람들이었다면 어렵다고 받아들일 만한 내용들을 명쾌하게 전달할 수 있도록

도와준 스티븐 로버츠Stephen Roberts의 역할도 반드시 언급하고자
한다. 마지막으로, 부디 이번이 최종 편집이기를 바랐던 순간에도
끝까지 포기하지 않고 인내심을 가지고 창의적이고 아름답게
문장을 다듬어 준 재닛 루스Janet Rouss, 제니 루 린리Jenny Lou Linley와
코니 피닉스Connie Phenix에게 감사의 말을 전한다.

원서 표지와 레이아웃은 멜라니 핼럼Melany Hallam이 디자인했다.
아름다운 작품에 감사드린다.

무려 열두 번의 편집을 거친 나의 책을 읽고 '깨알' 같은
오타를 찾아낸, 매의 눈을 가진 나의 친구 모니카 버네그Monika
Bernegg에게도 고맙다는 말을 전하고자 한다. 최종적으로 편집을
해준 사람은 《몸의 정령 헨리》에 광택을 더한 거장 올가 시언Olga
Sheean이다. 그녀 덕분에 8년이 흐른 지금에야 나는 이 책을 드디어
'완성했다'고 말할 수 있게 되었다.

도움이 될 만한 책들

━━━━━━━●━━━━━━━━━━━━━━━━━━━━━━━━━━━●━━━━━━━

이 파트는 《참고문헌》은 아니지만, 지난 수년간 나에게 영향을 준 책들이다. 이 목록에는 학술적 특성이 짙은 책들뿐만 아니라 동양과 서양의 영적 전통을 잘 담고 있는 책들도 있다. (국내에 출간된 외국 단행본은 영어 제목을 병기하지 않고 국내 번역본 제목만을 표기했습니다. ― 편집부 주)

두뇌와 심장의 중요성, 신과학(new science) 관련 서적

— 루돌프 발렌타인Rudolph Ballentine, 《근본적 치유》(Radical Healing), Himalayan Institute Press, 2011.
— 그렉 브레이든Gregg Braden, 《자기권능의 과학: 새로운 인간의 이야기를 일깨우다》(The Science of Self-Empowerment: Awakening the New Human Story), Hay House, 2019.
— 빌 브라이슨Bill Bryson, 《바디》, Doubleday Canada, 2019.
— 데이나 코헨Dana Cohen, 지나 브리아Gina Bria 《해소》(Quench), Haccette Books, 2018.
— 조 디스펜자Joe Dispenza, 《당신도 초자연적이 될 수 있다》, Hay House, 2019.
— 노먼 도이지Norman Doidge, 《기적을 부르는 뇌》, Penguin Books, 2007.
— 루이스 헤이, 《힐 유어 바디》, Hay House, 1994.
— 로버트 란자Robert Lanza, 밥 버먼Bob Berman, 《바이오센트리즘》, BenBella

Books, 2010.

— 세이어 지, 《재생》, Hay House Inc. 2020.

— 브루스 립턴, 《당신의 주인은 DNA가 아니다》, Hay House Inc. 2015.

— 롤린 맥크레이티Rollin McCraty, 마이크 앳킨슨Mike Atkinson, 데이나 토마시노Dana Tomasino, 레이먼드 트레버 브래들리Raymond Trevor Bradley, 《일치하는 심장》(The Coherent Heart), Institute of HeartMath, 2006.

— 린 맥타가트Lynn McTaggart, 《필드》, Harper Perennial, 2008.

— 앤드류 뉴버그Andrew Newberg, 《신은 어떻게 당신의 뇌를 바꾸는가》(How God Changes Your Brain), Ballantine Books, 2010.

— 크리스티안 노스럽, 《인생을 쉽게 만들라: 내면을 통해 몸과 인생 치유하기》 (Making Life Easy: How the Divine Inside Can Heal your Body and your Life), Hay House, 2018

— 알베르토 빌로도Alberto Villoldo, 《단 하나의 영약》(One Spirit Medicine), Hay House Inc, 2015.

— 앤서니 윌리엄Anthony William, 《의료 영매》(Medical Medium), Hay House Inc, 2015.

동/식물의 의식 관련 서적

— 템플 그랜딘Temple Grandin, 캐서린 존슨Catherine Johnson, 《동물과의 대화》, Schreibner, 2006.

— 타니스 헬리웰, 《레프리콘과 함께한 여름》, Wayshower Enterprises, 1997.

— 제프리 마손Jeffrey Masson, 수전 매카시Susan McCarthy, 《코끼리가 눈물을 흘릴 때: 동물의 감정》(When Elephants Weep: The emotional lives of animals), Delta Book, 1995.

— 루퍼트 셸드레이크Rupert Sheldrake, 《개들은 주인이 언제 귀가하는지 알고 있다》(Dogs that know when their owners are coming home), Three Rivers Tress, 2011.

— 데이비드 스즈키David Suzuki, 《성스러운 균형》(The Sacred Balance), Greystone Books, 1997.

— 피터 톰킨스, 크리스토퍼 버드Christopher Bird, 《식물의 정신세계》, Harper & Row, 1973.

— 페터 볼레벤, 《동물의 사생활과 그 이웃들》, Greystone Books, 2017.

— 페터 볼레벤, 《나무 수업》, Greystone Books, 2016.

마음챙김 및 의식에 관한 서적

— 람 다스Ram Dass, 《신에 이르는 길》, Three Rivers Press, 2004.

— 매튜 폭스Matthew Fox, 《원복》, Jeremy Tarcher, 2000.

— 강가지Gangaji, 《내 주머니 속의 다이아몬드》, Sounds True, 2005.

— 데이비드 호킨스, 《나의 눈》, Veritas Publishing, 2001.

— 데이비드 호킨스, 《호모 스피리투스》, Veritas Publishing, 2003.

— 데이비드 호킨스, 《의식 수준을 넘어서》, Veritas Publishing, 2006.

— 타니스 헬리웰, 《내 운명 해독하기》, Wayshower Enterprises, 2011.

— 타니스 헬리웰, 《영의 목적을 펼쳐라》(Manifest Your Soul's Purpose), Wayshower Enterprises, 2012.

— 진 휴스턴Jean Houston, 《우리의 마법사》(The Wizard of Us), Atria, 2012.

— 캐서린 잉그램Catherine Ingram, 《열정적인 현존》(Passionate Presence), Gotham Book, 2003.

— 고피 크리슈나Gopi Krishna, 《쿤달리니》, Shambhala, 1997.

— 잭 콘필드Jack Kornfield, 조셉 골드스타인Joseph Goldstein, 《지혜의 마음을 찾아서》(Seeking the Heart of Wisdom), Shambhala, 1987.

— 잭 콘필드, 《마음의 숲을 거닐다》, Bantam Books, 1993.

— 제랄드 메이Gerald May, 《영혼의 어두운 밤》, HarperOne, 2004.

— 후안 마스카로Juan Mascaro, 《바가바드 기타》(영역본), Penguin Books, 1962.

— 프랭클린 머렐울프Franklin Merrell-Wolff, 《우주를 향한 길: 의식의 변화에 대한

기록》(Pathways Through to Space: A personal report of transformation in consciousness), The Julian Press, 1973.

— 파탄잘리Patanjali, 《신을 알아가는 방법: 파탄잘리의 요가 수트라》(How to Know God: The Yoga Aphorisms of Patanjali), 스와미 프라바바난다Swami Prabhavananda, 크리스토퍼 이셔우드Christopher Isherwood 공역, Vedanta Press, 1953.

— 프라즈나파라미타, 《자유의 날개》(Wings of Freedom), Dharma Chakra Publications, 2019.

— 마이클 로즈Michael Roads 《환상에서 깨달음까지》(From Illusion to Enlightenment), Six Degrees Publishing Group, 2017.

— 리처드 러드, 《유전자 키》, Watkins, 2013.

— 마이클 싱어Michael Singer, 《될 일은 된다》, Harmony, 2015.

— 마이클 싱어, 《상처받지 않는 영혼》, New Harbinger Publications, 2007.

— 스리 오로빈도Sri Aurobindo, 《위대한 심리학》(A Greater Psychology), Jeremy Tarcher, 2001.

— 루돌프 슈타이너, 《초감각적 세계 인식에 이르는 길》, Anthroposophic Press, 2002.

— 루돌프 슈타이너, 《신지학》, Anthroposophic Press, 1994.

— 에크하르트 톨레, 《에크하르트 톨레의 이 순간의 나》, New World Library, 1998.

— 에크하르트 톨레, 《삶으로 다시 떠오르기》, Dutton, 2005.

— 두 제자(Two Disciples), 《무지개 다리》(The Rainbow Bridge), the Triune Foundation, 1981.

— 파라마한사 요가난다, 《어느 요기의 자서전》, Self-Realization Fellowship, 1946.

— 파라마한사 요가난다, 《종교의 과학》(The Science of Religion), Self-Realization Fellowship, 1982.

— 파라마한사 요가난다, 《인간의 영원한 과제》(Man's Eternal Quest), Self-Realization Fellowship, 1975.

— 파라마한사 요가난다, 《성스러운 로맨스》(The Divine Romance), Self-Realization

Fellowship, 1986.

— 파라마한사 요가난다, 《자기완성을 향한 여정》(Journey to Self-Realization), Self-Realization Fellowship, 1997.

— 파라마한사 요가난다, 《아르주나와 대화하는 신: 바가바드 기타》(God Talks with Arjuna: The Bhagavad Gita), Self-Realization Fellowship, 1995.

— 파라마한사 요가난다, 《예수의 재림》(The Second Coming of Christ), Self-Realization Fellowship, 2004.

오디오 파일

(셋 다 myspiritualtransformation.com/audio/에서 만나볼 수 있다.)

— 타니스 헬리웰, 〈몸의 엘리멘탈〉(The Body Elemental).

— 타니스 헬리웰, 〈무의식의 떠오름〉(Rise of the Unconscious).

— 타니스 헬리웰, 〈부정성 없애기〉(Eliminating Negativity).

아마존 프라임 비디오 콘텐츠

— 타니스 헬리웰, 〈영적 변화〉(Spiritual Transformation).
 amazon.com/dp/B01B6O2SW6/

— 타니스 헬리웰, 〈엘리멘탈과 자연령〉(Elementals and Nature Spirits).
 amazon.com/dp/B01B6O1YLM/

— 타니스 헬리웰, 〈하이브리드: 당신이 정말로 인간일까〉.
 amazon.com/dp/B01AVB30SG/